权威·前沿·原创

皮书系列为
"十二五""十三五""十四五"时期国家重点出版物出版专项规划项目

BLUE BOOK

智库成果出版与传播平台

上海蓝皮书

BLUE BOOK OF SHANGHAI

总 编/权 衡 王德忠

上海社会发展报告（2022）

ANNUAL REPORT ON SOCIAL DEVELOPMENT OF SHANGHAI (2022)

社会均衡发展

荣誉主编/卢汉龙
主 编/周海旺 杨 雄 李 骏

社会科学文献出版社
SOCIAL SCIENCES ACADEMIC PRESS (CHINA)

图书在版编目(CIP)数据

上海社会发展报告.2022：社会均衡发展/周海旺，杨雄，李骏主编.--北京：社会科学文献出版社，2022.7
（上海蓝皮书）
ISBN 978-7-5201-9999-5

Ⅰ.①上… Ⅱ.①周…②杨…③李… Ⅲ.①社会发展-研究报告-上海-2022 Ⅳ.①D675.1

中国版本图书馆CIP数据核字（2022）第134478号

上海蓝皮书
上海社会发展报告（2022）
——社会均衡发展

荣誉主编 / 卢汉龙
主　　编 / 周海旺　杨　雄　李　骏

出 版 人 / 王利民
组稿编辑 / 邓泳红
责任编辑 / 张　媛　王　展
责任印制 / 王京美

出　　版 / 社会科学文献出版社·皮书出版分社（010）59367127
　　　　　 地址：北京市北三环中路甲29号院华龙大厦　邮编：100029
　　　　　 网址：www.ssap.com.cn
发　　行 / 社会科学文献出版社（010）59367028
印　　装 / 三河市东方印刷有限公司
规　　格 / 开　本：787mm×1092mm　1/16
　　　　　 印　张：22　字　数：329千字
版　　次 / 2022年7月第1版　2022年7月第1次印刷
书　　号 / ISBN 978-7-5201-9999-5
定　　价 / 249.00元

读者服务电话：4008918866

▲ 版权所有 翻印必究

2022年上海社会科学院蓝皮书
编委会

总　　编　权　衡　王德忠

副总编　王玉梅　朱国宏　王　振　干春晖

委　　员　（按姓氏笔画排序）

　　　　　　朱建江　阮　青　杜文俊　李　骏　李安方
　　　　　　杨　雄　沈开艳　邵　建　周冯琦　周海旺
　　　　　　姚建龙　徐清泉　徐锦江　屠启宇

《上海社会发展报告（2022）》
编　委　会

荣誉主编　卢汉龙

主　　编　周海旺　杨　雄　李　骏

编　　委　(按姓氏笔画排序)
　　　　　　左学金　包蕾萍　朱建江　孙甘霖　陆晓文
　　　　　　金春林　晏可佳　徐中振　屠启宇　程福财

主编简介

周海旺 上海社会科学院城市与人口发展研究所副所长,研究员,上海社会科学院长三角与长江经济带研究中心副主任,上海市民政局"十四五"科研基地养老方向首席专家。中国人口学会会员,上海人口学会副会长,上海老年学会副会长,上海人才研究会理事。主要从事人口发展、社会政策、养老服务、就业与社会保障、区域社会发展规划等领域的研究,承担完成两项全国哲学社会科学基金课题,作为核心成员参与申请获得三项国家社科基金重大项目立项,主持完成20多项上海市哲学社会科学基金和上海市政府决策咨询课题,完成80多项省市委办局委托课题项目,关于上海人口发展战略、人口管理、人口发展预测、生育政策、婴幼儿托育服务、人口老龄化对策的多项研究成果被政府部门采纳,获得10多项省部级及以上奖励。作为主编编辑出版年度报告《上海蓝皮书:上海社会发展报告》12本,共获得8项全国优秀皮书奖项,该系列蓝皮书是了解上海社会发展进程的重要参考书。

杨 雄 上海社会科学院社会学研究所研究员,社会学博士。兼任上海社会科学院社会调查中心主任、上海儿童发展研究中心主任、上海市青少年研究会首席专家、上海家庭教育研究会首席专家、上海市志愿者协会副会长。任中国社会学会常务理事、中国教育学会家庭教育专业委员会副理事长、国务院妇儿工委智库咨询专家、上海市消费者保护委员会常委。主要研究方向为青年社会学、社会治理与社会调查研究、社会思潮与青年文化、独生子女与家庭教育。曾主持国家哲学社会科学规划办、中央文明办、教育部、上海哲学社会科学规划办、国际奥委会等重要课题和规划课题30多项。曾多次获全国教育科学规划办、上海市哲学社会科学规划办、市政府决策咨询优秀成果奖励和中央常委、政治局委员肯定性批示。出版论著：《巨变中的中国社会》《巨变中的中国青年》《社会阶层构成的新变化》《网络时代行为与社会管理》《中国青年发展演变研究》《青春与性1989-1999》《激情与理性：青年知识分子与激进主义思潮》等10多部；发表论文《努力走出一条符合特大城市特点和规律的社会治理新路子》《关于建立健全重大决策社会稳定风险评估机制的思考》《"独二代"成长状况、社会风险及应对策略》等100多篇。曾获中央文明委授予的"全国未成年人思想道德先进个人"、全国妇联授予的"全国家庭教育先进个人"以及"中国青少年研究突出贡献奖"、"全国百名家庭教育公益人物"、"首届上海十大社会工作杰出人才"等荣誉称号。

李　骏　上海社会科学院社会学研究所所长，研究员。主要从事当代中国社会研究，包括社会分层与流动、城市社会学等。在《中国社会科学》、《社会学研究》、《社会》、*Chinese Sociological Review*、*Research in Social Stratification and Mobility* 等中英文核心刊物上发表论文约40篇，出版专著、译著、合著、编著6部。主持国家社科基金、上海市社科基金、上海市软科学等纵向招标课题和上海市委宣传部、上海市委统战部等横向委托课题多项。获得上海市决策咨询研究成果奖一等奖、上海市哲学社会科学优秀成果二等奖等科研奖项，获得上海社会科学院"张仲礼学术奖"和上海市"浦江人才""曙光计划""社科新人""青年拔尖人才"以及全国宣传思想文化"青年英才"等人才资助。兼任中国社会学会理事、中国社会学会城市社会学专业委员会副理事长、中国社会学会社会分层与流动专业委员会副理事长、上海市社会学会理事。兼任全国青联委员、上海市青联委员、上海市徐汇区政协委员。

卢汉龙 上海社会科学院国家高端智库资深专家组特聘专家,社会学研究员,中国社会学会学术委员会委员,享受国务院政府特殊津贴专家。主要研究领域为应用社会学理论和发展社会学。曾先后在美国纽约州立大学、杜克大学、明尼苏达大学、康内尔大学、耶鲁大学、布朗大学和英国社会发展研究院等从事讲学和客座研究工作。专长于社会统计与社会调查,并在将社会学实证研究方法推广于决策研究方面有积极贡献,在国内外社会学界和决策咨询方面均享有良好声誉,曾受聘担任上海市人民政府参事,还担任英国《社会学》(*Sociology*)杂志国际编委,中国香港《中国评论》(*China Review*)杂志编委,香港人文社会研究所顾问,中国城市国际研究网络理事等学术职务。2001年起,负责和参与《上海社会发展报告》的研究编写工作。

摘　要

共同富裕是社会主义的本质要求，是中国式现代化的重要特征，国民收入分配对于共同富裕具有重要意义。2021年8月19日召开的中央财经委员会第十次会议明确指出，"要加大税收、社保、转移支付等调节力度并提高精准性，扩大中等收入群体比重，增加低收入群体收入，合理调节高收入，取缔非法收入，形成中间大、两头小的橄榄型分配结构"。

近年来，上海市在全国率先提出要加速形成"橄榄型收入分配格局"，在发展中解决贫富差距过大问题，实现社会均衡发展。《上海社会发展报告（2022）》以"社会均衡发展"为年度主题，通过对上海市分配体系各方面数据的分析，研究了上海市三个收入分配层次中存在的问题，提出了如何在新一轮推进共同富裕各项改革的进程中，完善本市国民收入分配格局，扎实推进共同富裕，促进社会均衡发展的一系列对策建议。本年度报告，也对社会均衡发展的一些重要议题进行了研究，包括教育均衡发展、养老服务均衡发展、困境儿童均衡发展，还分析了反映社会均衡发展程度的城市人口规模、居民健康指标等，以及促进社会均衡发展的改进基层社会治理、促进市政基础设施建设的拆迁移民社会稳定等内容。

本书总报告对2000年以来上海收入分配的总体发展情况，城乡居民收入分配差距，城乡收入分配基尼系数，国民收入的初次、再次和三次分配发展情况、主要特点、存在问题等进行了深入系统的分析，提出了社会收入分配改革，促成橄榄型收入分配格局的对策建议。分报告共有7篇，长三角地区共同富裕主要领域发展评价一文基于2010~2020年相关统计数据，分析评价了长三角"三省一市"在推进共同富裕过程中居民收支、城乡差距、行业工资、基础教育和公共医疗等发展情况。从房地产市场变化看教育均衡政策的实施效果一文通过研究学区房产生的背景、政策调控的逻辑以及上海市不同的教育均衡发展政策给房地产市场带来的影响，提出了解决教育均衡发展问题和抑制学区房炒作的一些对策建议。期望寿命变化是反映社会均衡发展状况的重要指标，上海市居民健康变化特征及期望寿命增长潜力分析一文，详细分析了近20年上海市居民期望寿命变化趋势，探索了上海市居民期望寿命潜在增长空间。上海市养老服务供需精准对接研究、上海长期护理保险护理人员队伍建设研究和困境儿童生存状况及其服务需求三篇文章，分别对影响上海社会均衡发展的"一老一小"重点人群服务发展过程中存在的突出问题进行了深入探讨，并提出了符合上海特点的一些改进建议。基于多要素的上海市中长期人口容量研究一文，对影响上海社会均衡发展的人口与社会经济、资源环境和公共服务均衡发展问题进行了深入系统的研究，提出了实现上海人口均衡发展的对策建议。第三部分是案例篇，共有3篇。上海市黄浦区豫园街道适老化改造试点方案研究一文，基于上海市适老化改造的总体要求，对豫园街道适老化改造的现状、需求和模式等进行了深入研究，利用入户问卷调查数据，建立了社区居民家庭适老化改造的指标体系，提出了社区适老化改造的一系列对策建议。城市征地补偿安置效果评估一文，以LK项目为例，对城市基础设施建设动迁安置中各环节促进社会和谐稳定的做法进行了评估分析。上海市金山区创新基层社会治理模式一文，介绍了金山区创新基层社会治理5个方面的经验。第四部分是附录，用统计数据记录了上海以及几个直辖市社会发展的进程。

关键词： 上海社会　收入分配　均衡发展

目 录

Ⅰ 总报告

B.1 上海社会发展形势分析与预测
——以上海市国民收入分配体系视角展开
.... 周海旺 郑歆译 / 001

Ⅱ 分报告

B.2 长三角地区共同富裕主要领域发展评价.................. 刘玉博 / 038
B.3 从房地产市场变化看教育均衡政策的实施效果
.... 张 波 盛福杰 / 072
B.4 上海市居民健康变化特征及期望寿命增长潜力分析
.... 虞慧婷 蔡任之 陈 蕾 王春芳 / 101
B.5 上海市养老服务供需精准对接研究.................. 高 慧 / 120
B.6 上海长期护理保险护理人员队伍建设研究.................. 寿莉莉 / 149
B.7 困境儿童生存状况及其服务需求.................. 程福财 何 芳 / 163
B.8 基于多要素的上海市中长期人口容量研究...... 周海旺 韦陆星 / 181

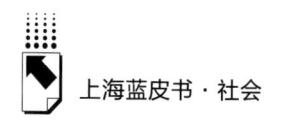

Ⅲ 案例篇

B.9 上海市黄浦区豫园街道适老化改造试点方案研究
.... 周海旺 高 慧 谷帅文 张 茜 / 213

B.10 城市征地补偿安置效果评估
——以 LK 为例 .... 臧得顺 王 会 陈博锋 / 243

B.11 上海市金山区创新基层社会治理模式 .... 干永飞 陈 倩 / 274

Ⅳ 附 录

B.12 附录一 上海社会发展主要指标 .... / 295
B.13 附录二 全国直辖市主要社会发展指标 .... / 308
B.14 附录三 小康生活标准综合评价值 .... / 318

B.15 后 记 .... / 320

Abstract .... / 321
Contents .... / 324

总报告

General Report

B.1
上海社会发展形势分析与预测

——以上海市国民收入分配体系视角展开

周海旺 郑歆译*

摘　要： 本报告从四个方面研究了上海市国民收入分配问题：一是国民收入及分配整体发展情况；二是初次分配、再分配和三次分配的结构变化；三是上海市国民收入分配体系发展的特点；四是针对上海市国民收入分配体系发展中的诸多问题提出了一系列政策建议。报告认为，上海市对"橄榄型收入分配格局"的先行探索与示范，将对全国各地持续完善国民收入分配体系、促进社会公平并最终实现共同富裕起到关键的带头作用。本报告对上海市国民收入分配体系发展总体情况的梳理和分析，对迈向共同富裕之路有一定的参考价值。

---

* 周海旺，上海社会科学院城市与人口发展研究所研究员，主要研究方向为人口社会学、人口经济学；郑歆译，华东师范大学社会保障研究所研究生，主要研究方向为社会保障。

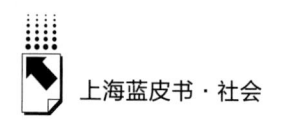

关键词： 上海　国民收入分配体系　三次分配　共同富裕

习近平总书记在《扎实推动共同富裕》一文中，强调了共同富裕是社会主义的本质要求，是中国式现代化的重要特征，指明了国民收入分配对于共同富裕的重要意义——促进共同富裕，总的发展思路是坚持以人民为中心的发展思想，在高质量发展中促进共同富裕，正确处理效率和公平的关系，构建初次分配、再分配和三次分配协调配套的基础性制度安排，加大税收、社保、转移支付等调节力度并提高精确性，扩大中等收入群体比重，增加低收入群体收入，合理调节高收入，取缔非法收入，形成中间大、两头小的橄榄型分配结构，促进社会公平正义，促进人的全面发展，使全体人民朝着共同富裕目标扎实迈进。

近年来，上海市社会经济持续发展，在经济发展中充分利用再分配和三次分配的作用，重视发展和改善民生，保障市民的基本生活，逐步提升市民幸福感，让不同收入群体都能切身享受到城市发展进步的成果。上海市人口发展面临"少子老龄化"的严峻挑战，人口结构失衡严重，一方面人口老龄化水平高，发展速度快，60岁及以上户籍老年人口已经超过550万人，80岁及以上高龄老人超过80万人；另一方面，因为养育孩子负担重，很多青年人不愿意生育2个及以上孩子，甚至1个孩子也不愿意生育，上海长期保持很低的生育水平，近年来育龄妇女总和生育率不到1，人口年龄结构金字塔的顶部扩张、底部收缩，不利于上海社会经济的长期均衡发展。近年来，上海市根据人口形势变化，着力解决"一老一小"问题，2021年全市新增社区综合为老服务中心51家，老年人助餐场所201个，新增机构养老床位5084张，老年人居家环境适老化改造完成6868户；为了贯彻落实国家三孩生育政策，减轻家庭养育负担，2018年以来，上海加快了0~3岁托育设施建设，全市新增100多所托儿所，有条件的幼儿园增设托儿班，解决托幼难问题，政府部门加大对托幼事业的投入，2021年新增普惠性托育点65个，体现了以政府投入为主发展托育事业的理念。上海市持续改善市民的居住条件,"十三五"以来通过美丽家园和美丽街区建设,极大地改善了市民的居住环境,2021年为多层住宅加装了1579台电梯,加快了中心城区剩余的老旧住宅区域的改造,完成90.1万平方米成片二级旧里以下的房屋改造,完成13个城中村改造项目,新增6.7万套(间)保障性租赁住房供给。上海市在满足广大市民多样化且不断提高的生活质量要求的同时,筑牢民生保障底线,促进充分就业,实现低保、低收入人群的应保尽保,为各类残疾人提供更加优质的服务。上海采取多种鼓励和支持创业、就业的政策措施,支持青年人就业,2021年上海高校毕业生初次就业率保持全国领先。上海的退休人员养老金水平、医保支付水平、低保和最低工资等民生保障待遇标准每年都在稳步提高,2021年还推出了可以使用医保支付的"沪惠保",以较少的投入为全体市民提供了一种大病保险产品。在基础教育发展方面,着力提质增效,积极推进教育综合改革,在义务教育中落实"双减"要求,减轻学生作业负担,为有需要的学生提供课后服务和假期托管服务,规范校外培训机构,切实为家庭减负。上海各项社会事业的发展,都体现了我国社会主义的本质要求,体现了全体市民共同发展、共享发展成果的基本理念。

上海市在全国率先提出要加速形成"橄榄型收入分配格局",提高中等收入群体的规模和比重。本研究将对上海市分配体系各方面进行全面深入的分析,研究上海市与"橄榄型收入分配格局"目标要求的差距,探索在三个分配层次中存在的突出问题,研究目的是发现问题和不足,提出改进建议,促进上海在全国推进共同富裕改革的进程中继续先行先试,以更坚定的政治觉悟和更大的政策力度完善国民收入分配格局,加快推进实现共同富裕。

一 上海市国民收入总量及分配整体情况

(一)上海市国民经济发展总体情况

生产总值是一个国家(或地区)所有常住单位在一定时期内生产活动

的最终成果。生产总值又分为国民生产总值和国内生产总值，本研究中使用国内生产总值。一般来说，国内生产总值有价值形态、收入形态和产品形态三种表现形式，本研究基于其收入形态，以上海市生产总值为全市居民收入分配的经济基础，将人均生产总值作为初步了解收入分配水平的参考依据。

1. 上海市生产总值/人均生产总值迅猛增长

总的来说，上海市无论是生产总值还是人均生产总值，都在近20年处于不断增长的态势。生产总值从2000年的4812.15亿元发展到2020年的38700.58亿元，增长约7倍；人均生产总值于2020年达到2.26万美元，是2000年人均3661美元的6倍多（见表1）。由此可见，21世纪初的20年来，上海市生产总值和人均生产总值实现了巨大的增长。

表1 2000~2020年上海市生产总值与人均生产总值

单位：亿元，美元

类目	2000年	2001年	2002年	2003年	2004年
生产总值	4812.15	5257.66	5795.02	6804.04	8101.55
人均生产总值	3661	3877	4141	4726	5437
类目	2005年	2006年	2007年	2008年	2009年
生产总值	9197.13	10598.86	12878.68	14536.90	15742.44
人均生产总值	6028	6899	8410	9957	10593
类目	2010年	2011年	2012年	2013年	2014年
生产总值	17915.41	20009.68	21305.59	23204.12	25269.12
人均生产总值	11728	13326	14278	15626	16996
类目	2015年	2016年	2017年	2018年	2019年
生产总值	26887.02	29887.02	32925.01	36011.82	37987.55
人均生产总值	17835	18612	20159	22000	22200
类目	2020年				
生产总值	38700.58				
人均生产总值	22600				

资料来源：历年《上海统计年鉴》。

2. 上海市生产总值/人均生产总值增速逐步放缓

尽管近20年来，上海市生产总值和人均生产总值每年都有所增长，但增长速度时缓时快、参差不齐。总体而言，上海市生产总值和人均生产总值的增速处于收敛态势，与我国经济新常态背景相符。除去个别年份，上海生产总值的增速总是快于人均生产总值的增速（见图1），初步反映了上海市生产总值增速与人口增速不一致，2010年之前人口增长较快。尤其是近两年，受到新冠肺炎疫情的冲击，上海总体生产总值和人均生产总值的增速都有一个较为突然且明显的回落。

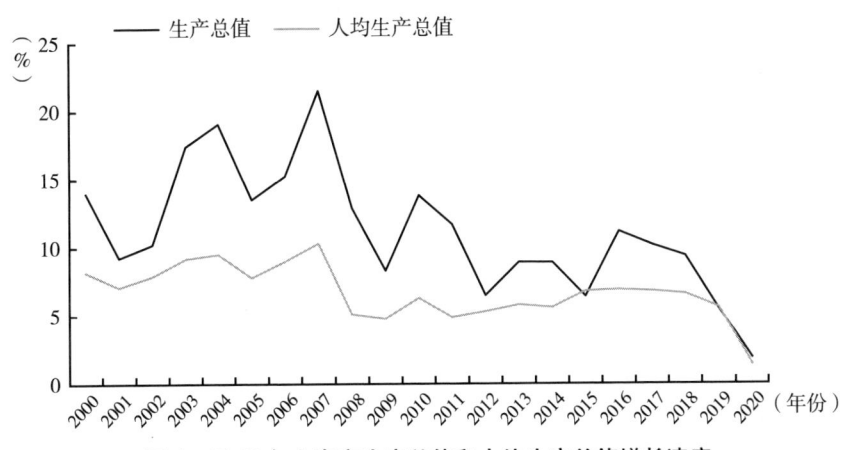

图1 近20年上海市生产总值和人均生产总值增长速度

注：增速为与上年环比增速。
资料来源：《上海统计年鉴2021》。

3. 上海市生产总值/人均生产总值相对全国水平收紧

在生产总值方面，就2000年以来全国各城市的排名来看，上海一直稳居全国城市前二，2008年以前一直仅次于香港，2009年后一直稳居全国第一。就上海市对全国生产总值的贡献比例而言，20年来呈现曲折下降的趋势，峰值为2004年的5.5%，近几年来跌破4%，最低为2018年的3.6%（见图2）。

人均生产总值方面，上海市人均生产总值比全国平均水平高得多，且增长速度要比全国平均水平快一点。然而，2018年开始，上海市人均生产总值的增速有所放缓，预计与全国的差距有所收紧（见图3）。

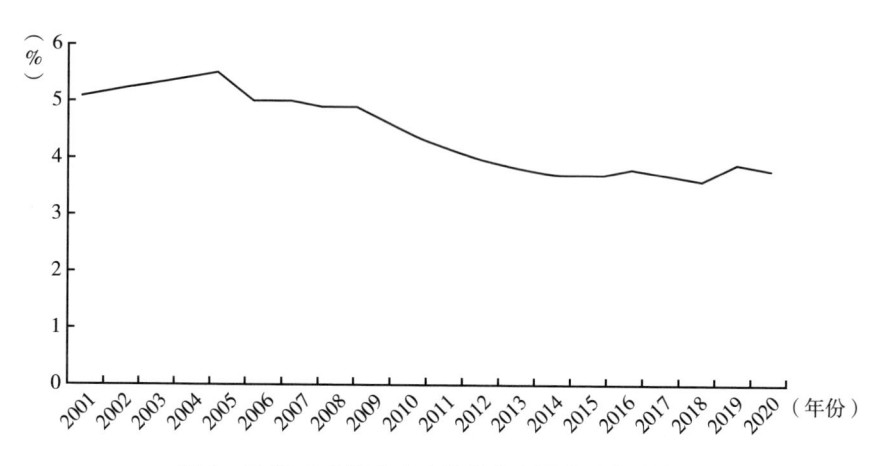

图 2　近 20 年上海市生产总值占全国比重变动情况

资料来源：历年《上海统计年鉴》。

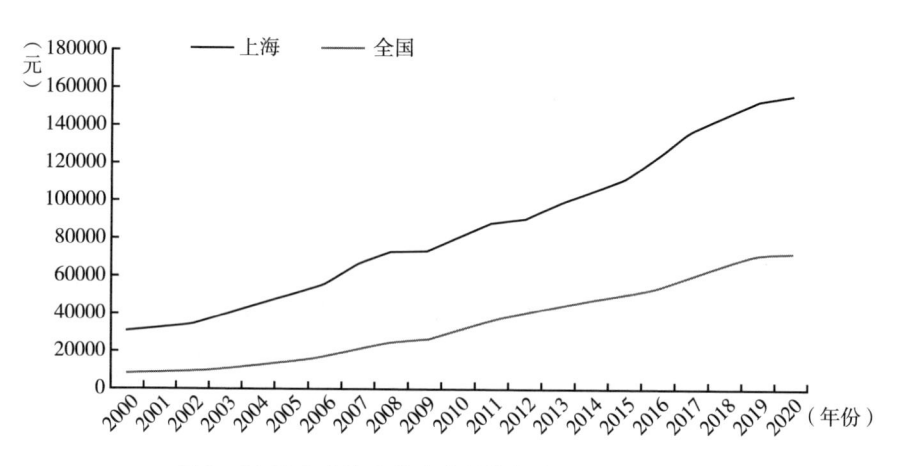

图 3　近 20 年上海人均生产总值与全国平均水平对比

资料来源：历年《上海统计年鉴》。

（二）上海市常住居民人均可支配收入发展情况

居民可支配收入是居民可用于最终消费支出和储蓄的收入总和，即居民可用于自由支配的收入，包括现金收入和实物收入。按照收入来源分类，可支配收入包括工资性收入、经营净收入、财产净收入和转移净收入。通过对上海市城乡居民人均可支配收入展开不同角度的分析，本研究得出了上海市城乡居民人均可支配收入增长迅猛、城乡差距拉大、不同维度发展情况同中有异等结论。

1. 上海市城乡居民人均可支配收入快速增长

总体而言，无论是城镇还是农村，上海市常住居民人均可支配收入均逐年增加。城镇常住居民人均可支配收入从2000年的11718元增长到2020年的76437元，增长近6倍；农村常住居民人均可支配收入2020年达到34911元，是2000年5565元的6.3倍（见表2）。对于上海市初次分配体系而言，这样的成效支撑着整体收入分配体系发展的效率基础。

表2　2000~2020年上海市城乡常住居民人均可支配收入

单位：元

区域	2000年	2001年	2002年	2003年	2004年
城镇	11718	12883	13250	14867	16683
农村	5565	5850	6212	6658	7337
区域	2005年	2006年	2007年	2008年	2009年
城镇	18645	20668	23623	26675	28838
农村	8342	9213	10222	11385	12324
区域	2010年	2011年	2012年	2013年	2014年
城镇	31838	36230	40188	43851	47710
农村	13746	15644	17401	19208	21192
区域	2015年	2016年	2017年	2018年	2019年
城镇	52962	57692	62596	68034	73615
农村	23205	25520	27825	30375	33195
区域	2020年				
城镇	76437				
农村	34911				

资料来源：历年《上海统计年鉴》《中国统计年鉴》。

2. 上海市城乡居民收入分配均值逐步拉开

尽管上海市城镇和农村常住居民人均可支配收入在20年内均大幅度增长，但城乡之间的收入差距并没有缩小。一方面，尽管城乡居民人均可支配收入都在增长，但是城镇居民人均可支配收入和农村居民人均可支配收入的增长幅度差异较大。通过图4可以发现2000~2020年上海市城镇居民人均可支配收入与农村居民人均可支配收入的差距拉大，两者呈喇叭口形态。

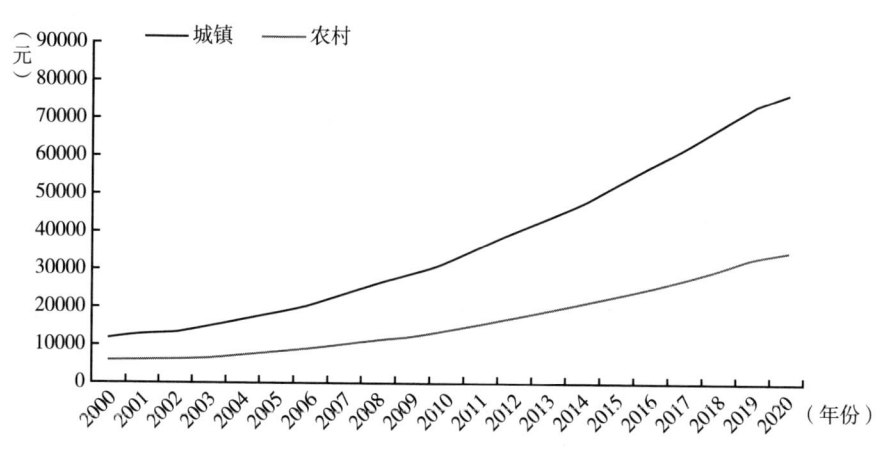

图4　近20年上海城乡居民人均可支配收入发展趋势

资料来源：历年《上海统计年鉴》《中国统计年鉴》。

图5更为直观地反映了2000年以来上海市人均可支配收入城乡二元差异呈现典型的逐年递增态势。然而，通过均值水平之差只能对两者差距有一个粗浅的认知，还需通过基尼系数等指标进一步核实，本研究将在下文中借助基尼系数对城乡差距进行计算和分析。

3. 可支配收入四个维度发展情况同中有异

可支配收入可以分为工资性收入、经营净收入、财产净收入和转移净收入四大维度，图6显示了2015~2020年上海市居民可支配收入四个维度的变化情况。相同的变化是2015~2020年，四个维度的可支配收入均有一定的增长；不同的变化在于增长速度，工资性收入和转移净收入的增幅最为明显、增速较快，而经营净收入和财产净收入的增长速度较慢，相对来说没有那么明显。

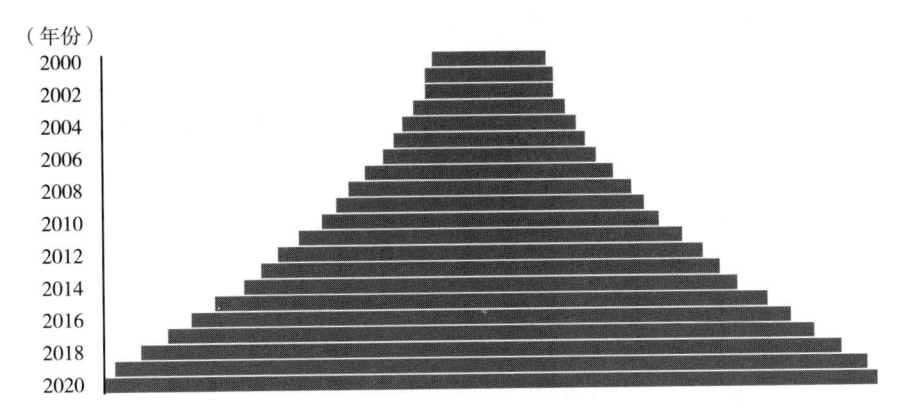

图 5　近 20 年上海市城乡居民人均可支配收入差距漏斗图

资料来源：历年《上海统计年鉴》《中国统计年鉴》。

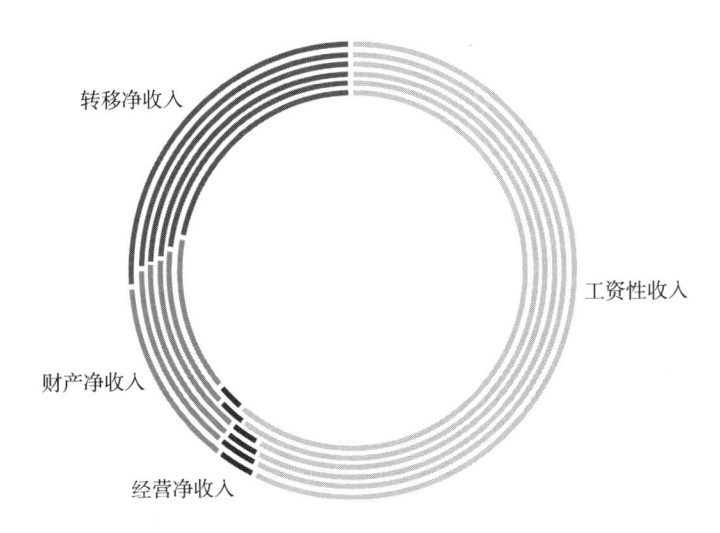

图 6　2015~2020 年上海市全体居民可支配收入四维度环形图

注：从最内环到最外环依次是 2015~2020 年上海市全体居民可支配收入。
资料来源：历年《上海统计年鉴》。

（三）上海市收入基尼系数发展情况

基尼系数（Gini index）是国际上通用的、用以衡量一个国家或地区居民收入差距的常用指标，最大值为"1"，表示居民之间的收入分配绝对不平均；最小值为"0"，表示居民之间的收入分配绝对平均，即每个人之间收入完全平等，没有差异。国际上通常把0.4作为一个社会贫富差距的警戒线指标，超过这一值越多，说明收入分配差距越大，越容易引发由收入过度不平等造成的社会动荡。

1. 1993~2011年上海市城乡居民收入基尼系数先增长后平稳

根据国际标准对于基尼系数的阐述——当某地区某一群体的收入基尼系数在0.00~0.20这一区间，可以认为该地区该群体的收入处于"绝对平均"的状态；当（某地区某一群体的）收入基尼系数在0.20~0.30这一区间，可以认为（该地区该群体的）收入状况是"比较平均"的；而当收入基尼系数来到0.30~0.40这一区间，仍可以认为收入差距是"相对合理"、可以接受的；若收入基尼系数超过了0.4，就可以认定现行收入分配制度带来的收入差距过大，存在社会不公，容易造成社会动荡。

上海市自20世纪90年代初（1993年起）至21世纪的第一个十年末（2011年底）所呈现的收入基尼系数变化趋势（见图7）反映，在上海市经济快速增长的近20年中，尽管收入基尼系数总体来说呈现先波动上升、再稳中略降的趋势，但始终没有越过0.4的警戒线，最多也只在0.3上下徘徊，因而可以判断上海市虽然客观存在一定的收入差距，但这种差距仍在可控范围内。

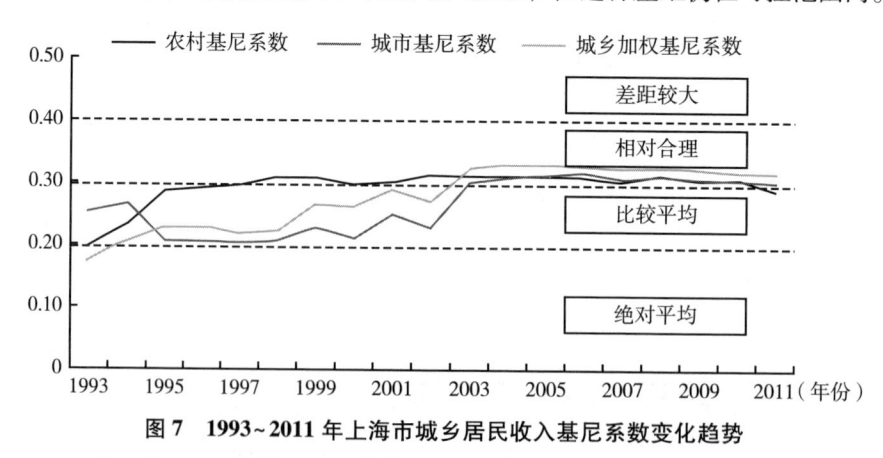

图7　1993~2011年上海市城乡居民收入基尼系数变化趋势

资料来源：甄明霞、阮大成、陈君君等：《上海收入分配状况及政策研究》，《科学发展》2016年第5期。

从全市基尼系数内部结构看,居民收入的矛盾主要集中于城市居民内部差距,且差距扩大趋势明显。根据初步测算,城市居民内部差距对城乡混合基尼系数的贡献率从1993年的47%提高到2011年的81%,而城乡差距和农村内部差距的贡献率分别由44%和9%下降到18%和0.5%。[①]

2. 2012~2017年上海市城乡居民收入基尼系数稳于适中水平

(1) 数据与方法选择

基尼系数的测算要求至少要对收入数据进行分组,为测算上海市2011年之后的收入基尼系数,本报告本来计划通过2013~2021年《上海统计年鉴》的收入分组数据来实现,但2019~2021年三年统计年鉴数据均不再对城市或农村居民家庭的收入进行分组,因而无法纳入本次测算。此外,2016~2017年统计年鉴数据未对城市和农村的收入分组分别处理,而是统合到一起按"总体"进行分组,因此相对于前四年,分别只有一个测算结果。

基尼系数有多种测算方法,采取哪种方法主要依据数据呈现的情况。根据上海市2013~2018年统计年鉴数据的实际抽样与分组情况(单位是城镇和农村家庭,都是五等分),本报告采用了相对较为适合的基尼系数测算公式——胡祖光公式[②],如下:

$$G = 1/5 \times (4p5 - 4p1 + 2p4 - 2p3)$$

其中,p1~p5依次代表五等分分组下收入从低到高的每组群体的总收入占所有群体全部收入的比例。

(2) 测算结果

粗略来看,无论是城镇、农村还是总体居民家庭,2012~2017年上海市居民家庭的收入基尼系数基本处于0.20~0.30这一区间(2014年农村居民家庭的收入基尼系数甚至跌破0.20),表明整个社会的收入水平处于一个"比较平均"的状态(见表3),这相较于2012年之前收入基尼系数在0.30水平线上下浮动的情况有了明显的改观。

---

① 甄明霞、阮大成、陈君君等:《上海收入分配状况及政策研究》,《科学发展》2016年第5期。
② 胡祖光:《基尼系数理论最佳值及其简易计算公式研究》,《经济研究》2004年第9期。

表3　2012~2017年上海市城乡居民家庭收入基尼系数

区域	2012年	2013年	2014年	2015年
城镇	0.259	0.264	0.248	0.249
农村	0.225	0.213	0.193	0.207
	2016年		2017年	
总体	0.258		0.257	

注："总体"不代表加权测算，而是因为城乡合在一起进行的收入分组，仍按胡祖光公式进行测算。

资料来源：2013~2018年《上海统计年鉴》。

具体而言，城市居民家庭收入的不平等要比农村更为明显，这也符合之前对于"居民收入的矛盾主要集中于城市居民内部差距，且差距扩大趋势明显"的判断。可以预见的是，随着新型城镇化的进一步推进，来自城市的收入不平等问题会越发突出。而对于城市来讲，这几年的基尼系数一直维持在0.25左右，既难以反弹式上升，又难以进一步下降，可以说陷入了瓶颈期——这与当前阶层固化的趋势是一致的，从而对上海未来收入分配制度的改革提出了更高的要求。

二　上海市国民收入分配体系发展情况

国民收入分配体系是指由相互联系、相互制约的各种分配范畴所组成的国民收入分配的有机整体，主要包括初次分配、再分配和第三次分配三大环节。

"三次分配"最早是在1994年由著名经济学家、北京大学教授厉以宁在《股份制与现代市场经济》中提出的——通过市场实现的收入分配，称为"第一次分配"；通过政府调节而进行的分配，称为"第二次分配"；个人出于自愿，在习惯与道德的影响下把可支配收入的一部分或大部分捐赠出去，可称为"第三次分配"。[1]

---

[1] 厉以宁：《股份制与现代市场经济》，江苏人民出版社，1994。

后续的观点对这一初步的分类进行了补充和调整，本报告综合了各方界定，给出了如下较新较清晰的界定。

初次分配是指按照一定的原则、通过一定的机制把国民收入分解成不同经济主体收入的过程。国民收入的初次分配是在创造它的生产领域进行的分配。

再次分配（再分配）是指国民收入继初次分配之后（生产领域）在整个社会范围内进行的分配，是指国家以社会管理者的身份通过税收和财政支出的形式参与国民收入分配的过程。

第三次分配（三次分配）是指动员社会力量，通过民间捐赠、慈善事业、志愿者行动等多种社会互助的形式，对政府调控进行补充。

（一）上海市初次分配发展情况

一般来说，初次分配是综合考虑劳动力、资本、土地、知识、技术、管理、数据等生产要素的作用，按贡献大小决定报酬比例。国民收入经过初次分配，会形成国家、企业和劳动者（个人）三大部分，这三大收入构成社会三大基本的"原始收入"。

1. 劳动者个人收入迅速但差别式发展

（1）按产业和行业来看

从不同产业的劳动者工资水平来看，近年来的数据反映了一种趋势（见图8）：第三产业的从业者平均工资水平最高，第二产业次之，第一产业最低；第三产业和第二产业从业者工资水平的增速也明显高于第一产业，三者之间的差距由此不断扩大（2018年后统计口径调整，不再显示各产业职工平均工资）。

从不同行业的劳动者收入水平来看，由于数据可及性的限制，本报告呈现了2015~2020年上海市不同行业职工的年平均工资，不难看出一些规律（见表4）：一是金融业收入水平较高，住宿和餐饮业收入水平较低；二是住宿和餐饮业、居家服务、修理和其他服务业、租赁和商务服务业等增收速度较慢，采矿业、公共管理、社会保险和社会组织等增收速度较快。

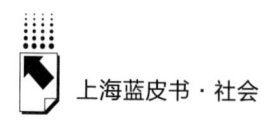

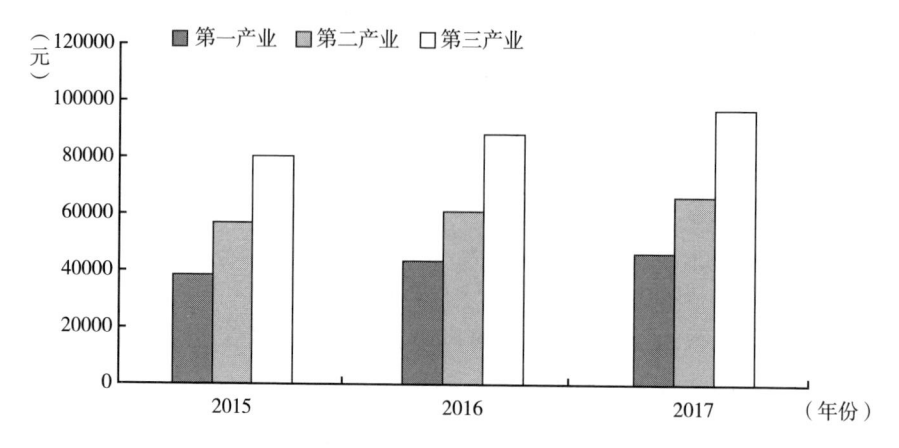

图 8　2015~2017 年不同产业从业者平均工资

资料来源：历年《上海统计年鉴》。

表 4　2015~2020 年上海市不同行业职工年平均工资

单位：元

行业	2015年	2016年	2017年	2018年	2019年	2020年
总体平均工资	109174	119935	129795	140400	149377	171884
农、林、牧、渔业	62828	67322	69903	71879	60642	81858
采矿业	122414	142716	144454	129162	271188	306826
制造业	86536	96813	105733	115888	125664	137441
电力、热力、燃气及水的生产和供应业	153467	163212	174252	182129	204287	233016
建筑业	80941	88034	96580	110117	114798	128461
批发和零售业	117396	127489	139627	153932	157242	182212
交通运输、仓储和邮政业	98996	108905	116763	125216	134369	143897
住宿和餐饮业	52999	56933	60153	57848	60022	59260
信息传输、软件和信息技术服务业	183365	200657	212063	232522	237405	270619
金融业	208658	226500	247568	257723	258161	330125
房地产业	82274	91814	98474	103812	109697	117532
租赁和商务服务业	145659	151937	156621	163418	161663	182869
科学研究和技术服务业	158906	163297	176383	191018	184920	217700

续表

行业	2015年	2016年	2017年	2018年	2019年	2020年
水利、环境和公共设施管理业	73137	78432	86441	92165	95860	104121
居家服务、修理和其他服务业	62576	66280	67013	74539	71832	75979
教育	100865	106941	111090	114749	136449	173073
卫生和社会工作	117092	125181	138074	150648	178711	193028
文化、体育和娱乐业	117099	129644	145257	165573	161284	174370
公共管理、社会保险和社会组织	100767	107325	118964	129492	150631	188371

资料来源：2016~2021年《中国统计年鉴》，统计口径为各行业城镇非私营单位就业人员平均工资。

相对于实体经济而言，金融行业具有一定的自然垄断特征，从行业劳动评价角度来看，垄断行业收入与劳动强度、难易程度以及劳动环境匹配性不甚相称。农、林、牧、渔业收入明显偏低，政府应该加大对农业的扶持力度，帮助农民增收创收，逐渐提高农、林、牧、渔业劳动者收入。居家服务、修理和其他服务业的发展涉及居民切身利益，但该行业准入门槛和技术要求均较低，过度竞争导致收入水平下降。[1] 此外，2020年上海市职工平均工资在疫情冲击下反而有一个大幅上涨，原因也在于上海市以金融业为代表的第三产业实力强劲，可以强力缓冲第一、第二产业受到的来自疫情的冲击。

（2）按所有制来看

按从属于不同所有制单位的职工来看平均工资水平的差异情况，可以较为直观地看出，2004年以后，上海市国有单位职工的平均工资水平相对较高，并且增长势头强劲（见表5）。

---

[1] 甄明霞、阮大成、陈君君等：《上海收入分配状况及政策研究》，《科学发展》2016年第5期。

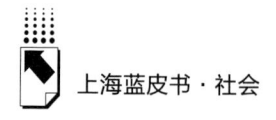

表5 2000~2020年上海市不同所有制单位职工年平均工资

单位：元

所有制	2000年	2001年	2002年	2003年	2004年
国有单位	15737	17820	19777	22541	24726
集体单位	8041	8525	8707	9844	11539
其他单位	17942	20865	21886	24359	26270
所有制	2005年	2006年	2007年	2008年	2009年
国有单位	28803	36010	46426	53554	62390
集体单位	12819	15209	19244	21787	25390
其他单位	26792	27459	30687	35180	37104
所有制	2010年	2011年	2012年	2013年	2014年
国有单位	70585	79541	86042	90965	99279
集体单位	28225	42010	45990	48735	49223
其他单位	40397	46314	51035	56694	62036
所有制	2015年	2016年	2017年	2018年	2019年
国有单位	105774	119397	134891	129289	169957
集体单位	50852	55815	62580	83135	82514
其他单位	67762	74261	80759	143538	147374
所有制	2020年				
国有单位	200875				
集体单位	108344				
其他单位	168224				

资料来源：历年《上海统计年鉴》《中国统计年鉴》。

（3）分区域来看

通过问卷调查搜集得到的数据，本报告对上海市最新的各区家庭收入初次分配情况进行了详细分析。

从上海市各区来看，越靠近市中心，家庭收入水平越高。闵行区家庭年收入在10万元以下的占比全市最低，占比为14.32%，崇明区家庭年收入在10万元以下的占比全市最高，占比为32.80%，徐汇区家庭年收入在10万~

20万元的占比全市最低，占比为27.13%，奉贤区家庭年收入在10万~20万元的占比全市最高，占比为50.10%，奉贤区家庭年收入在20万~30万元的占比全市最低，占比为18.65%，虹口区家庭年收入在20万~30万元的占比全市最高，占比为28.06%，奉贤区家庭年收入在30万~40万元的占比全市最低，占比为4.98%，徐汇区家庭年收入在30万~40万元的占比全市最高，占比为16.44%，奉贤区家庭年收入在40万元以上的占比全市最低，占比为2.73%，徐汇区家庭年收入在40万元以上的占比全市最高，占比为14.26%（见表6）。

表6 上海市各区调查家庭的年收入分布

单位：个，%

区域	10万元以下	10万~20万元	20万~30万元	30万~40万元	40万元以上	合计	样本数
黄浦区	17.82	37.29	25.80	10.91	8.18	100.00	1027
徐汇区	15.54	27.13	26.63	16.44	14.26	100.00	1010
长宁区	14.51	37.08	24.55	13.92	9.94	100.00	1006
静安区	15.81	37.48	24.35	13.12	9.24	100.00	1006
普陀区	19.39	36.73	23.80	10.48	9.60	100.00	1021
虹口区	14.63	31.26	28.06	15.63	10.42	100.00	998
杨浦区	23.57	35.31	21.63	10.38	9.12	100.00	1031
闵行区	14.32	37.29	27.26	13.33	7.79	100.00	1515
宝山区	18.30	39.98	26.97	9.06	5.68	100.00	1038
嘉定区	15.77	35.46	28.01	12.14	8.62	100.00	1021
浦东新区	18.80	38.42	23.86	10.06	8.86	100.00	1580
金山区	20.75	45.43	20.75	9.05	4.03	100.00	1017
松江区	19.19	38.39	26.87	8.46	7.09	100.00	1016
青浦区	20.77	39.09	24.65	9.63	5.85	100.00	1059
奉贤区	23.54	50.10	18.65	4.98	2.73	100.00	1024
崇明区	32.80	37.89	19.13	7.26	2.92	100.00	1061
合计	19.00	37.80	24.48	10.94	7.78	100.00	17430

资料来源：2021年上海人口和家庭发展监测居民问卷调查数据，上海市卫健委。

2.国家税收近期有所回落

税收并不都属于再次分配,也有部分属于初次分配。税收中与生产要素直接挂钩、以增加国家收入为目标的流转税(增值税、营业税、消费税等)属于初次分配,而与收入转移直接挂钩、以调节收入差距为目标的企业与个人所得税、房产税和遗产税等属于再次分配。

初次分配中的税收应包括生产税和进口税,具体包括增值税、营业税和消费税等。具体而言,包括国内增值税、国内消费税、营业税、海关代征进口环节增值税和消费税、城镇土地使用税、投资方向调节税、城市维护建设费、证券交易印花税、土地增值税、车船税、车辆购置税以及出口退税。其中,2006年当年没有投资方向调节税,2011年开始"投资方向调节税"变为"固定资产投资方向调节税",2012年开始多了资源税、契税、耕地占用税,2018年开始没有投资方向调节税,多出"环境保护税"和其他税收,2019年取消"营业税"。

本报告搜集了上海市2005~2020年的税收数据,撇除其中所得税和房产税部分,可以瞥见其大致的发展情况——除了2008年国际金融危机、2016年中美贸易摩擦、2020年新冠肺炎疫情等,其他各年份初次分配税收收入均呈现稳定增长态势(见图9)。

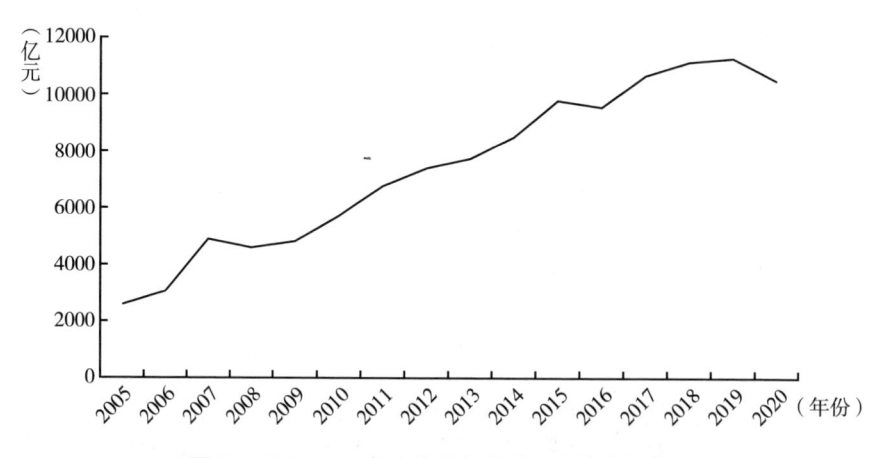

图9 2005~2020年上海市初次分配税收变化情况

资料来源:上海市税务局官方数据。

3.企业收入稳定增长

固定资产折旧是企业内对生产活动中所消耗的固定资产提取的折旧价值，是生产中的转移价值；而营业盈余主要是企业的经营利润，这两项都归企业所有。根据 GDP 的算法，可以把这两项视为在初次分配中，企业所分得的部分。

本报告收集了 2001~2017 年上海市固定资产折旧和营业盈余的数据①并依此得出初次分配中企业所得总额（2017 年后由于统计口径调整，该部分数据缺失）。

由图 10 我们可以看出 2001~2017 年，初次分配中企业所得总额是稳步上升的，其中固定资产折旧的上升较为平稳，而营业盈余 2008 年在原先稳步上升的基础上步伐放缓，2014 年之后又呈现快速上升的趋势。

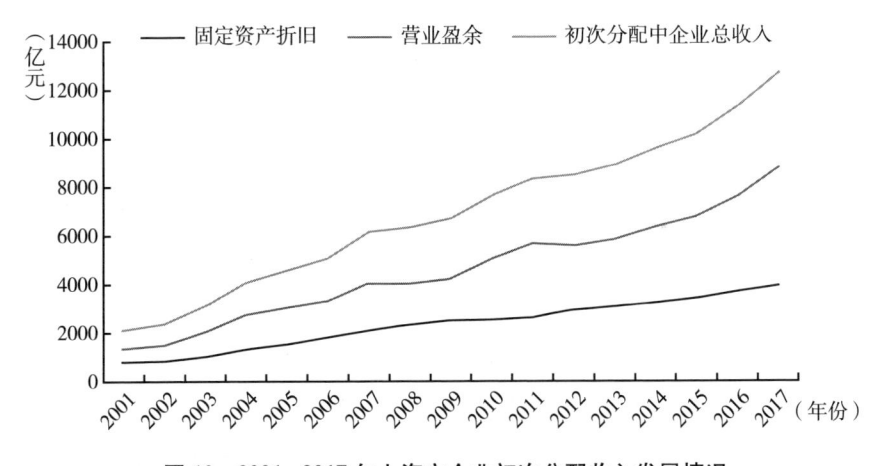

图 10　2001~2017 年上海市企业初次分配收入发展情况

对比本报告中所呈现的劳动者个人收入（工资形式）的发展状况和企业收入的发展状况不难看出，上海市当前企业收入增速要快于劳动者个人收入增速。剔除在初次分配中国家收入（税收形式）的部分，如果国民收入

---

① 注：这里的数据是按照我国国民经济核算数据修订制度和国际通行做法，在第四次全国经济普查后，进行系统修订后的历史数据。

初次分配中企业所得总额不断提升，那么劳动者个人收入的占比将呈现反向变化。结合图10，在这近20年，上海初次分配企业所得总额的份额是不断上升的。

一般来说，从时间序列上看，当经济发展水平较低时，随着经济增长，资本报酬所占份额逐步提高而劳动报酬所占份额逐步降低；当经济发展到一定水平以后，随着经济增长，资本报酬所占份额反而开始下降，而劳动报酬所占份额提高。我国当前正处于社会主义初级阶段，国民收入是以按劳分配为主体、多种分配方式并存的初次分配体制，这种分配体制的着重点主要是全面激发各类生产要素积极性、发展生产力，在产业发展和招商引资中难免会不断强化企业的力量，便出现了企业深化速度过快的格局。

（二）上海市再分配发展情况

再次分配应强调健全以税收、社会保障、转移支付等为主要手段的再分配调节机制。相比于初次分配和三次分配，再分配才是收入分配体系未来工作的重心。2021年8月19日召开的中央财经委员会第十次会议明确指出，"要加大税收、社保、转移支付等调节力度并提高精准性，扩大中等收入群体比重，增加低收入群体收入，合理调节高收入，取缔非法收入，形成中间大、两头小的橄榄型分配结构"。

1. 以调节收入差距为目标的税收

严格来讲，所得税是国家取得再分配"总盘子"的重要方式之一，个人和企业的所得税应属于再分配环节。2005~2020年，上海市用于再分配的企业所得税和个人所得税总体上呈现波动上升态势，其中企业所得税水平更高、波动更大、增速更快，个人所得税增速则相对平稳（见图11）。

2. 一般公共预算收支稳定增长

一般公共预算是针对以税收为主体的财政收入，安排用于保障和改善民生、推动经济社会发展、维护国家安全、维持国家机构正常运转等方面的收支预算。上海市一般公共预算收入从2000年的497.96亿元增长到2020年的7046.30亿元，增长约13倍。其中税收收入几乎稳定逐年上涨（2019年

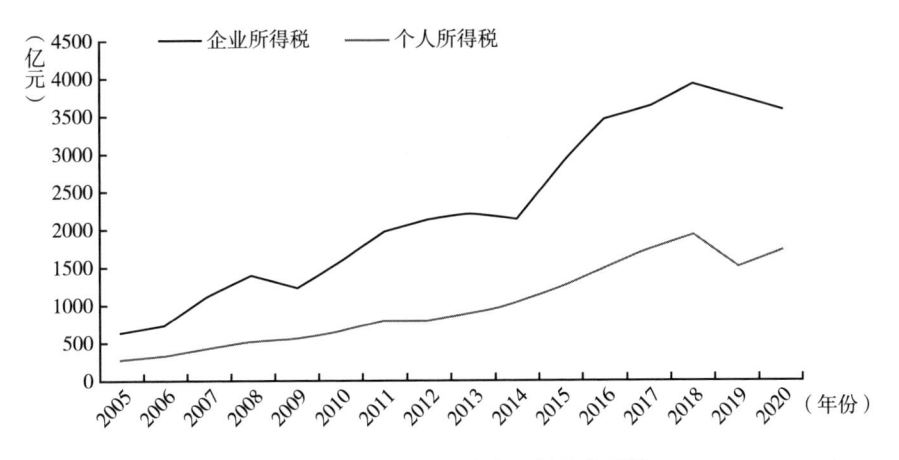

图11 2005~2020年上海市所得税发展情况

资料来源：上海市税务局官方数据。

和2020年除外），而非税收收入蜿蜒上升；一般公共预算支出于2020年达到8102.11亿元，是2000年的约13倍，尽管2020年受新冠肺炎疫情冲击一般公共预算收支有所滑落，但仍可以判断上海市一般公共预算收支的刚性增长态势（见表7）。

表7 2000~2020年上海市一般公共预算收支发展情况

单位：亿元

年份	一般公共预算收入	（其中）税收收入	（其中）非税收收入	一般公共预算支出
2000	497.96	484.00	13.96	622.84
2001	620.24	589.91	30.33	726.38
2002	719.79	657.70	62.09	877.84
2003	899.29	796.87	102.42	1102.64
2004	1119.72	1036.23	83.49	1395.69
2005	1433.90	1238.40	195.50	1660.32
2006	1600.37	1393.97	206.40	1813.80
2007	2102.63	1975.48	127.15	2201.92
2008	2382.34	2223.43	158.91	2617.68
2009	2540.30	2368.45	171.85	2989.65

续表

年份	一般公共预算收入	（其中）税收收入	（其中）非税收收入	一般公共预算支出
2010	2873.58	2707.80	165.78	3302.89
2011	3429.83	3172.72	257.11	3914.88
2012	3743.71	3426.79	316.92	4184.02
2013	4109.51	3797.16	312.35	4528.61
2014	4585.55	4219.05	366.50	4923.44
2015	5519.50	4858.16	661.34	6918.94
2016	6406.13	5625.90	780.23	6918.94
2017	6642.26	5865.51	776.75	7547.62
2018	7108.15	6285.04	823.11	8351.54
2019	7165.10	6216.29	948.81	8179.28
2020	7046.30	5841.88	1204.42	8102.11

资料来源：历年《上海统计年鉴》。

3. 财政社会保障支出水平和结构待优化

财政社会保障支出是一般公共预算的重要组成部分。近20年来，上海市财政社会保障支出总量虽然不断增长，但是支出水平却长期偏低，限制了再分配效应的发挥。财政对社会保障的支出，受社会保障体系收支平衡的影响，与人口年龄结构有密切关系。

一方面，从上海市财政社会保障支出的总量水平来看——改革开放以来，上海市财政社会保障支出总体水平较低、增长缓慢，在这一情景下社会保障支出对于收入差距的调节作用是没有基础的；随着国有企业改革的深入推进、社会保险体系的建立和完善，囊括了社会保险、社会救助、社会福利和社会优抚几大方面的社会保障体系开始全面推进，2005年之后社会保障支出开始较快增长，由此逐步奠定了社会保障支出、促进收入分配公平的经济基础；此外，从财政社会保障支出弹性来看，总体波动较大（见图12）。总的来说，随着经济发展和社会保障体系的日益完善，上海市2005年之后社会保障支出总额增长较快。需要进一步认识到的是，由于老龄化等问题的

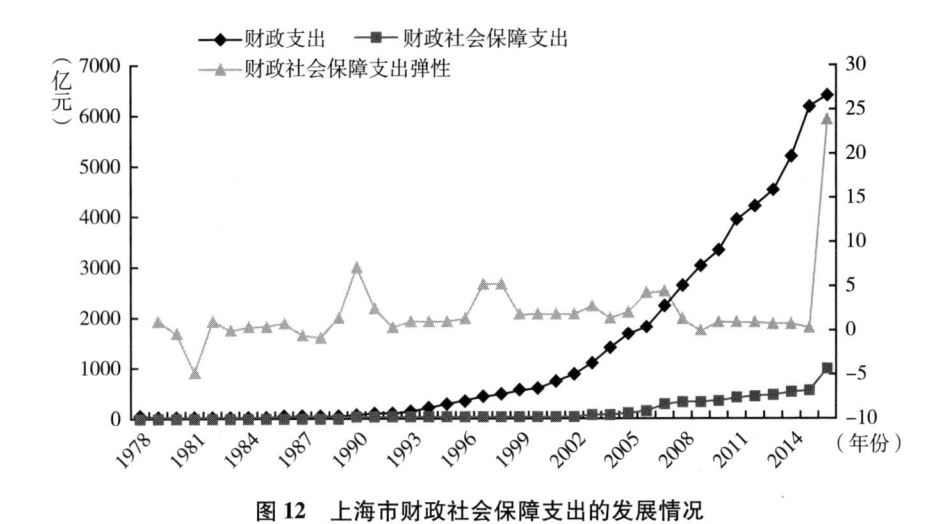

图 12 上海市财政社会保障支出的发展情况

资料来源：彭海艳：《上海财政社会保障支出的变迁特征和动因研判：1978—2016》，《华东经济管理》2018 年第 12 期。

进一步加剧，可以预见未来社会对社会保障支出总量水平还会提出更高的要求，因此总量水平的增速仍有提升的空间。

另一方面，从上海市财政社会保障支出的结构来看——财政社会保障支出可以分为抚恤和社会福利救济费、社会保障补助支出和行政事业离退休经费三大部分，其中抚恤和社会福利救济费对于收入分配的调节作用通常被认为相对更为有效[1]，然而随着改革开放的逐渐深化，抚恤和社会福利救济费所占份额有所下滑，重心逐渐转向了促进公平意义争议较大的社会保障补助支出（以社会保险缴费为代表）；此外，上海市财政社会保障支出在很长一段时间内有"重城轻乡"的态势，尽管初期城镇发展投入相对于农村发展投入更高的回报率客观上决定了这一点，但在收入分配体系不断强调公平的今天，在乡村振兴战略逐渐兴起的今天，"重城轻乡"的财政社会保障支出结构不符合再分配更应注重公平的方针，亟须调整乃至扭转。

---

[1] 彭海艳：《上海财政社会保障支出的变迁特征和因研判：1978—2016》，《华东经济管理》2018 年第 12 期。

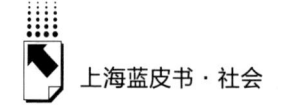

（三）上海市三次分配发展情况

1. 社会捐赠与赠予基本保持平稳

三次分配是社会主体自主自愿参与的财富流动，在当前，三次分配的主要方式是社会捐赠与赠予，本报告收集了上海市2011～2020年近十年社会捐赠与赠予的相关数据，其中主要分为货币资金捐赠收入、物资捐赠收入、其他收入和收入总计四个部分，其中其他收入主要来源于利息收入。

上海市社会捐赠总量在2012年出现下降后，2013年又回到前一年水平，其后呈现持续缓慢下降的趋势，并长期处于较低水平，直到新冠肺炎疫情突袭而至，呈现爆发式上涨（见图13）。这反映了当前上海市社会捐赠与赠予依旧存在多用于临时救济和应急救灾、救助性质较强、没有制度化和常态化等问题。而一些非营利组织的公信力和透明度不足，甚至使得社会捐赠与赠予事业的收入总额不升反降。

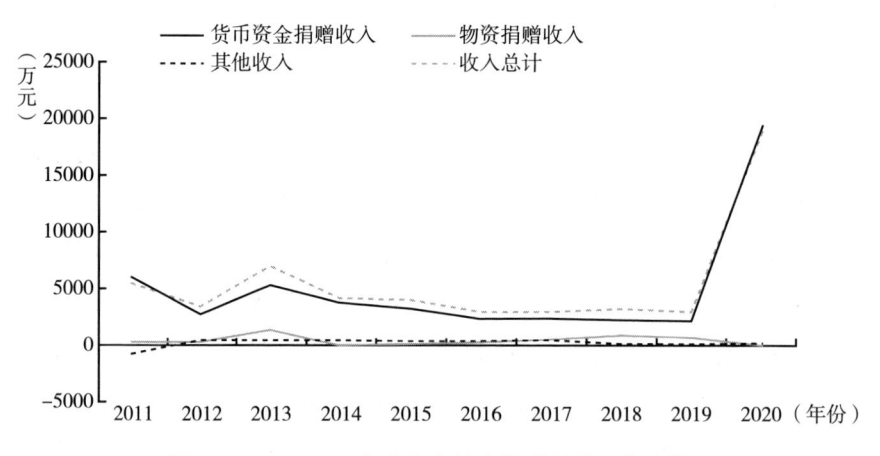

图13 2011～2020年上海市社会捐赠与赠予发展情况

资料来源：上海市红十字会官网数据。

从社会捐赠与赠予收入的分类来看，以货币资金捐赠收入为主，物资捐赠收入和其他收入两者所占比例极小，其他收入常年维持在相同水平，物资捐赠收入与其他收入几乎持平，只在个别年份会明显高于其他收入。

当前，通过发展社会捐赠与赠予事业能够有效协调和化解社会矛盾，对促进社会和谐稳定具有重要意义。虽然社会捐赠是个人和单位的自愿行为，但政府可以起到引导作用。疫情期间，社会捐赠与赠予收入总额爆发式增长，说明上海市民的慈善意识逐步提高，如果政府部门能够进一步完善捐赠配套制度、营造捐赠文化氛围、制定适宜的财税政策，就一定能积极推进社会捐赠与赠予事业更好发展。

2. 其他社会互助方式难以量化评估

党的十九届五中全会指出要发挥三次分配的作用，积极发展慈善事业，改善收入和财富分配格局；2021年8月17日，中央财经委员会第十次会议再次强调"三次分配作为调节收入分配、实现共同富裕的有效路径"。

"三次分配"主要是指"影响收入分配的第三种力量"，而道德力量就是超出市场机制与政府调节的力量之外的又一种可以影响收入分配的力量，因此三次分配不应仅仅局限于社会捐赠与赠予方面。同时，伴随近些年三次分配在捐赠主体上呈现"中产化"的发展趋势，慈善支持的内容和方式呈现"主动性"及"选择性"的发展方向，所涉及的行业也更加多元，价值取向上也从最初的扶弱转向造福全人类和推进社会进步发展，这也更加表明了三次分配应该存在和发展更多的形式和方法。

本报告在此部分将呈现上海现存的除社会捐赠与赠予之外其他三次分配的社会互助方式。

（1）慈善超市

慈善超市是慈善事业延伸到社区发展的基层服务平台。目前，上海慈善超市有三类运营主体：第一类是由街镇（乡）政府运营的慈善超市，这种类型占全市总量的44.7%；第二类是由社会组织运营的慈善超市，占全市总量的37.7%；第三类是由企业运营的慈善超市，占全市总量的17.6%。2003年，上海开张了全国第一家慈善超市，多年来上海慈善超市的发展取得了长足的进步，到2020年底，全市共建有慈善超市233家，实现了街镇（乡）全覆盖。

慈善超市是全市各街镇（乡）开展慈善活动的重要平台，它的规模效应和集聚效应能够吸纳大量社会资源用于慈善活动，在帮助社区困难群众的同时，主动参与社区治理，助力疫情防控。

比如在普陀区的慈善超市，主要采用了"政府推动、民间运作、社会参与"的运作模式，构建基层社区"面对面"关爱困难群众的慈善窗口。设立社工岗位，吸引义工服务，10多年来，有3500多人次参与志愿服务，总服务时间长达1万多小时，共募集款物900多万元，发放爱心救助领用券3万多张，为困难家庭大学生发放助学款近300万元；2012年开始，推出"爱心菜"项目，每年为40户行动不便的困难家庭每周送上70元的爱心菜，逢年过节增加到140元。10多年中，这个慈善超市救助社区困难群众达6万多人次。

当前，全市大多数慈善超市运营状况良好。但也有少数慈善超市运营能力较弱，自我造血功能尚未得到充分开发，社会化运营能力有待进一步提高，需要街镇（乡）政府财政资金持续支持；另外，部分慈善超市的布局有待进一步优化，存在位于小区内部、地理位置相对僻远、无法扩大客流规模等问题，影响了慈善超市各项基本业务活动开展和慈善功能发挥。

（2）食物银行

食物银行的作用主要是将一些过了"保质期"但在"保存期"内仍可安全食用的食品给予一些需要帮助的人，避免造成粮食的浪费，是连接可能被浪费的食物和对食物有需求的人的桥梁。

上海第一家食物银行——绿洲食物银行成立于2014年，是一家4A级社会组织。自成立以来，该食物银行把有质量保证的可能被浪费的食物收集起来，分发给社区里有需求的人，初步构建了上海食物银行网络，形成了外地食物授权分发点的模式，并摸索出一套中国本土化的食物银行运作标准体系。还增设了食物分享柜，2016~2018年，共4万多人次各种生活困难的需要食物的人群免费领取食物。目前已投放20台智能分享柜，分别位于浦东塘桥街道、浦东洋泾街道、普陀区长征镇、普陀区长寿街道，以及普陀区展翼培智儿童服务中心。

而最近几年，随着食物银行初探取得成功，越来越多的企业和公益组织加入"食物银行"的队伍中，比如肯德基开设了"肯德基食物银行"，将每天还未销完的食物，放进冰箱存储起来，留给有需要的人免费自行领取。

(3) 助学项目

由于第三次分配已经从最初的扶贫济困逐步拓展到教育、文化等众多其他领域，同时在价值取向上突破了纾困扶弱的局限，开始转向鼓励科学探索、推进社会进步、造福全人类等更具深刻意蕴的价值观，因此在上海的第三次分配中也出现了越来越多的助学项目。而这些项目也从原先的保障型资助向发展型资助转变，把"鱼渔相授"和"人人成才"的教育目标融入资助工作中。让助学不仅仅停留在经济资助的层面，更是和育人工作有机结合起来。

比如，"手拉手结对助学"——组织上海本市志愿者，与在沪就学的贫困家庭学生结对开展助学活动；"关爱外来务工人员子女"——为外来务工人员子女就学的学校，建设图书馆、电脑室，培训教师等，提供经费资助，以及为贫困家庭学生的爱心午餐，提供经费和物资资助；"关爱下一代心理"——为在校学生提供免费的心理咨询，让困难学生能够更好地融入上海这座城市，从而更好地开展学习生活。

(4) 福利彩票公益基金

以"扶老、助残、救孤、济困"为发行宗旨的福利彩票公益金，是第三次分配的重要组成部分。近30年来，上海留存的福彩公益金累计投入设施类项目建设25.15亿元、非设施类项目资助37.52亿元。

来自上海民政部门的数据显示，从《彩票管理条例》发布实施的2009年至2016年，上海福彩公益金累计投入各类民生保障项目共计40.33亿元。其中，老年福利类项目23.16亿元，残障人士福利类项目2.5亿元，儿童福利类项目1.28亿元，社会公益类项目13.39亿元，涵盖了建设养老床位、社区服务中心，为社区老人提供助餐服务，以及资助残疾儿童、落实孤残儿童家庭寄养、帮扶困难群体等广泛的社会福利事业。

(5) 慈善信托

慈善信托是指委托人基于慈善目的，依法将其财产委托给受托人，由受托人按照委托人意思以受托人名义进行管理和处分，开展慈善活动的行为，

这已经成为越来越多热心慈善的有识之士选择使用的新型慈善工具。例如，上海备案的第一单双受托人模式慈善信托——"中信·上海市慈善基金会2017蓝天至爱2号慧福慈善信托"，主要用于扶持和帮助孤寡病残等非特定群体，改善困难群体的生活。截至2021年8月末，全市依法备案慈善信托共计20单，财产共计1.50亿元。

但是在慈善信托中缺乏能够有效制衡受托人的手段，缺乏确保慈善信托公开、透明、可信的重要制度设计，因此2021年9月28日表决通过的《上海市慈善条例》，于2021年11月1日起施行，该条例对慈善信托的财产、受托人、备案与变更、监察人、终止程序等作出规范。

（6）志愿服务

志愿服务，指的是志愿者、志愿服务组织和其他组织自愿、无偿向社会或者他人提供的公益服务，是一项重要的社会公益事业，是在精神生活领域实现第三次分配的有效路径。

将志愿服务纳入第三次分配促进实现共同富裕，是党和国家对社会发展的重大战略决策与部署，必将为新时代志愿服务的蓬勃发展提供强大动力，促进其进一步深化发展。

根据上海市民政局的数据，目前"上海志愿者网"注册志愿者522万余人，服务时长约4.58亿小时，志愿服务团队26399个；"青春上海网"注册志愿者238万余人，服务时长约322万小时，志愿服务团队3059个；"上海市红十字会网"注册志愿者6.9万人，服务时长约17.9万小时，志愿服务团队366个；上海市禁毒志愿者协会注册志愿者6万人，服务时长约170万小时，志愿服务团队140个。

三 上海市国民收入分配体系发展特点

（一）高水准引领式发展

一方面，相对于其他地区而言各个分配层次的总量水平较高，从初次分配中的税收总额、企业收入,以及劳动者的个人工资水平到再分配中的财政收入和社会保障支出、转移性支付,再到三次分配中的慈善事业发展规模,上海市在这些方面的总量水平无一例外地处于全国前列。

另一方面,在如此高的总量水平基础上,上海市收入差距并没有预期中那么大,从常住居民收入基尼系数近年来稳定在0.25左右的趋势来看,上海的实际收入差距并没有排到全国的高位。此外,一些分配手段的试点在上海率先实施,比如2011年开始进行的房产税试点。

总的来说,上海市国民收入分配体系发展的首要特点为高水平,且以先锋的姿态推动难度系数较大的收入分配改革新措施、新方案。

(二)经济增速逐渐放缓

近20年来,尽管上海市经济增长与居民收入提高、工资性收入增长基本同步,但是总体上呈现逐步放缓趋势;劳动报酬增速稍高于全员劳动生产率增速,但工资性收入占比偏低且增长缓慢。尤其是经济进入新常态以来,经济增速下降,初次分配中的收入增速持续下滑。

在这一现实基础之上,收入分配体系改革的紧迫性会进一步凸显:"棘轮效应"说明,一旦经济增长开始放缓并进入下行通道,低收入群体就有可能面临收入水平出现停滞甚至逆向下滑的问题,激发个体对社会分配差距的不满,由此影响社会的稳定。在此情形下,若出现更为严重的大规模失业现象,容易直接把低收入群体打入"贫困陷阱",从而进一步引发社会的不稳定。[①] 这种紧迫性目前在全国范围内更为凸显,而在上海稍微低点,主要是由于上海市较高的总体经济水平提供了较为坚实的基础,但在无法逃避的经济下行走势中,这种紧迫性仍然不可忽视。

(三)诸多发展瓶颈渐显

现有收入分配制度的不健全,导致了分配不公、收入差距扩大、分配结

---

① 李实、万海远:《中国收入分配演变40年》,格致出版社,2018。

构不合理、灰色收入规模扩大等问题，严重影响经济社会的稳定持续发展。上海总体收入水平尚保持继续向上的态势，但存在收入分配结构性问题，由此在收入分配制度上的诸多发展瓶颈也逐渐暴露。

1. 要素分配结构呈现过度失衡趋势

近年来，上海市在新经济优化生产要素、更新业务体系、重构商业模式的美好景象下，传统的劳动力市场结构发生了巨大变化，就业领域、劳动用工方式都发生剧烈改变，生产环节的机器替代工人、"无人工厂"不断出现。此外，本研究先前也分析金融行业的收入水平在上海各行业中排名靠前，金融行业这类以资本要素主导的行业的收益是其他行业尤其是劳动要素主导的行业不能比拟的。这些因素交融在一起，使得上海市初次分配中"资本强势而劳动弱势"的趋势不断得到强化，成为上海市当前分配不公、收入差距较大的症结。

2. 阶层固化导致诸多矛盾

阶层固化本也是社会发展的规律之一，本身不构成问题，但其引发的诸多矛盾（这些矛盾往往集中于富裕阶层与工薪阶层之间），以及衍生出的现实与大众心理上的收入分配不公就构成了问题。社会学上把社会各阶层之间流动受阻的情况称为阶层固化，当前我国各社会阶层之间的流动受阻，开始出现阶层固化现象，社会纵向流动通道狭窄，下层向上层流动变得越来越困难。同时，收入分配不公问题呈现固化趋势，使得收入差距代际持续传递。

3. 城乡差距与差异问题仍在持续

一方面，上海市城乡之间仍存在收入绝对值意义上的差距——先前的研究表明，上海市城乡居民人均可支配收入之间的差距逐年拉大。这种差距会加剧中心城区的向心力，阻滞郊区和农村地区的发展潜力。近年来上海越发重视郊区发展，比如"五大新城"战略，某种意义上可以减缓这种向心力的作用，但在乡村发展政策上仍然欠缺力度，城乡收入差距问题在很长一段时间内仍然突出。

另一方面，上海市城乡之间在再分配政策的受惠意义上仍然存在不少差异——尤其在农业转移人口与城市户籍人口之间，仍然存在较大的公共服务和社会保障差异，特别是对于上海这种人口高度流动、户籍限制极严的超大城市而言，基本公共服务的常住人口全覆盖和均等化道路依然艰辛。农业转移人口自身及其随迁家庭，都迫切需要公平地享受流入地的各项公共服务，但现在本地人口与外来流动人口之间的差异仍然存在。无论是从劳动合同签订率、各项社会保险参保率，还是从最基本的教育、医疗和住房保障来看，社会歧视、同工不同酬的问题依然存在。这种"差异问题"在本质上是收入再分配政策没能有效促进"机会公平"的体现——上海市城乡发展不平衡的原因在于除了户籍制度这样的刚性约束以外，城乡教育、医疗和住房等资源配置不均等也是关键，这种不均等会损害机会公平，使得收入分配不公在城乡间延续，由此需要高度重视公共服务均等化政策对农村地区的倾斜。

四 改进上海市国民收入分配体系的政策建议

总的来说，要完善收入分配体系、缩小收入差距、实现共同富裕，必须强化政府在收入分配体系中的调节作用，统筹推进初次、再次和第三次分配，灵活运用政府、市场和社会等多种手段，调整低收入、中等收入和高收入群体的收入差距。

初次分配调整的关键是继续推进市场化改革，尽管初次分配中的问题可能是由市场机制不完善导致的，但是鉴于我国市场运行的独特逻辑，依然要重视政府干预对于初次分配的作用；相对而言，政府在收入再分配过程中能够起到比在初次分配中更大的作用，下一阶段收入分配改革的重点应在于不断加大再分配政策力度、将财政支出更多地向低收入人群倾斜；最后，要正确认识第三次分配在现阶段的定位，以合适的力度加强慈善捐赠在三次分配中的作用。

（一）初次分配水平稳中求进

1. 优化各生产要素分配结构

"新剑桥经济增长模型"表明，在收入分配过程中，若能减少利润收入者参与分配的份额而增加劳动收入者参与分配的份额，则在一定前提下可以带动经济增长。这一理论暗含了促进收入分配公平的同时带动经济发展的逻辑，意在启发国家通过宏观经济调控，提升劳动要素产生的份额在收入分配中的比例，降低资本要素产生的份额在收入分配中的比例。

应从宏观收入分配格局入手，将初次分配改革的首要目标确定为提高居民收入在国民收入分配中的比重、提高劳动报酬在初次分配中的比重。一方面，要认识到提高劳动报酬比重的必要性；另一方面，要推动资本的良性积累，而非投机倒把忽视劳动，尤其是在上海这座拥有全国最优质资本的城市——要认识问题不在资本本身，而在资本的运作方式上。资本的良性积累，可以推动经济健康发展，为共同富裕提供更多资源。没有各类资本积极参与经济建设，社会就没有活力，共同富裕就难以实现。劳动要素与资本要素的权衡同时牵涉到收入分配的效率与公平，如何把握这个"度"需要政府进行精巧研判。

据此，可以有一个相对折中的政策设计——资本市场要在中国特色社会主义制度的指导下改良不健康状态、逐步走向完善，让更多普通劳动者能够通过创新创业、技能理念更新、阻滞机制的破除等分享资本带来的收益，而非让资本收益集中于少数人手中。具体而言，比如拓宽新型职业农民增收渠道，稳妥推进农村集体产权制度改革，引导金融机构加大对新型农业经营主体的信贷投放力度；加强科研人员薪酬激励，完善绩效工资管理和奖励制度，形成科研项目、成果、奖励等与科研人员的奖励性绩效挂钩的制度，特别是国有科技型企业，要积极推进股权激励和员工持股制度，使员工贡献与收入挂钩；进一步清除创业壁垒，积极鼓励和支持创业；完善创新成果利益分配机制，加强小微企业知识产权保护，探索知识产权质押融资新模式，探索建立专利保险维权联盟。

2. 激发人力资本创收潜力

相对于宏观层面初次分配结构的调整，微观上提升初次分配水平最为直接和通俗的方法就是提升各类人群的人力资本水平，同时更加关照人力资本相对弱势的群体。尽管个体对自我人力资本的提升并不属于政府的责任范畴，但是对于弱势群体而言，由于收入分配在先前阶段的不公带来的人力资本提升困难，其应受到政府的关注。

从上海劳动者这一微观层面来看，上海市的"脱贫攻坚"已经取得重要胜利，未来可以延续"造血式"扶贫的人力资本提升路径，聚焦对象从绝对贫困人群转向相对贫困人群，不断关注可能阻滞弱势群体人力资本发展的物质条件与体制机制，从而让各类群体能够更为公平地参与到市场主导的初次分配过程中。更进一步说，不但劳动者自身的人力资本状况需要得到关注，保障其人力资本相对最大化发挥的环境要素也应成为未来政策关注的重点。具体政策措施可以包括：完善残疾人就业支持政策，强化失业人群技能培训等。

从上海整体发展这一宏观层面来看，对于上海这种各个层次劳动力大量、快速流动的超大城市而言，必须将优化劳动力流动的诸多措施作为破除阻碍人力资本作用发挥体制机制的突破口，从而促进初次分配的公平。对于外来人口群体，一是要完善外来劳动力的市场化流动机制，为他们创造就业和提升收入的发展环境；二是要进一步优化流动儿童的入学条件，提升教育水平和教育质量，把他们真正当作上海未来的人力资源加以培养，为未来上海形成橄榄型社会结构创造基础条件。

（二）不断加大再次分配力度

1. 促进公共服务和社会保障均等化

再分配机制应成为下一个阶段收入分配体系改革的核心，其重点在于公共服务和社会保障的均等化。中央财经委员会第十次会议明确指出，"要促进基本公共服务均等化，加大普惠性人力资本投入，完善养老和医疗保障体系、兜底救助体系、住房供应和保障体系"。尽管当前上海也受到新冠肺炎疫情和经济增长减速的影响，使政府财政收入受到不同程度的影响，但仍需坚持民生支出的"刚性原则"。要尽可能多地安排对低收入人群、贫困人口的转移性支出，进一步推进财政转移支付制度改革，扩大均等化转移支付规模。可以说，针对上海市既存阶级固化导致收入分配不公的代际性传递、城

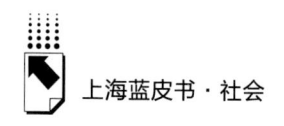

乡差异导致收入分配不公的区域性延续等最主要的收入分配不公问题，公共服务和社会保障的均等化应成为核心解决方案。

对上海而言，公共服务和社会保障均等化要额外关注流动人口对再分配成果的分享——长久以来，上海的诸项公共福利都是与户籍高度挂钩的，但是流动人口很难通过积分制挤入户籍人口队伍，也就很难享受到与本地人同等水平的公共服务和社会保障。这样一来，庞大的流动人口群体只能依靠市场力量在教育、医疗和住房等领域谋求保障，然而这些领域的市场成本在上海这样级别的都市又是很高的。上述矛盾使得来沪流动人口经常处于无所适从的状态，如果不在二次分配领域加大相关投入、促进公共服务和社会保障均等化，那么上海可能会面临最重要的发展动力之一——流动人口的流失，同时导致初次分配的总池子规模缩减，收入分配不公进一步加剧，形成恶性循环。

由此，本报告建议上海市未来应继续加大两个方面的政策力度，推动以流动人口为核心群体的公共服务和社会保障均等化：一是继续深化户籍制度改革，近年来上海市不断就重点高校毕业生落户、五大新城人才落户等诉求做出政策回应，应保持这样的势头，在科学研判的基础上逐步放开户籍准入；二是不断发展普惠性公共服务和社会保障，户籍的开放终归是有限的，第二种思路就是让公共服务和社会保障福利逐渐与户籍"脱钩"，让常住人口可以借由普惠性政策享受到与户籍人口相当的公共服务和社会保障。

2. 增强税收调节收入差距能力

个人所得税是政府干预再分配的基本手段，但这项政策未能有效地调节个人的收入分配差距。目前税收结构中倚重流转税，这在总体上不仅不利于收入差距的缩小，反而有拉大分配差距的可能。为发挥所得税的分配调节作用，需要改革税制结构，建立以个人所得税为主体、以其他税种为补充的多税种、立体、全过程的税收调节体系。个人所得税的制度设计应真正体现对低收入者的必要保护，实现所得税制逐渐从分类征收向综合税制转变。

同时，可考虑开征财产税，增加财产保有环节的税收，建立起收入和财产两个层面全方位调节贫富差距的直接税收体系。在财产税改革方面，主要是开征物业税、遗产税和赠与税。如果没有遗产税、赠与税等税种，三次分配就很难规范地发展起来。在遗产税、赠与税基础上，还应给予慈善事业和其他社会公益事业一定的税收优惠，支持慈善事业健康发展。

综上所述，未来上海市税收政策的调整可以聚焦于再分配和三次分配环节，深化房产税试点的改革工作，以及在国家与本市科学研判的基础上尝试开展遗产税、赠与税试点。

（三）准确把握三次分配定位

1. 正确认识三次分配作用

一方面，应正确认识三次分配与初次分配、再分配之间的关系，并在其中摆正三次分配的位置——三个层次的分配制度之间既有紧密的有机联系，又各自遵循不同的原则。一次分配是基础，在社会主义市场经济条件下，市场对资源配置起决定性作用，劳动力、资本和土地等要素都应由市场配置，并各自按贡献取得回报。二次分配建立在一次分配基础之上，如果没有社会各阶层充裕的合理合法的一次分配收入，国家就难以建立规范的包括基本社会保障、税收和财政转移支付等再分配制度。三次分配应当激励和引导高收入群体增强社会责任感，积极参与和兴办社会公益事业，更是以初次分配和再分配为基础。① 由此看来，三次分配绝不是回到计划经济时代的平均主义，也不是纯粹依靠企业和个人自责任心而做出的捐赠行为，这两种误判都会导致三次分配的发展难以长久。对三次分配定位的把握在于，它是在初次分配和第二次分配基础上，对两者难以调节的层面做出的有机补充，与借助慈善事业和其他社会公益事业推动收入分配公平的一系列政策措施、制度体系紧密关联。

另一方面，我国正处于并将长期处于社会主义初级发展阶段，尽管上海

---

① 宋晓梧：《如何构建初次分配、再分配、三次分配协调配套的基础性制度安排》，《光明日报》2021年10月9日，第2版。

一直是社会主义市场经济与社会事业发展"排头兵"的角色，但总体的阶段特征导致各级政府仍将长期面对初次分配和再分配如何兼顾效率与公平的问题。在初次分配和再分配环节，上海市仍然存在很多体制性和结构性问题需要解决。当前阶段，依靠道德力量的三次分配，更多的是发挥一定的补充作用，而不是决定性作用。如果过高估计三次分配对促进收入分配公平的效用，很可能拖累初次分配和再分配体系的进步，导致收入分配体系整体恶化。

2. 引导三次分配规范发展

在正确认识三次分配作用的基础上，上海市应采取一系列政策措施引导三次分配规范发展。当前，三次分配在我国还处于起步阶段，人均捐款金额与发达国家相比还有很大的差距。尽管上海市的经济体量可以与发达国家的特大城市媲美，但是在慈善事业和其他社会公益事业的发展成熟度上仍有较大的提升空间。

尽管不能否认三次分配在合理调节过高收入方面可以发挥重要作用，但更为重要的是认清三次分配发挥以上作用的独特机制——与再分配不同的是，以慈善为主要实现形式的三次分配是参与方自愿、主动进行的。当前，高收入群体参与慈善事业的积极性不如预期，需要认真反思慈善事业发展的制度环境和配套政策，一方面努力在全社会形成慈善是高尚事业的共识，让广大高收入群体以做慈善为荣；另一方面为慈善事业发展创造更为优越的环境，结合税收制度进一步完善慈善事业的配套激励政策。[1] 此外，上海市未来还应进一步完善促进慈善事业和其他社会公益事业依法有序发展的监督管理体系，严防任何以慈善名义为幌子侵犯人民利益的行为。特别是在未来的一个时期内，即政府、学界和社会公众不断正视慈善事业发展与三次分配的这段时间内，更加需要上海市以先锋性的精神探索出一套较为成熟、可推行的三次分配发展方案。前文已述上海市在慈善超市、食物银行、助学项目、

---

[1] 李实、杨一心：《完善收入分配制度　促进共同富裕》，《光明日报》2021年11月9日，第16版。

福利彩票与公益基金、慈善信托和志愿服务等事业上的既有发展，未来三次分配的政策设计应着重围绕对这些方面的统筹，以及通过这些路径持续性促进收入分配公平的体制机制建设。

参考文献

习近平：《扎实推动共同富裕》，《求是》2021年第20期。

甄明霞、阮大成、陈君君等：《上海收入分配状况及政策研究》，《科学发展》2016年第5期。

胡祖光：《基尼系数理论最佳值及其简易计算公式研究》，《经济研究》2004年第9期。

厉以宁：《股份制与现代市场经济》，江苏人民出版社，1994。

彭海艳：《上海财政社会保障支出的变迁特征和动因研判：1978—2016》，《华东经济管理》2018年第12期。

李实、万海远：《中国收入分配演变40年》，格致出版社，2018。

宋晓梧：《如何构建初次分配、再分配、三次分配协调配套的基础性制度安排》，《光明日报》2021年10月9日，第2版。

李实、杨一心：《完善收入分配制度　促进共同富裕》，《光明日报》2021年11月9日，第16版。

分 报 告
Sub-reports

B.2
长三角地区共同富裕主要领域发展评价

刘玉博*

摘　要： 基于2010~2020年相关统计数据，分析评价长三角"三省一市"在推进共同富裕过程中居民收支、城乡差距、行业工资、基础教育和公共医疗等主要领域的发展情况。总体来看，"三省一市"居民人均可支配收入和人均消费支出不断增长，各行业就业人员平均工资稳步增加，以生均师资资源和人均医疗资源衡量的公共服务水平也显著上升，做大了共同富裕的"蛋糕"。同时，"三省一市"城乡居民人均可支配收入比和人均消费支出比呈下降趋势，地区生均师资资源和人均医疗资源的差距也有所缩小，优化了"蛋糕的分配"。但是，"三省一市"在持续推进共同富裕的过程中，仍存在一些发展中的问题，一是居民收支最高与最低

---

* 刘玉博，上海社会科学院城市与人口发展研究所助理研究员，主要研究方向为城市与区域发展。

省市之间的差距呈扩大趋势；二是不同行业就业人员平均工资，特别是采矿业、金融业，以及信息传输、软件和信息技术服务业的平均工资仍存在较大差距。未来长三角"三省一市"应通过不断提高居民人均收入水平、缩小城乡差距、调整行业工资率差距、推进公共服务共享等，强化区域合作，实现共同富裕的发展目标。

关键词： 长三角共同富裕　地区差距　城乡差距　行业差距　公共服务

共同富裕是社会主义的本质规定和奋斗目标，也是我国社会主义的根本原则。国家"十四五"规划提出坚持"以人民为中心"原则，6次提到"共同富裕"，更提出至2035年全体人民共同富裕取得更为明显的实质性进展的远景目标。当下，国家发展和改革委员会也表示正在积极推动制定促进共同富裕行动纲要，旨在缩小地区差距、城乡差距、收入差距和公共服务差距。长三角地区在推动共同富裕的实践方面，始终走在全国的前列，浙江省更是被中央层面赋予"高质量发展建设共同富裕先行区"的重大使命。2021年6月中共中央、国务院正式印发《关于支持浙江高质量发展建设共同富裕示范区的意见》，要求浙江以解决地区差距、城乡差距、收入差距问题为主攻方向，对全国探索解决发展不平衡不充分问题、扎实推动共同富裕起到示范与引领作用，2022年4月最高人民检察院也出台相关意见支持和服务保障浙江高质量发展建设共同富裕示范区。为了及时总结长三角地区推进共同富裕主要领域发展成就并发现潜在问题，本报告以"三省一市"为研究对象，从更大空间、流动性的视角，评价2010~2020年长三角地区在居民收支、城乡差距、行业工资、公共服务等领域的相关实践，为进一步推动长三角地区实现共同富裕提供数据支持和参考借鉴。

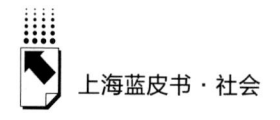

一 "三省一市"居民收支与城乡差距[①]

（一）居民人均可支配收入及差距[②]

从绝对值看，2010~2020年，"三省一市"全体居民人均可支配收入逐年上升，其中上海全体居民人均可支配收入最高，2020年为72232元，是第二名浙江的1.38倍，是江苏和安徽全体居民人均可支配收入的1.66倍和2.57倍。从增长率来看，2010~2020年，安徽全体居民人均可支配收入增长最快，上涨186.1%。上海、江苏和浙江全体居民人均可支配收入增长率基本持平，分别为141.6%、148.7%和147.2%（见图1）。

图1 2010~2020年"三省一市"全体居民人均可支配收入

[①] 如无特别说明，资料来源于2011~2021年《中国统计年鉴》《上海统计年鉴》《江苏统计年鉴》《浙江统计年鉴》《安徽统计年鉴》。数据如有出入，以《中国统计年鉴》数据为准。

[②] 2010~2012年"三省一市"全体居民人均可支配收入数据根据相应年份披露的城镇化率、城镇居民人均可支配收入和农村居民人均可支配收入进行转换计算而得。计算公式为：全体居民人均可支配收入=城镇居民人均可支配收入×城镇化率+农村居民人均可支配收入×（1-城镇化率）。2010~2013年"三省一市"全体居民人均消费支出数据，同此方法计算。2013~2020年相关资料来源于2014~2021年《中国统计年鉴》。

（二）居民人均消费支出及差距

从绝对值水平看，2010~2020年，"三省一市"全体居民人均消费支出上升趋势明显，受到疫情影响，2020年有所下降。其中，上海全体居民人均消费支出最高，2020年为42536元，是第二名浙江的1.36倍，是江苏和安徽全体居民人均消费支出的1.62倍和2.25倍。从增长率来看，2010~2020年，安徽全体居民人均消费支出增长最快，上涨160.3%。其次为江苏，上涨133.1%，上海和浙江全体居民人均消费支出增长率分别为95.0%和116.9%（见图2）。

图2　2010~2020年"三省一市"全体居民人均消费支出

（三）城乡居民人均可支配收入差距①

2010~2020年，"三省一市"城乡居民人均可支配收入差距呈明显的下降趋势。其中，2020年浙江城镇居民人均可支配收入为62699元，是农村居民人均可支配收入的1.96倍，为"三省一市"的最低水平。相较之下，

---

① 2010~2013年，江苏、浙江、安徽三省农村居民人均可支配收入统计口径为"农村居民人均纯收入"，特此说明。

安徽城镇居民人均可支配收入为39442元，是农村居民人均可支配收入的2.37倍，处于"三省一市"最高水平。"三省一市"城乡居民人均可支配收入差距呈现收敛趋势，安徽城乡居民人均可支配收入下降0.62，浙江下降0.46，上海和江苏分别下降0.13和0.33（见图3）。

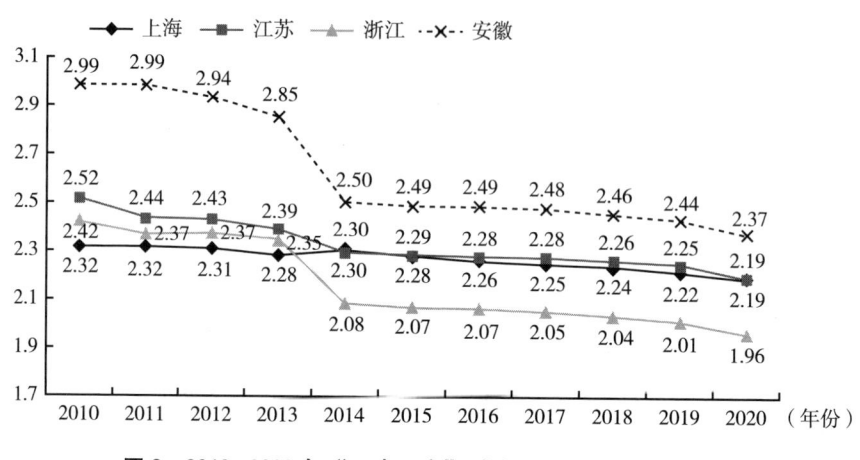

图3 2010~2020年"三省一市"城乡居民人均可支配收入比

（四）城乡居民人均消费支出差距①

2010~2020年，"三省一市"城乡居民人均消费支出差距呈明显下降趋势，2012~2014年以及2017年部分省市有所波动。其中，安徽城乡居民人均消费支出比由2010年的2.87下降至2020年的1.51，下降幅度最为明显。2020年安徽城镇居民人均消费支出为22683元，是农村居民人均消费支出的1.51倍，为"三省一市"的最低水平。相较之下，上海城镇居民人均消费支出为44839元，是农村居民人均消费支出的2.03倍，处于"三省一市"最高水平。江苏和浙江城乡居民人均消费支出比较为相近，2020年分别为1.81和1.68，分别比2010年下降0.38和0.32（见图4）。

---

① 2011年和2012年"三省一市"城镇居民人均消费支出数据分别来自2012年和2013年《上海统计年鉴》《江苏统计年鉴》《浙江统计年鉴》《安徽统计年鉴》，其余数据来自2011年和2014~2021年《中国统计年鉴》。

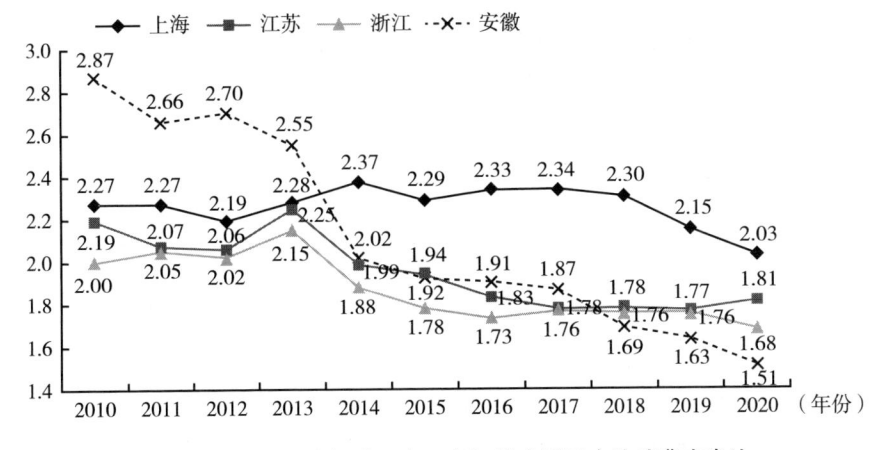

图 4 2010~2020年"三省一市"城乡居民人均消费支出比

（五）小结

2010~2020年"三省一市"居民人均可支配收入和人均消费支出不断增长，其中"三省一市"居民人均可支配收入十年增长率平均为156%，居民人均消费支出十年增长率平均为126%。但"三省一市"居民人均可支配收入和人均消费支出的差距，呈现不断扩大的趋势，2010年居民人均可支配收入最高与最低省市差值为20080元，2020年扩大到44129元；居民人均消费支出最高与最低省市差值则由14557元扩大到23659元。

从城乡差距来看，2010~2020年"三省一市"城乡居民人均可支配收入比和人均消费支出比呈下降趋势，2010年"三省一市"城乡居民人均可支配收入比均值为2.56，2020年下降为2.18；城乡居民人均消费支出比均值则由2010年的2.33下降到2020年的1.76。而且，"三省一市"城乡差距处于不断收敛的趋势，2010年城乡居民人均可支配收入比的最高与最低省市差值为0.67，2020年下降为0.41；城乡居民人均消费支出比的最高与最低省市差值由2010年的0.87下降到2020年的0.52。

043

二 "三省一市"分行业就业人员平均工资[①]

(一)各行业平均工资

2010~2020年,"三省一市"各行业就业人员平均工资呈稳步上升趋势。从绝对值水平看,上海各行业平均工资最高,2020年达到171884元,是第二名浙江各行业平均工资的1.58倍,分别是江苏和安徽各行业平均工资的1.66倍和2.00倍。从增长率来看,2010~2020年,浙江各行业平均工资上涨最快,上涨167.3%,其次为江苏,上涨160.5%,上海和安徽各行业平均工资上涨幅度分别为160.0%和157.5%(见图5)。

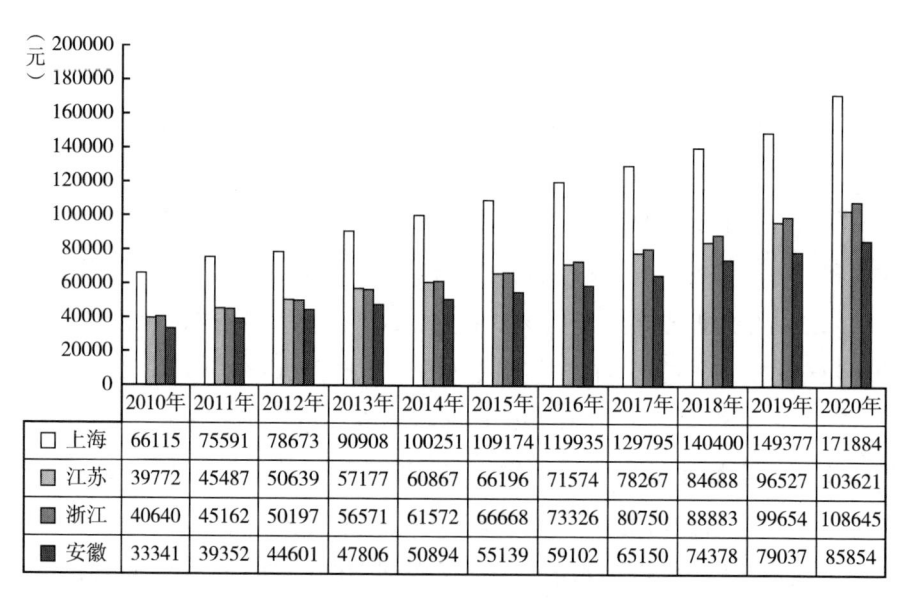

	2010年	2011年	2012年	2013年	2014年	2015年	2016年	2017年	2018年	2019年	2020年
上海	66115	75591	78673	90908	100251	109174	119935	129795	140400	149377	171884
江苏	39772	45487	50639	57177	60867	66196	71574	78267	84688	96527	103621
浙江	40640	45162	50197	56571	61572	66668	73326	80750	88883	99654	108645
安徽	33341	39352	44601	47806	50894	55139	59102	65150	74378	79037	85854

图5 2010~2020年"三省一市"各行业就业人员平均工资

[①] 资料来源于2011~2021年《中国统计年鉴》,统计口径为城镇非私营单位就业人员平均工资。

（二）农、林、牧、渔业

2010~2020年，"三省一市"农、林、牧、渔业就业人员平均工资呈上升趋势。从绝对值水平看，上海农、林、牧、渔业平均工资最高，2020年达到81858元，是第二名浙江平均工资的1.02倍，是江苏和安徽平均工资的1.55倍和1.53倍。从增长率来看，2010~2020年，安徽农、林、牧、渔业平均工资上涨最快，上涨215.0%，其次为江苏，上涨154.5%，上海和浙江上涨幅度分别为106.8%和136.6%（见图6）。

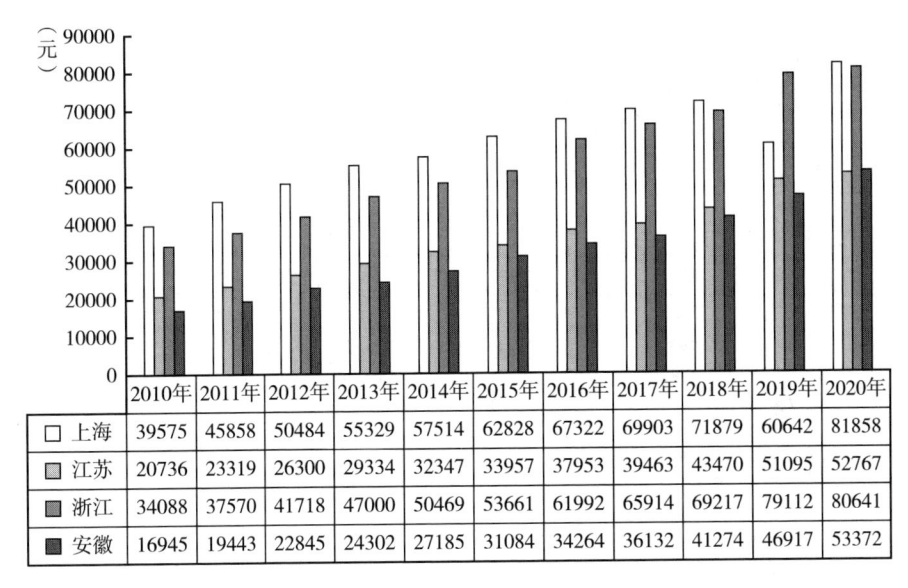

(元)	2010年	2011年	2012年	2013年	2014年	2015年	2016年	2017年	2018年	2019年	2020年
上海	39575	45858	50484	55329	57514	62828	67322	69903	71879	60642	81858
江苏	20736	23319	26300	29334	32347	33957	37953	39463	43470	51095	52767
浙江	34088	37570	41718	47000	50469	53661	61992	65914	69217	79112	80641
安徽	16945	19443	22845	24302	27185	31084	34264	36132	41274	46917	53372

图6　2010~2020年"三省一市"农、林、牧、渔业就业人员平均工资

（三）采矿业

2010~2020年，"三省一市"采矿业就业人员平均工资呈上升趋势，个别年份有所波动。从绝对值水平看，上海采矿业平均工资最高，2018年小幅下降后，2019年和2020年上涨明显，2020年达到306826元，是第二名安徽平均工资的2.87倍，是江苏和浙江平均工资的2.95倍和3.75倍。从

增长率来看，2010~2020年，上海采矿业平均工资上涨最快，上涨392.1%，其次为浙江，上涨188.8%，江苏和安徽上涨幅度分别为150.1%和86.6%（见图7）。

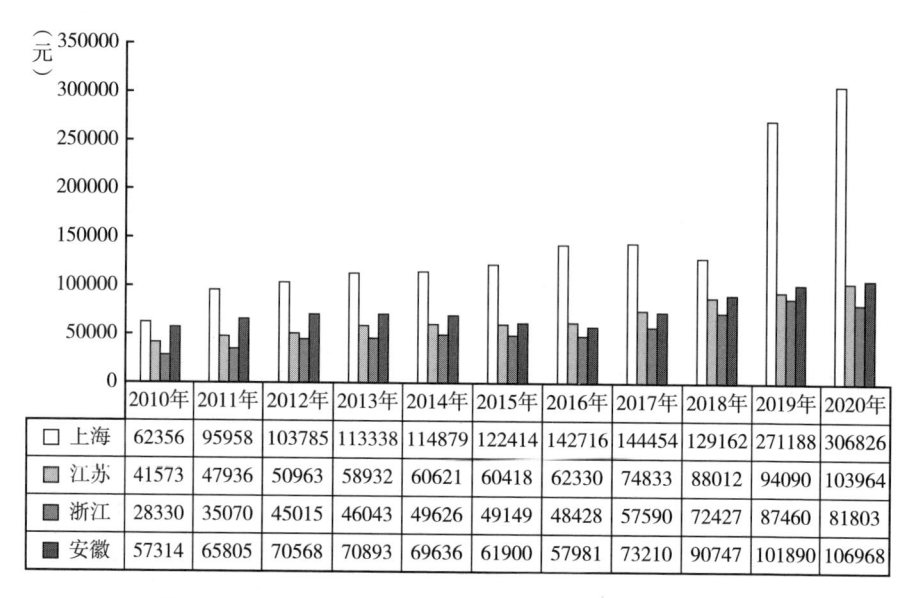

（元）	2010年	2011年	2012年	2013年	2014年	2015年	2016年	2017年	2018年	2019年	2020年
上海	62356	95958	103785	113338	114879	122414	142716	144454	129162	271188	306826
江苏	41573	47936	50963	58932	60621	60418	62330	74833	88012	94090	103964
浙江	28330	35070	45015	46043	49626	49149	48428	57590	72427	87460	81803
安徽	57314	65805	70568	70893	69636	61900	57981	73210	90747	101890	106968

图7　2010~2020年"三省一市"采矿业就业人员平均工资

（四）制造业

2010~2020年，"三省一市"制造业就业人员平均工资稳步上升。从绝对值水平看，上海制造业平均工资最高，2020年达到137441元，是第二名江苏平均工资的1.49倍，是浙江和安徽平均工资的1.62倍和1.81倍。从增长率来看，2010~2020年，浙江和江苏采矿业平均工资上涨最快，上涨幅度均为185.8%，上海和安徽上涨幅度分别为163.5%和159.7%（见图8）。

（五）电力、热力、燃气及水生产和供应业

2010~2020年，"三省一市"电力、热力、燃气及水生产和供应业就业

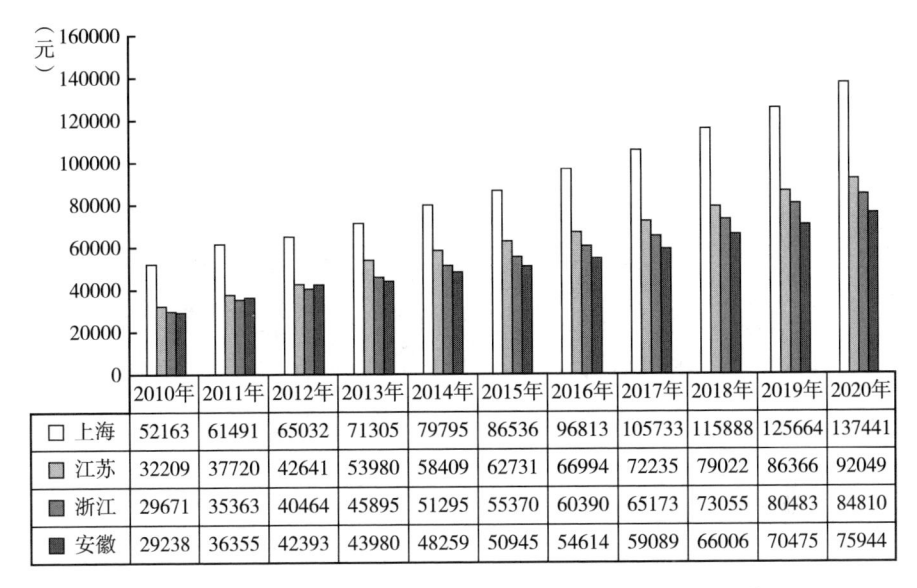

	2010年	2011年	2012年	2013年	2014年	2015年	2016年	2017年	2018年	2019年	2020年
上海	52163	61491	65032	71305	79795	86536	96813	105733	115888	125664	137441
江苏	32209	37720	42641	53980	58409	62731	66994	72235	79022	86366	92049
浙江	29671	35363	40464	45895	51295	55370	60390	65173	73055	80483	84810
安徽	29238	36355	42393	43980	48259	50945	54614	59089	66006	70475	75944

图8 2010~2020年"三省一市"制造业就业人员平均工资

人员平均工资呈上升趋势，浙江在2019年有所波动。从绝对值水平看，上海电力、热力、燃气及水生产和供应业平均工资最高，2020年达到233016元，是第二名浙江平均工资的1.49倍，是江苏和安徽平均工资的1.52倍和1.89倍。从增长率来看，2010~2020年，安徽电力、热力、燃气及水生产和供应业平均工资上涨最快，上涨204.0%，其次为上海，上涨150.4%，江苏和浙江上涨幅度分别为131.1%和102.1%（见图9）。

（六）建筑业

2010~2020年，"三省一市"建筑业就业人员平均工资呈上升趋势，上海在2011年和2012年有所波动。从绝对值水平看，上海建筑业平均工资最高，2020年达到128461元，是第二名江苏平均工资的1.78倍，是浙江和安徽平均工资的1.94倍和1.89倍。从增长率来看，2010~2020年，安徽和江苏建筑业平均工资上涨最快，上涨幅度分别为142.8%和142.7%，上海和浙江上涨幅度分别为86.0%和131.1%（见图10）。

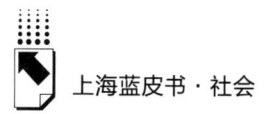

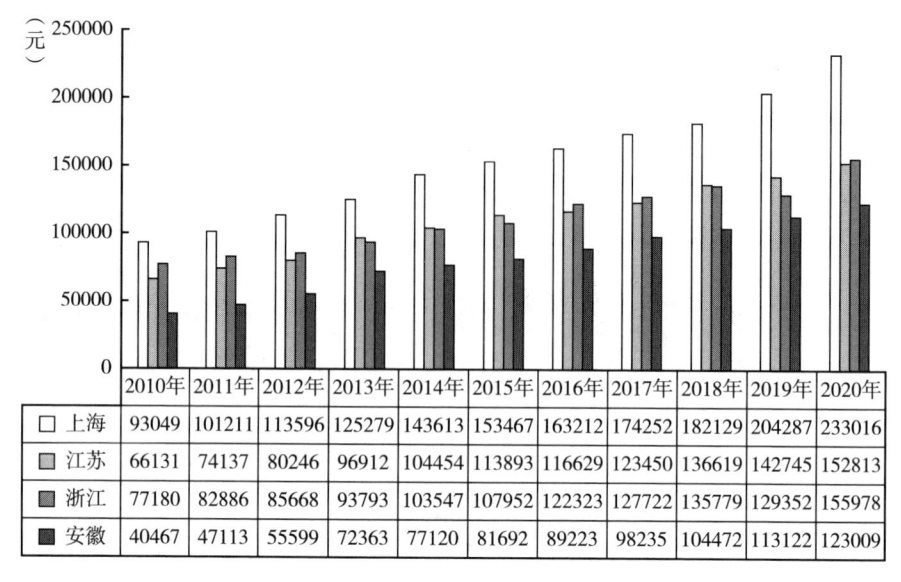

年份	2010年	2011年	2012年	2013年	2014年	2015年	2016年	2017年	2018年	2019年	2020年
上海	93049	101211	113596	125279	143613	153467	163212	174252	182129	204287	233016
江苏	66131	74137	80246	96912	104454	113893	116629	123450	136619	142745	152813
浙江	77180	82886	85668	93793	103547	107952	122323	127722	135779	129352	155978
安徽	40467	47113	55599	72363	77120	81692	89223	98235	104472	113122	123009

图9 2010~2020年"三省一市"电力、热力、燃气及水生产和供应业就业人员平均工资

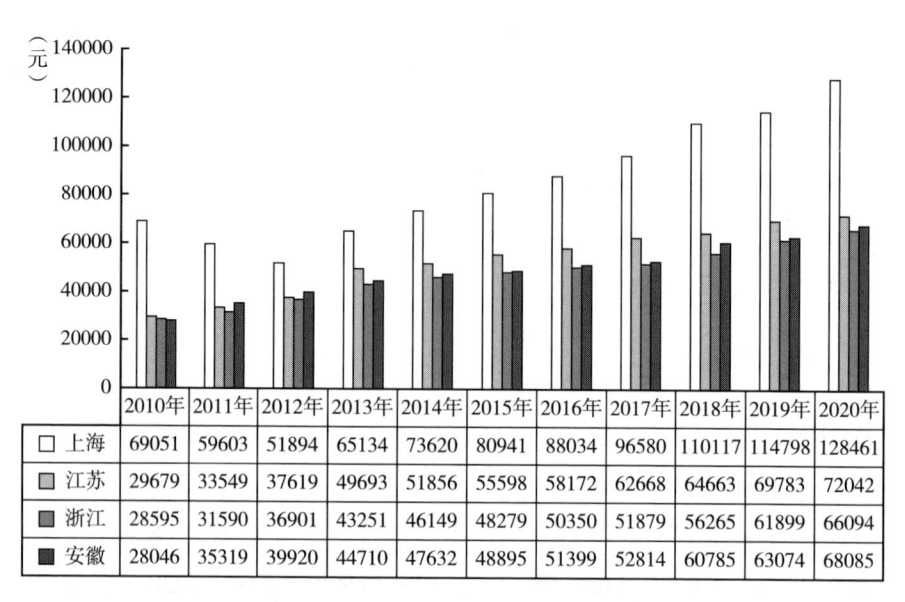

年份	2010年	2011年	2012年	2013年	2014年	2015年	2016年	2017年	2018年	2019年	2020年
上海	69051	59603	51894	65134	73620	80941	88034	96580	110117	114798	128461
江苏	29679	33549	37619	49693	51856	55598	58172	62668	64663	69783	72042
浙江	28595	31590	36901	43251	46149	48279	50350	51879	56265	61899	66094
安徽	28046	35319	39920	44710	47632	48895	51399	52814	60785	63074	68085

图10 2010~2020年"三省一市"建筑业就业人员平均工资

（七）批发和零售业

2010~2020年，"三省一市"批发和零售业就业人员平均工资稳步上升。从绝对值水平看，上海批发和零售业平均工资最高，2020年达到182212元，是第二名浙江平均工资的1.75倍，是江苏和安徽平均工资的1.87倍和2.67倍。从增长率来看，2010~2020年，江苏批发和零售业平均工资上涨最快，上涨209.8%，其次为上海，上涨196.2%，浙江和安徽上涨幅度分别为161.0%和152.9%（见图11）。

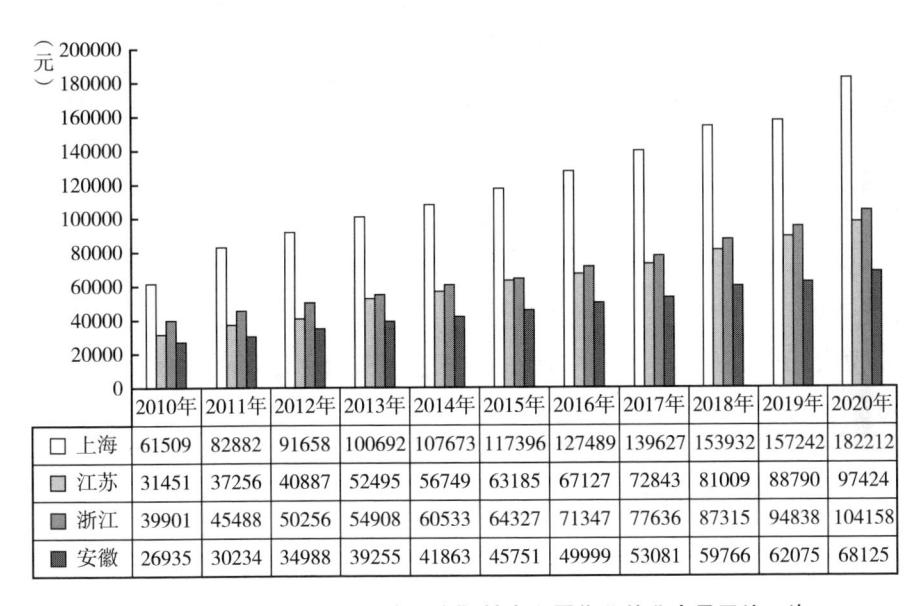

（元）	2010年	2011年	2012年	2013年	2014年	2015年	2016年	2017年	2018年	2019年	2020年
上海	61509	82882	91658	100692	107673	117396	127489	139627	153932	157242	182212
江苏	31451	37256	40887	52495	56749	63185	67127	72843	81009	88790	97424
浙江	39901	45488	50256	54908	60533	64327	71347	77636	87315	94838	104158
安徽	26935	30234	34988	39255	41863	45751	49999	53081	59766	62075	68125

图11 2010~2020年"三省一市"批发和零售业就业人员平均工资

（八）交通运输、仓储和邮政业

2010~2020年，"三省一市"交通运输、仓储和邮政业就业人员平均工资稳步上升。从绝对值水平看，上海交通运输、仓储和邮政业平均工资最高，2020年达到143897元，是第二名浙江平均工资的1.30倍，是江苏和安徽平均工资的1.42倍和1.64倍。从增长率来看，2010~2020

年，安徽交通运输、仓储和邮政业平均工资上涨最快，上涨197.5%，其次为江苏，上涨161.8%，上海和浙江上涨幅度分别为146.4%和128.2%（见图12）。

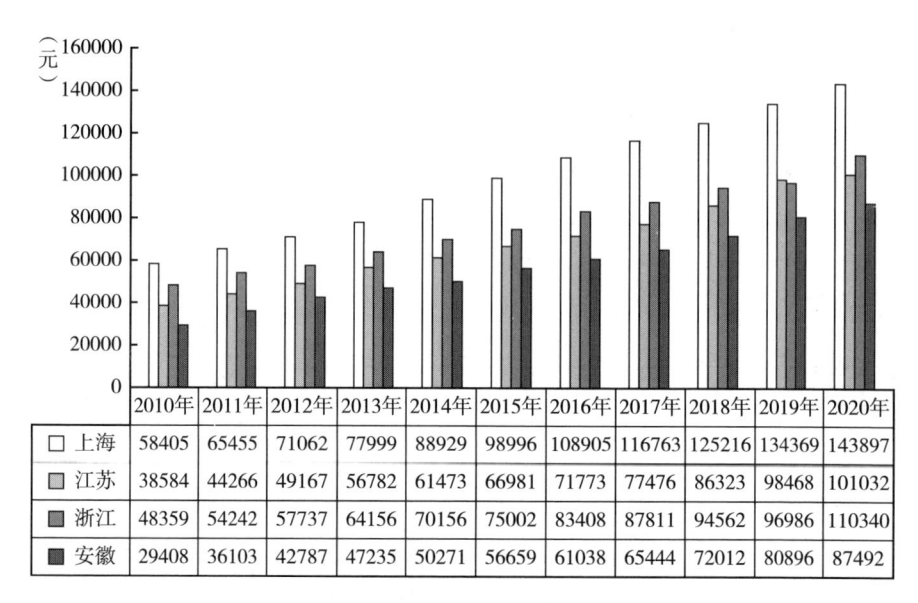

（元）	2010年	2011年	2012年	2013年	2014年	2015年	2016年	2017年	2018年	2019年	2020年
上海	58405	65455	71062	77999	88929	98996	108905	116763	125216	134369	143897
江苏	38584	44266	49167	56782	61473	66981	71773	77476	86323	98468	101032
浙江	48359	54242	57737	64156	70156	75002	83408	87811	94562	96986	110340
安徽	29408	36103	42787	47235	50271	56659	61038	65444	72012	80896	87492

图12　2010~2020年"三省一市"交通运输、仓储和邮政业就业人员平均工资

（九）住宿和餐饮业

2010~2020年，"三省一市"住宿和餐饮业就业人员平均工资呈上升趋势，2019~2020年有所下降。从绝对值水平看，上海住宿和餐饮业平均工资最高，2020年达到59260元，是第二名浙江平均工资的1.08倍，是江苏和安徽平均工资的1.16倍和1.32倍。从增长率来看，2010~2020年，安徽住宿和餐饮业平均工资上涨最快，上涨146.5%，其次为浙江，上涨122.2%，上海和江苏上涨幅度分别为80.6%和113.2%（见图13）。

（十）信息传输、软件和信息技术服务业

2010~2020年，"三省一市"信息传输、软件和信息技术服务业就业人

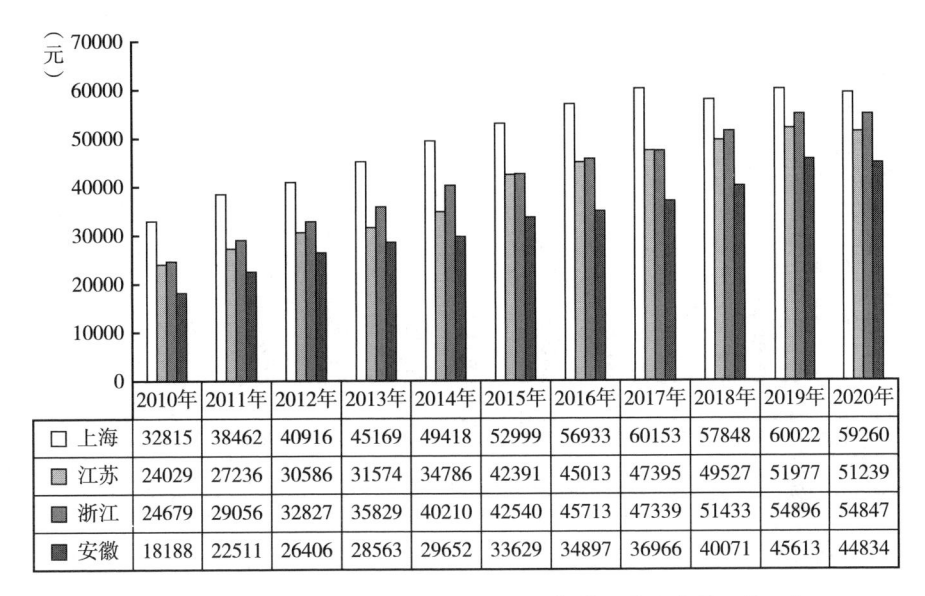

长三角地区共同富裕主要领域发展评价

	2010年	2011年	2012年	2013年	2014年	2015年	2016年	2017年	2018年	2019年	2020年
上海	32815	38462	40916	45169	49418	52999	56933	60153	57848	60022	59260
江苏	24029	27236	30586	31574	34786	42391	45013	47395	49527	51977	51239
浙江	24679	29056	32827	35829	40210	42540	45713	47339	51433	54896	54847
安徽	18188	22511	26406	28563	29652	33629	34897	36966	40071	45613	44834

图 13 2010~2020年"三省一市"住宿和餐饮业就业人员平均工资

员平均工资稳步上升。从绝对值水平看,上海信息传输、软件和信息技术服务业平均工资最高,2020年达到270619元,是第二名浙江平均工资的1.15倍,是江苏和安徽平均工资的1.66倍和2.66倍。从增长率来看,2010~2020年,浙江信息传输、软件和信息技术服务业平均工资上涨最快,上涨205.3%,其次为安徽,上涨180.1%,上海和江苏上涨幅度分别为134.3%和176.6%(见图14)。

(十一)金融业

2010~2020年,"三省一市"金融业就业人员平均工资呈上升趋势。从绝对值水平看,上海金融业平均工资最高,2020年达到330125元,是第二名江苏平均工资的2.06倍,是浙江和安徽平均工资的2.26倍和3.66倍。从增长率来看,2010~2020年,江苏金融业平均工资上涨最快,上涨125.5%,其次为上海,上涨111.9%,浙江和安徽上涨幅度分别为48.6%和93.5%(见图15)。

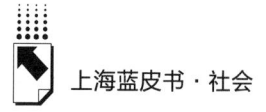

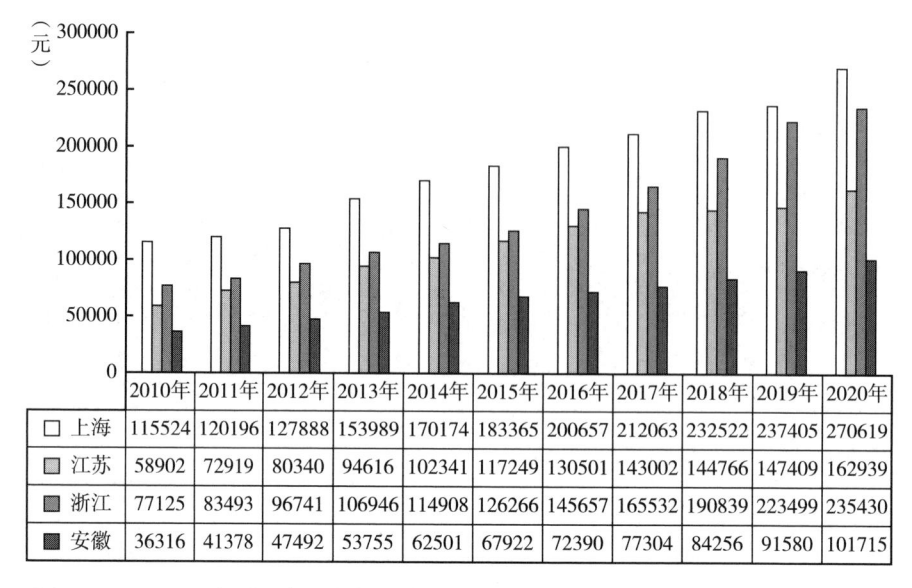

	2010年	2011年	2012年	2013年	2014年	2015年	2016年	2017年	2018年	2019年	2020年
上海	115524	120196	127888	153989	170174	183365	200657	212063	232522	237405	270619
江苏	58902	72919	80340	94616	102341	117249	130501	143002	144766	147409	162939
浙江	77125	83493	96741	106946	114908	126266	145657	165532	190839	223499	235430
安徽	36316	41378	47492	53755	62501	67922	72390	77304	84256	91580	101715

图 14　2010~2020 年"三省一市"信息传输、软件和信息技术服务业就业人员平均工资

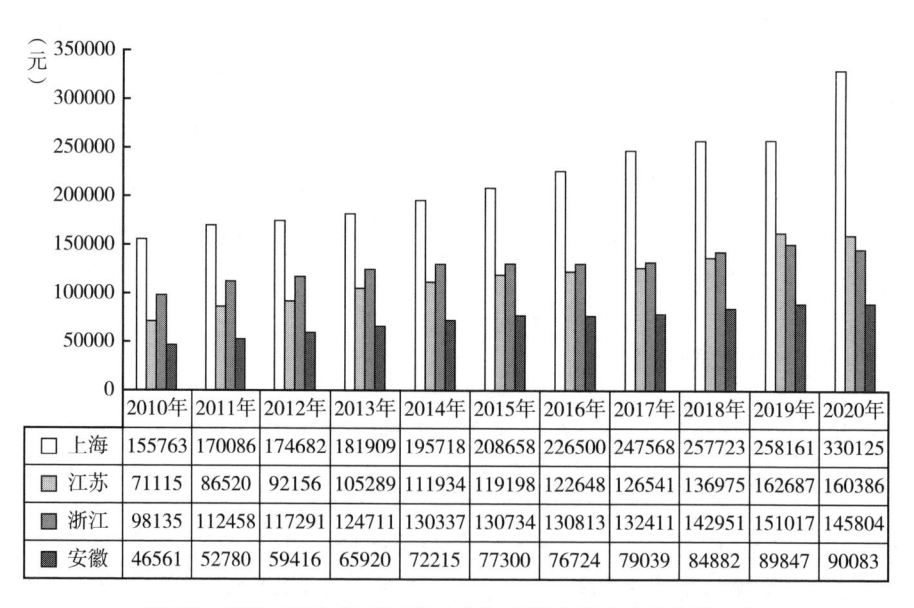

	2010年	2011年	2012年	2013年	2014年	2015年	2016年	2017年	2018年	2019年	2020年
上海	155763	170086	174682	181909	195718	208658	226500	247568	257823	258161	330125
江苏	71115	86520	92156	105289	111934	119198	122648	126541	136975	162687	160386
浙江	98135	112458	117291	124711	130337	130813	130734	132411	142951	151017	145804
安徽	46561	52780	59416	65920	72215	77300	76724	79039	84882	89847	90083

图 15　2010~2020 年"三省一市"金融业就业人员平均工资

（十二）房地产业

2010~2020年，"三省一市"房地产业就业人员平均工资上升趋势明显，上海2013年有所波动。从绝对值水平看，上海房地产业平均工资最高，2020年达到117532元，是第二名浙江平均工资的1.28倍，是江苏和安徽平均工资的1.35倍和1.58倍。从增长率来看，2010~2020年，安徽房地产业平均工资上涨最快，上涨173.8%，其次为上海，上涨143.3%，江苏和浙江上涨幅度分别为100.9%和117.2%（见图16）。

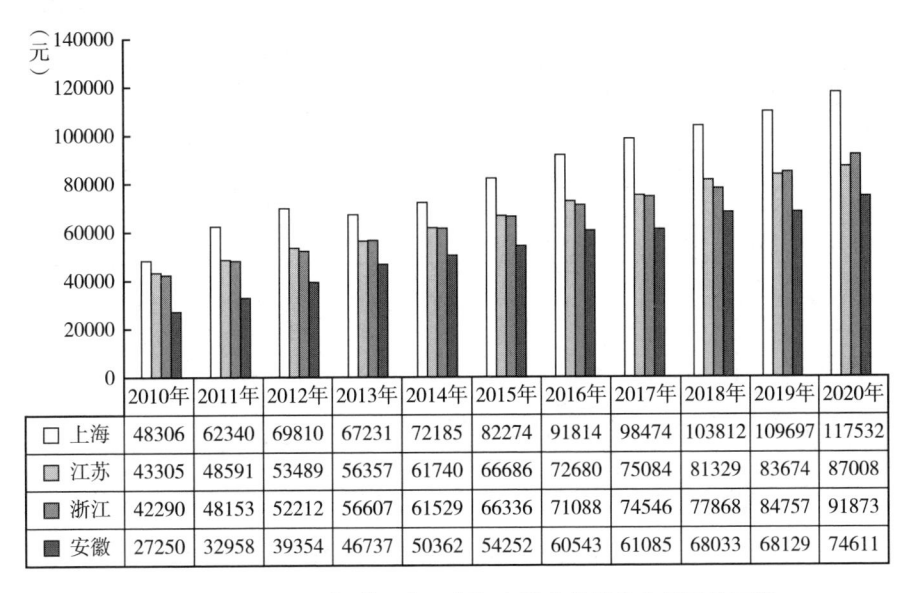

	2010年	2011年	2012年	2013年	2014年	2015年	2016年	2017年	2018年	2019年	2020年
上海	48306	62340	69810	67231	72185	82274	91814	98474	103812	109697	117532
江苏	43305	48591	53489	56357	61740	66686	72680	75084	81329	83674	87008
浙江	42290	48153	52212	56607	61529	66336	71088	74546	77868	84757	91873
安徽	27250	32958	39354	46737	50362	54252	60543	61085	68033	68129	74611

图16 2010~2020年"三省一市"房地产业就业人员平均工资

（十三）租赁和商务服务业

2010~2020年，"三省一市"租赁和商务服务业就业人员平均工资呈上升趋势，个别年份有所波动。从绝对值水平看，上海租赁和商务服务业平均工资最高，2020年达到182869元，是第二名浙江平均工资的2.23倍，是江苏和安徽平均工资的2.39倍和2.96倍。从增长率来看，2010~2020年，上海租赁和商务服

务业平均工资上涨最快，上涨200.3%，其次为江苏，上涨157.4%，浙江和安徽上涨幅度分别为153.1%和119.6%（见图17）。

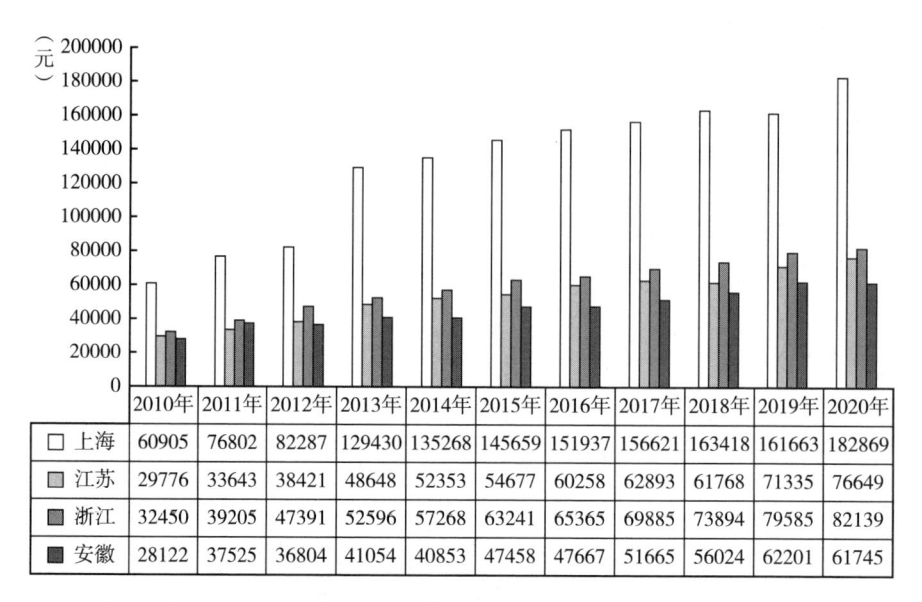

	2010年	2011年	2012年	2013年	2014年	2015年	2016年	2017年	2018年	2019年	2020年
上海	60905	76802	82287	129430	135268	145659	151937	156621	163418	161663	182869
江苏	29776	33643	38421	48648	52353	54677	60258	62893	61768	71335	76649
浙江	32450	39205	47391	52596	57268	63241	65365	69885	73894	79585	82139
安徽	28122	37525	36804	41054	40853	47458	47667	51665	56024	62201	61745

图17 2010~2020年"三省一市"租赁和商务服务业就业人员平均工资

（十四）科学研究和技术服务业

2010~2020年，"三省一市"科学研究和技术服务业就业人员平均工资呈上升趋势，上海2019年有所波动。从绝对值水平看，上海科学研究和技术服务业平均工资最高，2020年达到217700元，是第二名浙江平均工资的1.33倍，是江苏和安徽平均工资的1.53倍和2.08倍。从增长率来看，2010~2020年，安徽和浙江科学研究和技术服务业平均工资上涨最快，上涨幅度分别为189.6%和188.1%，上海和江苏上涨幅度分别为161.2%和135.9%（见图18）。

（十五）水利、环境和公共设施管理业

2010~2020年，"三省一市"水利、环境和公共设施管理业就业人员平

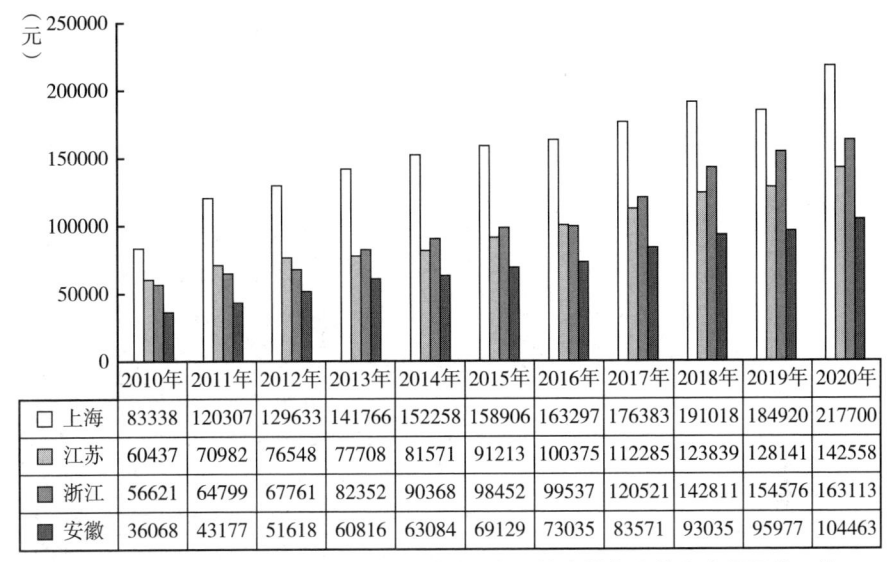

年份	2010年	2011年	2012年	2013年	2014年	2015年	2016年	2017年	2018年	2019年	2020年
上海	83338	120307	129633	141766	152258	158906	163297	176383	191018	184920	217700
江苏	60437	70982	76548	77708	81571	91213	100375	112285	123839	128141	142558
浙江	56621	64799	67761	82352	90368	98452	99537	120521	142811	154576	163113
安徽	36068	43177	51618	60816	63084	69129	73035	83571	93035	95977	104463

图18 2010~2020年"三省一市"科学研究和技术服务业就业人员平均工资

均工资呈上升趋势，安徽2019年有明显波动。从绝对值水平看，上海水利、环境和公共设施管理业平均工资最高，2020年达到104121元，是第二名浙江平均工资的1.21倍，是江苏和安徽平均工资的1.29倍和1.97倍。从增长率来看，2010~2020年，浙江水利、环境和公共设施管理业平均工资上涨最快，上涨164.7%，其次为江苏，上涨160.2%，上海和安徽上涨幅度分别为134.6%和152.2%（见图19）。

（十六）居民服务、修理和其他服务业

2010~2020年，"三省一市"居民服务、修理和其他服务业就业人员平均工资呈上升趋势，个别年份有所波动。从绝对值水平看，上海和江苏居民服务、修理和其他服务业平均工资最高，2020年分别达到75979元和75561元，安徽居民服务、修理和其他服务业平均工资相对较低，2020年为56552元。从增长率来看，2010~2020年，安徽居民服务、修理和其他服务业平均工资上涨最快，上涨143.2%，其次为江苏，上涨120.0%，上海和浙江上涨幅度分别为115.7%和91.1%（见图20）。

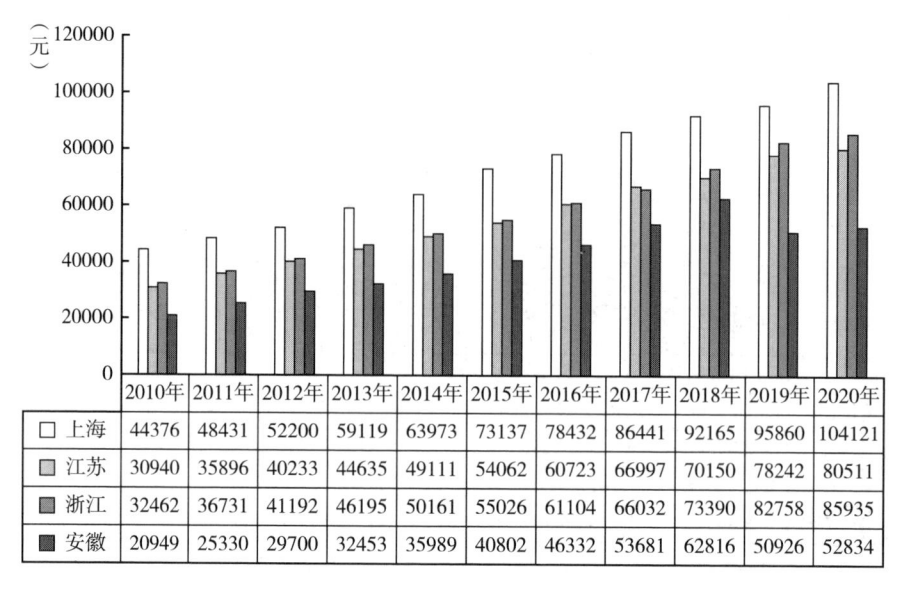

	2010年	2011年	2012年	2013年	2014年	2015年	2016年	2017年	2018年	2019年	2020年
上海	44376	48431	52200	59119	63973	73137	78432	86441	92165	95860	104121
江苏	30940	35896	40233	44635	49111	54062	60723	66997	70150	78242	80511
浙江	32462	36731	41192	46195	50161	55026	61104	66032	73390	82758	85935
安徽	20949	25330	29700	32453	35989	40802	46332	53681	62816	50926	52834

图19 2010~2020年"三省一市"水利、环境和公共设施管理业就业人员平均工资

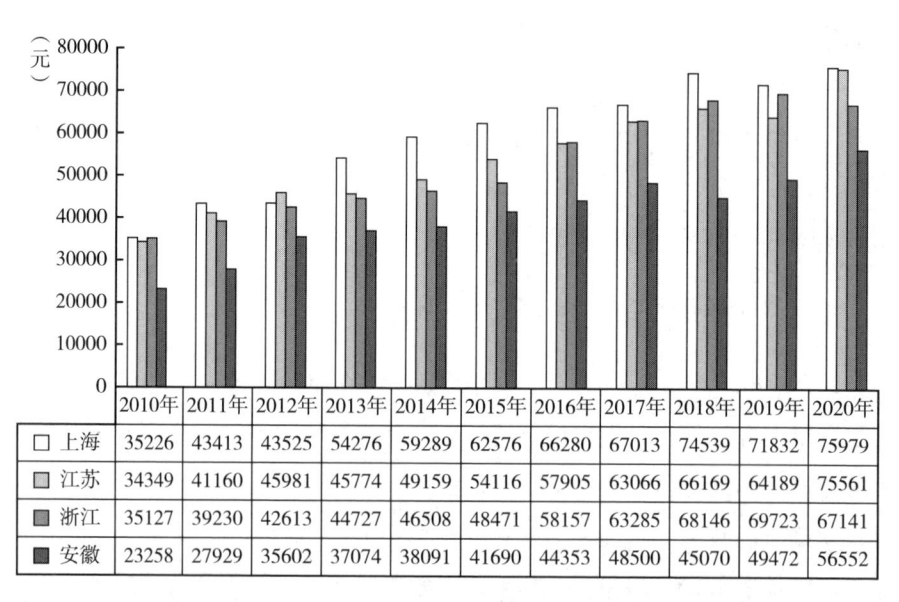

	2010年	2011年	2012年	2013年	2014年	2015年	2016年	2017年	2018年	2019年	2020年
上海	35226	43413	43525	54276	59289	62576	66280	67013	74539	71832	75979
江苏	34349	41160	45981	45774	49159	54116	57905	63066	66169	64189	75561
浙江	35127	39230	42613	44727	46508	48471	58157	63285	68146	69723	67141
安徽	23258	27929	35602	37074	38091	41690	44353	48500	45070	49472	56552

图20 2010~2020年"三省一市"居民服务、修理和其他服务业就业人员平均工资

（十七）教育业

2010~2020年，"三省一市"教育业就业人员平均工资呈上升趋势，安徽2019年有所波动。从绝对值水平看，上海教育业平均工资最高，2020年达到173073元，分别是浙江和江苏平均工资的1.22倍，是安徽平均工资的1.61倍。从增长率来看，2010~2020年，安徽教育业平均工资上涨最快，上涨230.3%，其次为江苏，上涨187.2%，上海和浙江上涨幅度分别为148.2%和122.7%（见图21）。

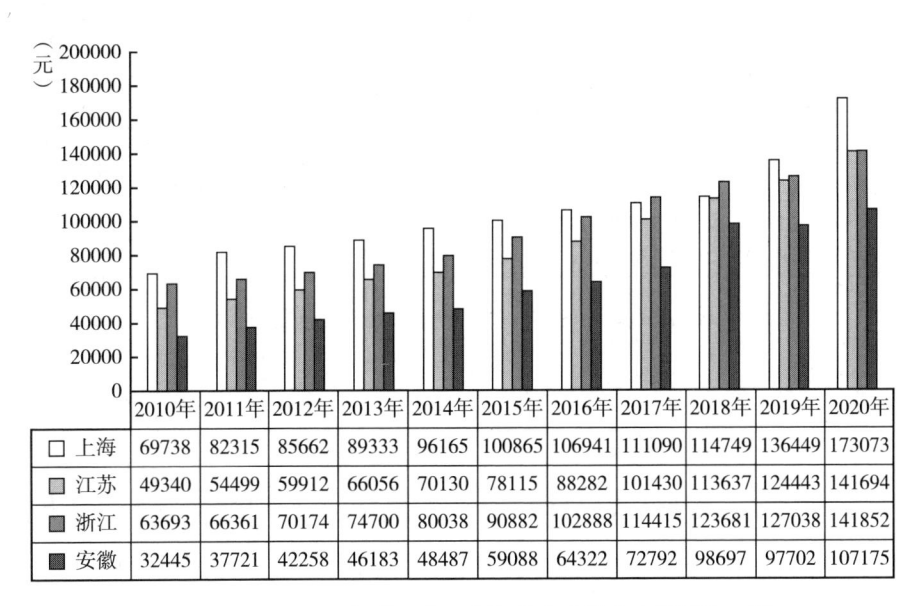

（元）	2010年	2011年	2012年	2013年	2014年	2015年	2016年	2017年	2018年	2019年	2020年
上海	69738	82315	85662	89333	96165	100865	106941	111090	114749	136449	173073
江苏	49340	54499	59912	66056	70130	78115	88282	101430	113637	124443	141694
浙江	63693	66361	70174	74700	80038	90882	102888	114415	123681	127038	141852
安徽	32445	37721	42258	46183	48487	59088	64322	72792	98697	97702	107175

图21 2010~2020年"三省一市"教育业就业人员平均工资

（十八）卫生和社会工作

2010~2020年，"三省一市"卫生和社会工作就业人员平均工资稳步上升。从绝对值水平看，上海卫生和社会工作平均工资最高，2020年达到193028元，是第二名浙江平均工资的1.17倍，是江苏和安徽平均工资的1.37倍和1.66倍。从增长率来看，2010~2020年，安徽卫生和社会工作平

均工资上涨最快，上涨264.6%，其次为江苏，上涨203.4%，上海和浙江上涨幅度分别为162.7%和163.1%（见图22）。

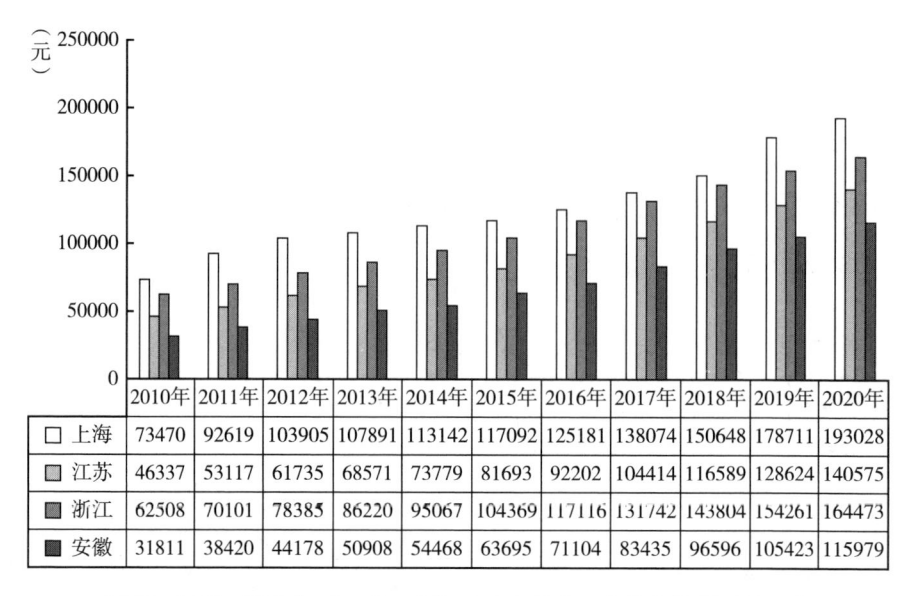

	2010年	2011年	2012年	2013年	2014年	2015年	2016年	2017年	2018年	2019年	2020年
上海	73470	92619	103905	107891	113142	117092	125181	138074	150648	178711	193028
江苏	46337	53117	61735	68571	73779	81693	92202	104414	116589	128624	140575
浙江	62508	70101	78385	86220	95067	104369	117116	131742	143804	154261	164473
安徽	31811	38420	44178	50908	54468	63695	71104	83435	96596	105423	115979

图22 2010~2020年"三省一市"卫生和社会工作就业人员平均工资

（十九）文化、体育和娱乐业

2010~2020年，"三省一市"文化、体育和娱乐业就业人员平均工资呈上升趋势，上海2019年有所波动。从绝对值水平看，上海文化、体育和娱乐业平均工资最高，2020年达到174370元，是第二名浙江平均工资的1.38倍，是江苏和安徽平均工资的1.49倍和2.20倍。从增长率来看，2010~2020年，安徽文化、体育和娱乐业平均工资上涨最快，上涨178.6%，其次为上海，上涨154.4%，江苏和浙江上涨幅度分别为142.1%和123.7%（见图23）。

（二十）公共管理、社会保障和社会组织

2010~2020年，"三省一市"公共管理、社会保障和社会组织就业人员

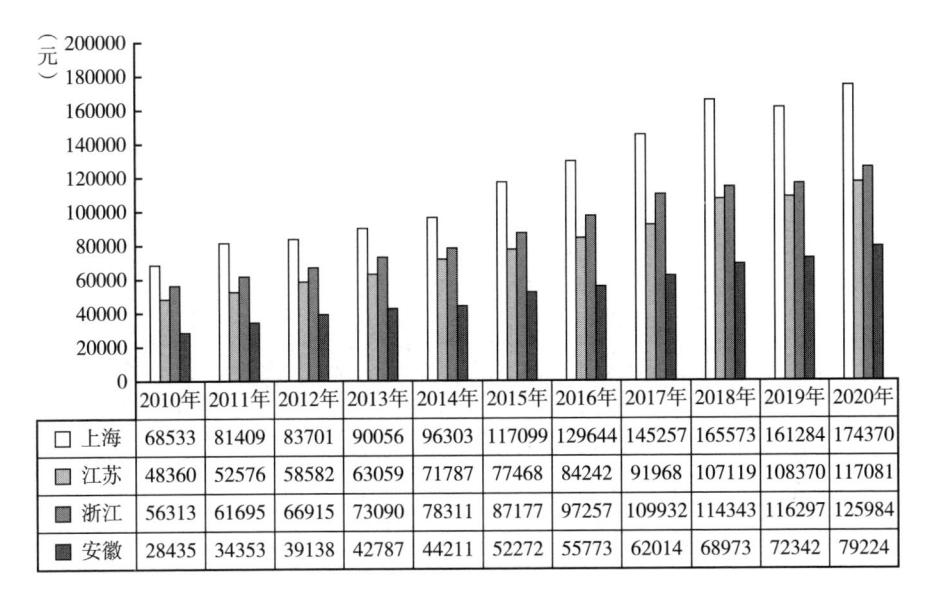

	2010年	2011年	2012年	2013年	2014年	2015年	2016年	2017年	2018年	2019年	2020年
上海	68533	81409	83701	90056	96303	117099	129644	145257	165573	161284	174370
江苏	48360	52576	58582	63059	71787	77468	84242	91968	107119	108370	117081
浙江	56313	61695	66915	73090	78311	87177	97257	109932	114343	116297	125984
安徽	28435	34353	39138	42787	44211	52272	55773	62014	68973	72342	79224

图23 2010~2020年"三省一市"文化、体育和娱乐业就业人员平均工资

平均工资稳步上升。从绝对值水平看，上海公共管理、社会保障和社会组织平均工资最高，2020年达到188371元，是第二名浙江平均工资的1.12倍，是江苏和安徽平均工资的1.20倍和1.83倍。从增长率来看，2010~2020年，安徽公共管理、社会保障和社会组织平均工资上涨最快，上涨207.0%，其次为江苏，上涨165.8%，上海和浙江上涨幅度分别为157.8%和159.6%（见图24）。

（二十一）小结

2010~2020年，"三省一市"19大行业中就业人员平均工资增幅最大的三个行业分别为采矿业、卫生和社会工作以及批发和零售业，"三省一市"十年平均增幅分别为204.38%、198.45%和179.99%；就业人员平均工资增幅最小的三个行业分别为金融业、住宿和餐饮业，以及居民服务、修理和其他服务业，"三省一市"十年平均增幅分别为94.88%、115.64%和117.49%（见图25）。

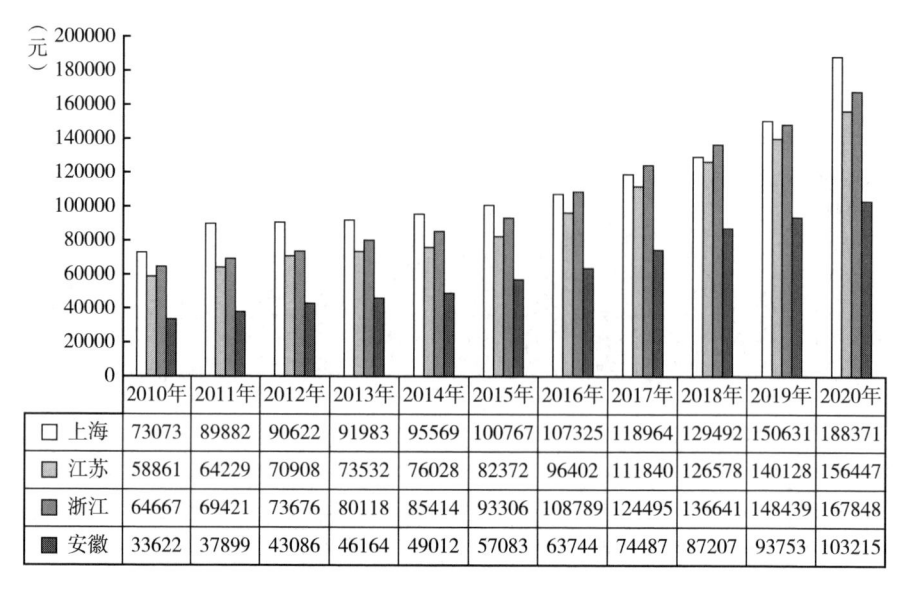

	2010年	2011年	2012年	2013年	2014年	2015年	2016年	2017年	2018年	2019年	2020年
上海	73073	89882	90622	91983	95569	100767	107325	118964	129492	150631	188371
江苏	58861	64229	70908	73532	76028	82372	96402	111840	126578	140128	156447
浙江	64667	69421	73676	80118	85414	93306	108789	124495	136641	148439	167848
安徽	33622	37899	43086	46164	49012	57083	63744	74487	87207	93753	103215

图 24　2010~2020 年"三省一市"公共管理、社会保障和社会组织就业人员平均工资

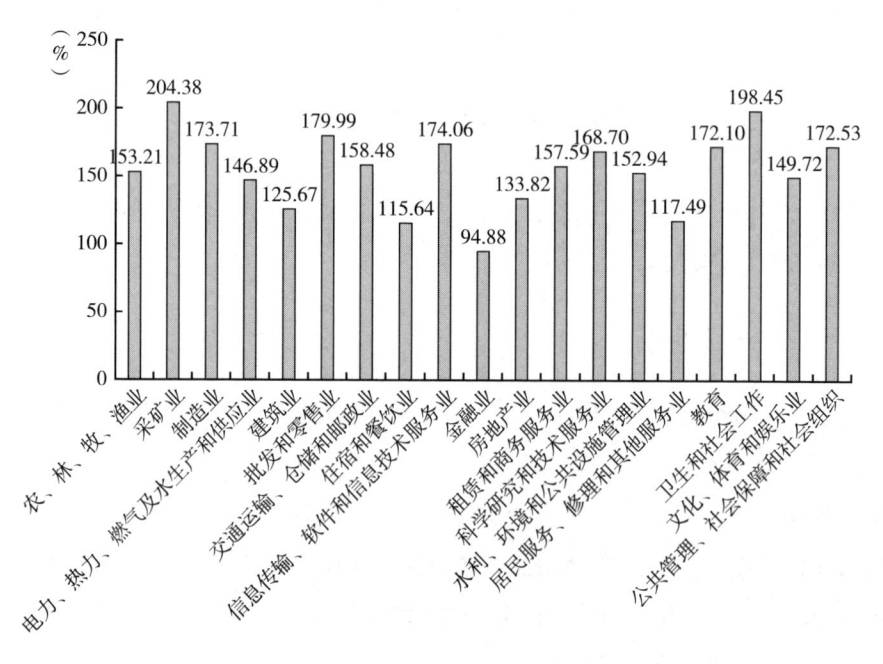

图 25　2010~2020 年"三省一市"各行业平均工资增幅

从"三省一市"各行业就业人员平均工资的差距来看,2020年"三省一市"采矿业就业人员平均工资标准差最大,其次为金融业,第三位为信息传输、软件和信息技术服务业,说明这三个行业在"三省一市"间的发展水平存在差距;"三省一市"就业人员平均工资标准差较小的三个行业分别为住宿和餐饮业,居民服务、修理和其他服务业,以及农、林、牧、渔业(见图26)。

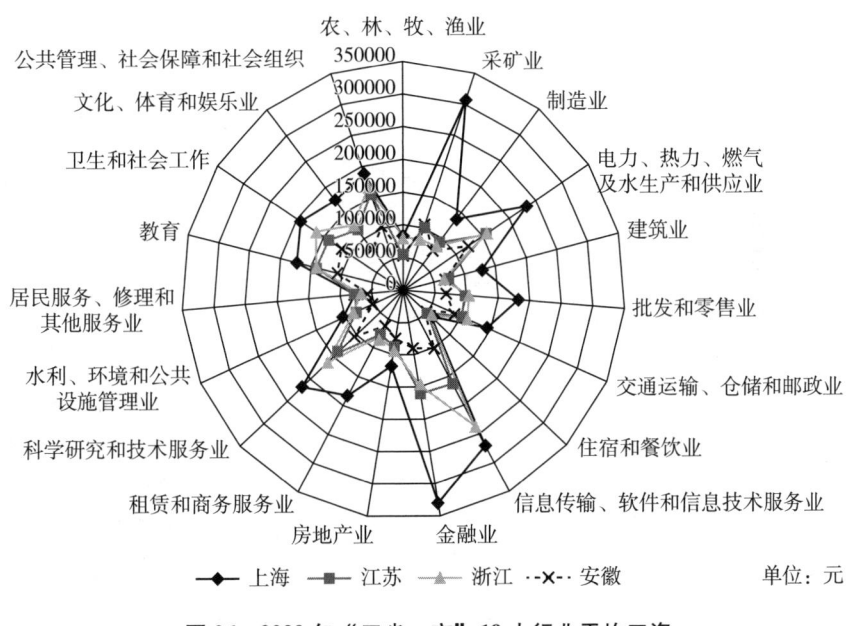

图26 2020年"三省一市"19大行业平均工资

三 "三省一市"最低工资标准[①]

(一)最低月工资标准

2010~2021年,"三省一市"最低月工资标准呈稳定上升趋势。从绝对

---

① 资料来源于"中华人民共和国人力资源和社会保障部""上海市人力资源和社会保障局""江苏省人力资源和社会保障厅""浙江省人力资源和社会保障厅""安徽省人力资源和社会保障厅"官网披露信息。

值水平看，上海最低月工资标准最高，2021年达到2590元，其次为江苏和浙江，最低月工资标准均为2280元，安徽最低月工资标准为1650元。从增长率来看，2010~2021年，江苏省最低月工资标准上涨最快，上涨幅度为137.50%，其次为上海，2010~2021年上涨131.25%，浙江和安徽分别上涨107.27%和129.17%（见图27）。

	2010年	2011年	2012年	2013年	2014年	2015年	2016年	2017年	2018年	2019年	2020年	2021年
上海	1120	1280	1450	1620	1820	2020	2190	2300	2420	2480	2480	2590
江苏	960	1140	1320	1480	1630	1630	1770	1890	2020	2020	2020	2280
浙江	1100	1310	1310	1470	1650	1860	1860	2010	2010	2010	2010	2280
安徽	720	1010	1010	1260	1260	1520	1520	1520	1550	1550	1550	1650

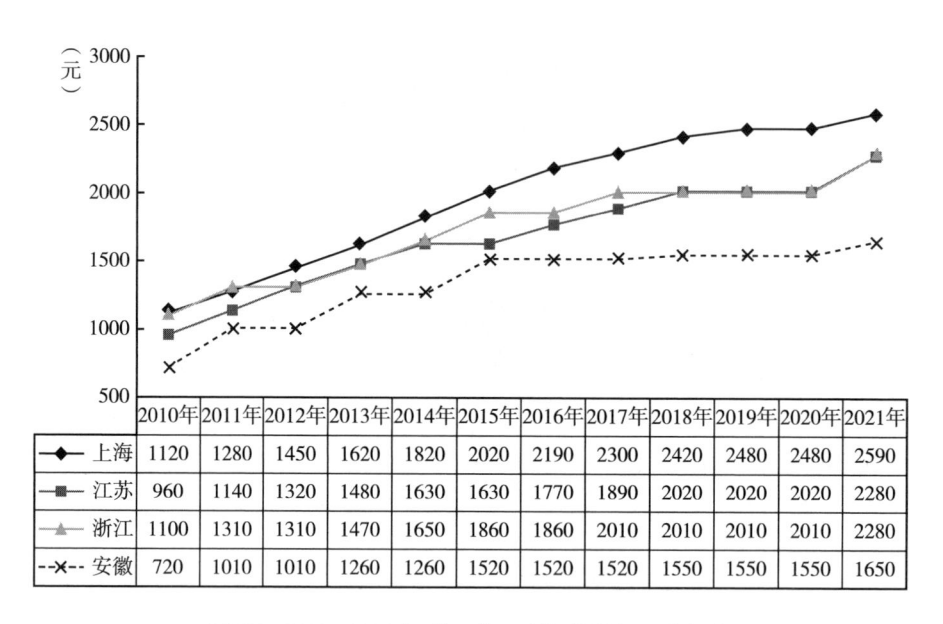

图27　2010~2021年"三省一市"最低月工资标准

（二）最低小时工资标准

2010~2021年，"三省一市"最低小时工资标准也呈现稳定上升趋势。从绝对值水平看，上海最低小时工资标准最高，2021年为23元，其次为江苏和浙江，最低小时工资标准均为22元，安徽最低小时工资标准为20元。从增长率来看，2010~2021年，江苏省最低小时工资标准上涨最快，上涨幅度为182.05%，其次为安徽，2010~2021年上涨166.67%，上海和浙江分别上涨155.56%和144.44%（见图28）。

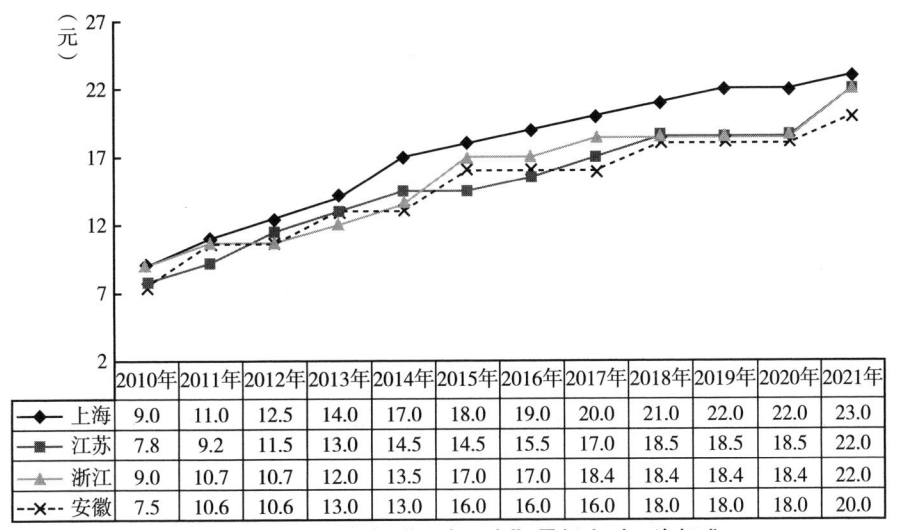

	2010年	2011年	2012年	2013年	2014年	2015年	2016年	2017年	2018年	2019年	2020年	2021年
上海	9.0	11.0	12.5	14.0	17.0	18.0	19.0	20.0	21.0	22.0	22.0	23.0
江苏	7.8	9.2	11.5	13.0	14.5	14.5	15.5	17.0	18.5	18.5	18.5	22.0
浙江	9.0	10.7	10.7	12.0	13.5	17.0	17.0	18.4	18.4	18.4	18.4	22.0
安徽	7.5	10.6	10.6	13.0	13.0	16.0	16.0	16.0	18.0	18.0	18.0	20.0

图 28　2010~2021 年"三省一市"最低小时工资标准

（三）小结

2010~2021 年，"三省一市"最低月工资标准和最低小时工资标准稳步上涨，其中最低月工资标准平均上涨 126.30%，最低小时工资标准平均上涨 162.18%。从绝对差距来看，2010~2021 年"三省一市"最低月工资标准和最低小时工资标准的差距呈扩大趋势，2010 年"三省一市"最低月工资标准的最大差距为 400 元，至 2021 年上升为 940 元；"三省一市"最低小时工资标准差距则从 2010 年的 1.5 元上升为 2021 年的 3.0 元（见图 29）。

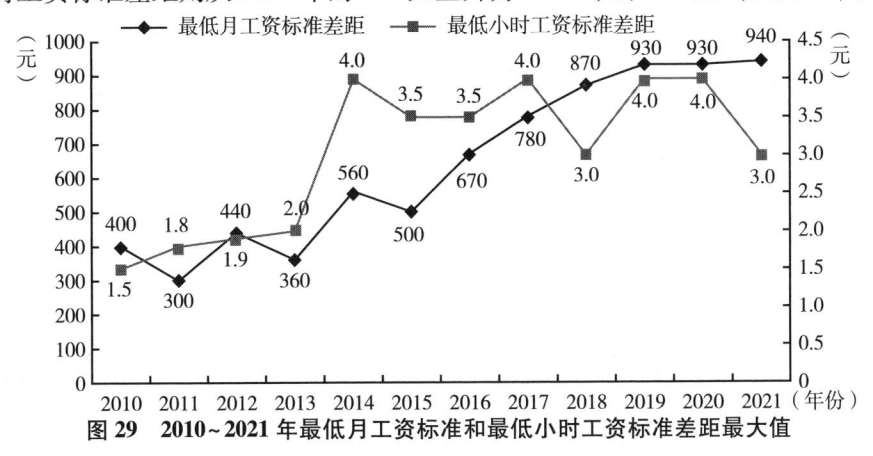

图 29　2010~2021 年最低月工资标准和最低小时工资标准差距最大值

四 "三省一市"公共服务领域发展[①]

(一)普通小学生师比

2010~2020年,"三省一市"普通小学生师比呈下降趋势,江苏的发展趋势较波折。从下降幅度看,浙江2010~2020年普通小学生师比下降最快,下降幅度为2.60,其次为上海,下降幅度为1.50;江苏2010~2020年普通小学生师比有所上升,上升幅度为0.81;安徽2010~2020年普通小学生师比下降0.76。从2020年发展情况看,上海普通小学生师比为"三省一市"中最低,比值是14.01,江苏和浙江次之,比值均为16.79,高于上海2.78,安徽普通小学生师比相对较高,为17.98(见图30)。

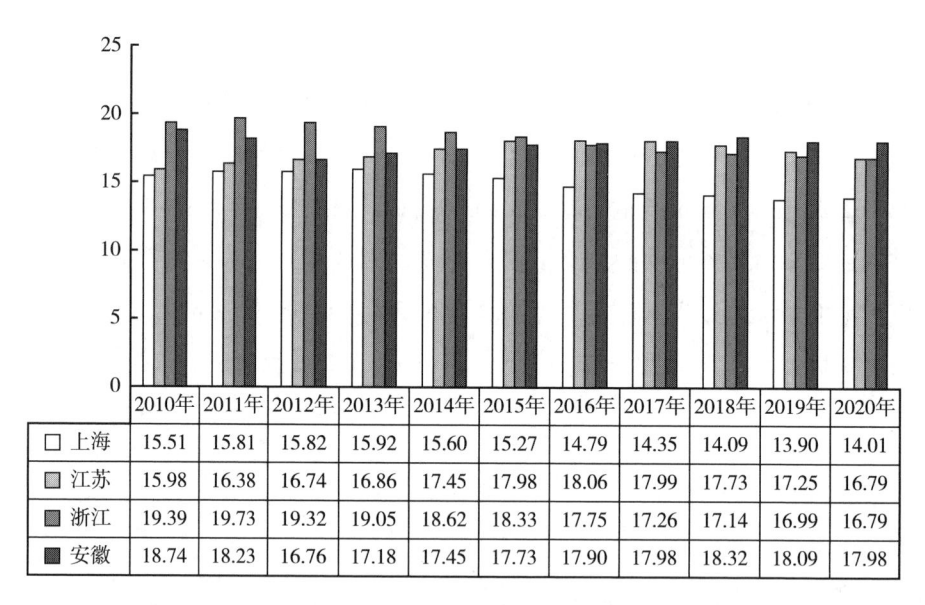

	2010年	2011年	2012年	2013年	2014年	2015年	2016年	2017年	2018年	2019年	2020年
上海	15.51	15.81	15.82	15.92	15.60	15.27	14.79	14.35	14.09	13.90	14.01
江苏	15.98	16.38	16.74	16.86	17.45	17.98	18.06	17.99	17.73	17.25	16.79
浙江	19.39	19.73	19.32	19.05	18.62	18.33	17.75	17.26	17.14	16.99	16.79
安徽	18.74	18.23	16.76	17.18	17.45	17.73	17.90	17.98	18.32	18.09	17.98

图30 2010~2020年"三省一市"普通小学生师比(教师人数=1)

[①] 普通小学生师比、初中生师比、普通高中生师比资料来源于2011~2021年《中国统计年鉴》;千人卫生技术人员和万人医院床位数根据2011~2021年《上海统计年鉴》《江苏统计年鉴》《浙江统计年鉴》《安徽统计年鉴》相关数据计算而得。

（二）初中生师比

2010~2020年，"三省一市"初中生师比呈下降趋势。从下降幅度看，安徽2010~2020年初中生师比下降最快，下降幅度为3.57，其次为上海，下降幅度为2.04。江苏和浙江2010~2020年初中生师比下降幅度分别为0.54和1.58。从2020年发展情况看，上海初中生师比为"三省一市"中最低，比值是10.47，江苏其次，初中生师比为11.96，高于上海1.49。浙江和安徽初中生师比分别为12.29和13.53（见图31）。

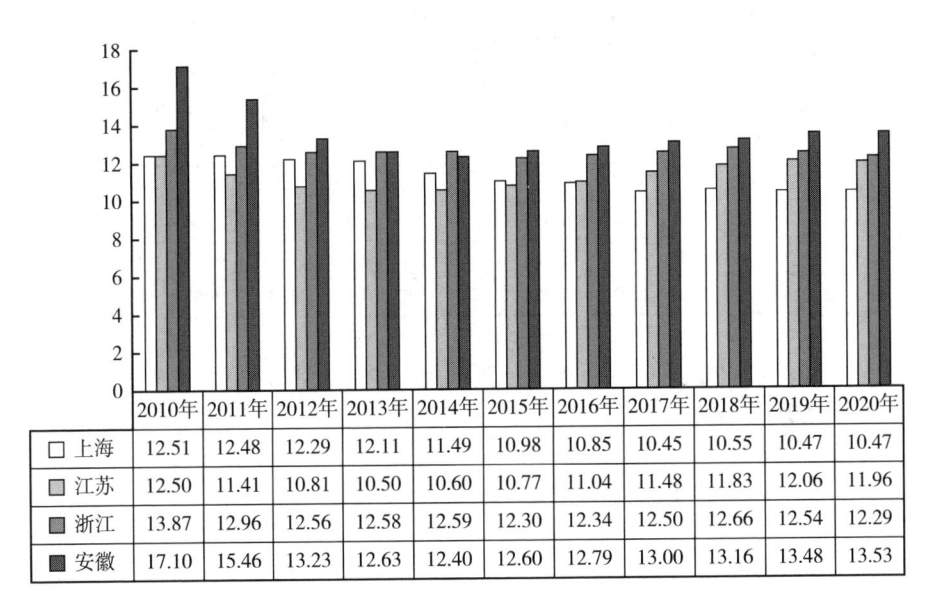

	2010年	2011年	2012年	2013年	2014年	2015年	2016年	2017年	2018年	2019年	2020年
上海	12.51	12.48	12.29	12.11	11.49	10.98	10.85	10.45	10.55	10.47	10.47
江苏	12.50	11.41	10.81	10.50	10.60	10.77	11.04	11.48	11.83	12.06	11.96
浙江	13.87	12.96	12.56	12.58	12.59	12.30	12.34	12.50	12.66	12.54	12.29
安徽	17.10	15.46	13.23	12.63	12.40	12.60	12.79	13.00	13.16	13.48	13.53

图31 2010~2020年"三省一市"初中生师比（教师人数=1）

（三）普通高中生师比

2010~2020年，"三省一市"普通高中生师比呈下降趋势。从下降幅度看，安徽2010~2020年普通高中生师比下降最快，下降幅度为5.36，其次为浙江，下降幅度为3.14。上海和江苏2010~2020年普通高中生师比下降幅度分别为1.36和2.85。从2020年发展情况看，上海普通高中生师比为

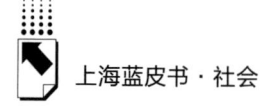

"三省一市"中最低，比值是8.74，江苏和浙江次之，普通高中生师比分别为10.96和10.98。安徽普通高中生师比相对较高，为13.82，比值高于上海5.08（见图32）。

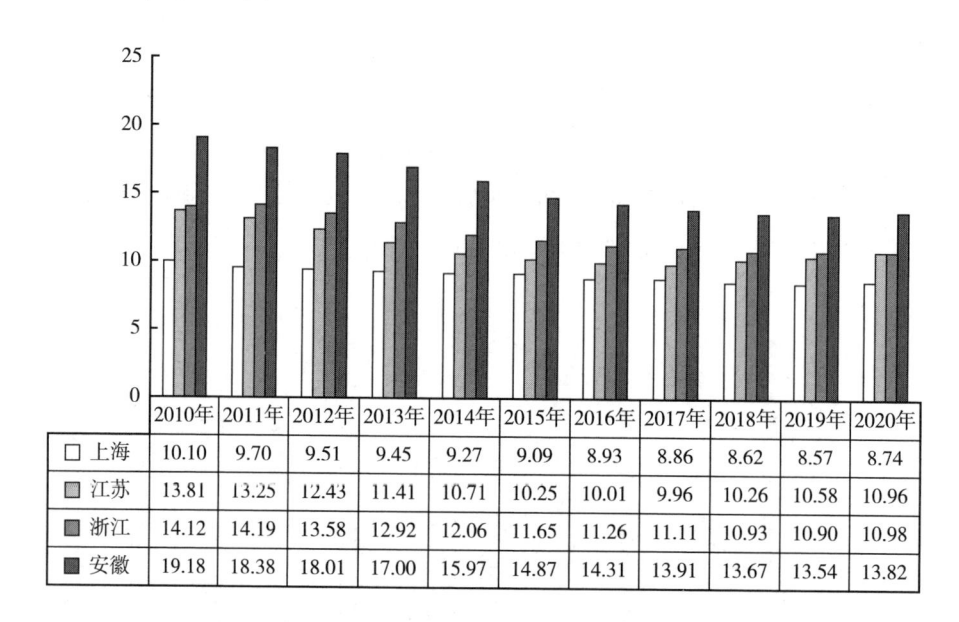

	2010年	2011年	2012年	2013年	2014年	2015年	2016年	2017年	2018年	2019年	2020年
上海	10.10	9.70	9.51	9.45	9.27	9.09	8.93	8.86	8.62	8.57	8.74
江苏	13.81	13.25	12.43	11.41	10.71	10.25	10.01	9.96	10.26	10.58	10.96
浙江	14.12	14.19	13.58	12.92	12.06	11.65	11.26	11.11	10.93	10.90	10.98
安徽	19.18	18.38	18.01	17.00	15.97	14.87	14.31	13.91	13.67	13.54	13.82

图32　2010~2020年"三省一市"普通高中生师比（教师人数=1）

（四）千人卫生技术人员

2010~2020年，"三省一市"千人卫生技术人员数呈上升趋势，浙江和安徽2012~2014年有所波动。从绝对值水平看，上海千人卫生技术人员数最高，2020年为8.62人，其次为浙江，千人卫生技术人员数为8.49人。江苏和安徽2020年千人卫生技术人员数分别为7.85人和6.75人。从增长率看，安徽2010~2020年千人卫生技术人员数增长最快，增长117.7%，其次为江苏，增长78.4%。上海和浙江2010~2020年千人卫生技术人员数增长率分别为46.6%和39.6%（见图33）。

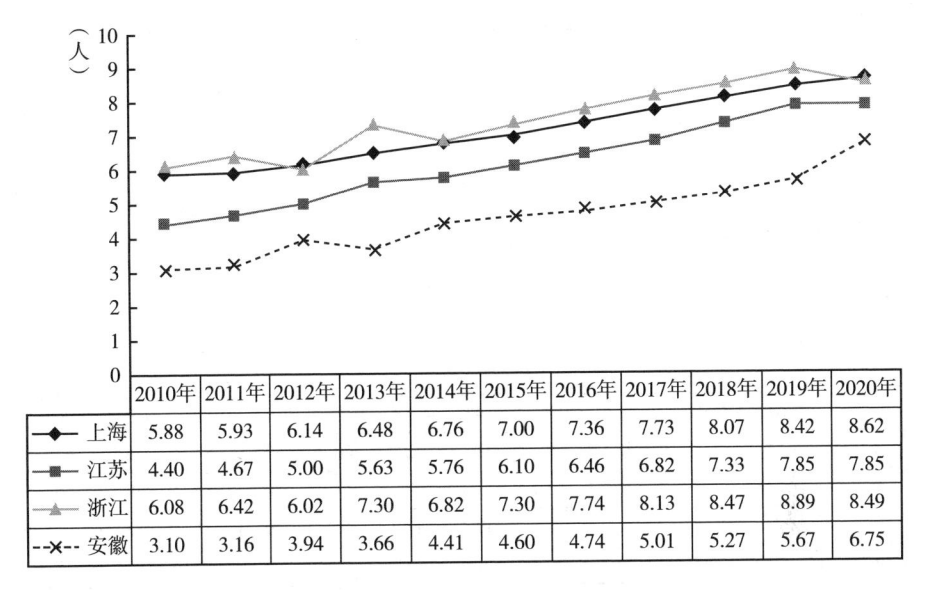

	2010年	2011年	2012年	2013年	2014年	2015年	2016年	2017年	2018年	2019年	2020年
上海	5.88	5.93	6.14	6.48	6.76	7.00	7.36	7.73	8.07	8.42	8.62
江苏	4.40	4.67	5.00	5.63	5.76	6.10	6.46	6.82	7.33	7.85	7.85
浙江	6.08	6.42	6.02	7.30	6.82	7.30	7.74	8.13	8.47	8.89	8.49
安徽	3.10	3.16	3.94	3.66	4.41	4.60	4.74	5.01	5.27	5.67	6.75

图 33 2010~2020 年"三省一市"千人卫生技术人员数

（五）万人医院床位数

2010~2020 年，"三省一市"万人医院床位数呈稳步上升趋势，浙江 2020 年有所波动。从绝对值水平看，上海万人医院床位数最高，2020 年为 58 张，其次为安徽，万人医院床位数为 52 张。江苏和浙江 2020 年万人医院床位数分别为 50 张和 49 张。从增长率看，安徽 2010~2020 年万人医院床位数增长最快，增长 147.6%，其次为江苏，增长 100%。上海和浙江 2010~2020 年万人医院床位数增长率分别为 56.8% 和 75.0%（见图 34）。

（六）小结

从生均师资资源看，2010~2020 年"三省一市"公共服务水平有所上升，普通小学生师比从 2010 年的均值 17.41 下降为 2020 年的均值 16.39；同期，初中生师比由 14.00 下降为 12.06，普通高中生师比则由 14.30 下降为 11.13。从相对差距看，"三省一市"普通高中生师比差距明显缩小，最高与最低省市比值由 2010 年的 1.90 下降至 2020 年的 1.58；初中生师比差

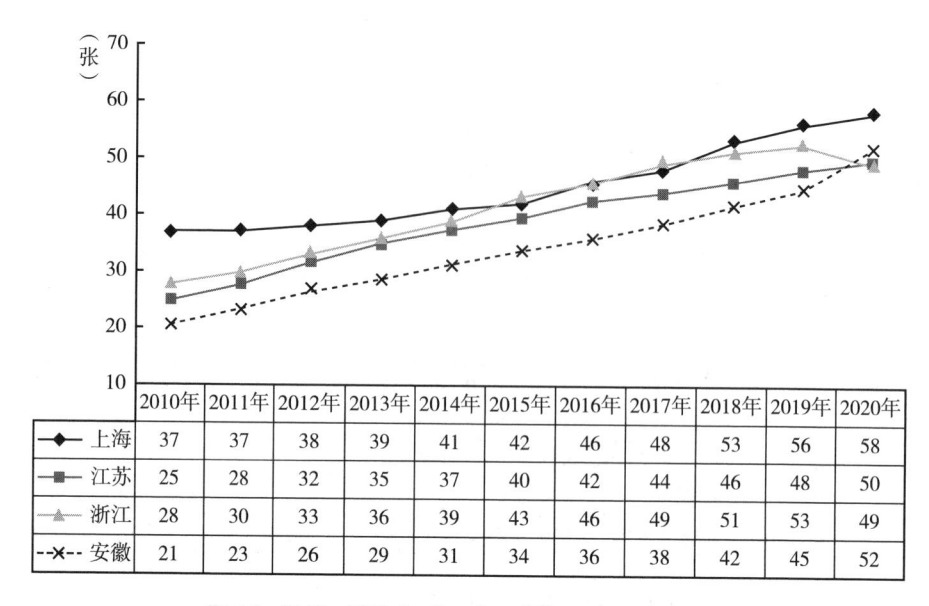

	2010年	2011年	2012年	2013年	2014年	2015年	2016年	2017年	2018年	2019年	2020年
上海	37	37	38	39	41	42	46	48	53	56	58
江苏	25	28	32	35	37	40	42	44	46	48	50
浙江	28	30	33	36	39	43	46	49	51	53	49
安徽	21	23	26	29	31	34	36	38	42	45	52

图34 2010~2020年"三省一市"万人医院床位数

距也逐渐收敛，最高与最低省市比值由2010年的1.37下降至2020年的1.29；"三省一市"普通小学生师比差距则无显著变化。

从人均医疗资源看，2010~2020年"三省一市"千人卫生技术人员数呈稳步上升趋势，均值由2010年的4.87人增加至2020年的7.93人，增长幅度为62.8%；万人医院床位数均值由27.75张增加至52.25张，增长幅度为88.3%。"三省一市"公共医疗资源的相对差距缩小，最高与最低省市千人卫生技术人员数比值由2010年的1.96下降至2020年的1.28，最高与最低省市万人医院床位数比值则由1.76下降至1.18。

五 长三角推进共同富裕的政策建议

（一）总结

本报告从更大空间、流动性的视角，分别从"三省一市"居民收支、城乡差距、行业工资、公共服务等几个重要维度，跟踪长三角推进共同富裕的最新实践和发展成果。统计数据表明，"三省一市"在推进共同富裕方面取得了重要成就，主要体现在：2010~2020年"三省一市"居民人均可支配收入和人均消费支出不断增长，各行业就业人员平均工资上涨，以及以生均师资资源和人均医疗资源衡量的公共服务水平也显著上升，做大了共同富裕的"蛋糕"。同时，2010~2020年"三省一市"城乡居民人均可支配收入比和人均消费支出比呈下降趋势，生均师资资源和人均医疗资源的差距也有所缩小，在做大共同富裕"蛋糕"的同时也优化了"蛋糕的分配"。但是，"三省一市"在持续推进共同富裕的过程中仍存在一些发展中的问题，主要体现在两个方面，一是居民收支最高与最低省市之间的差距呈扩大趋势，二是"三省一市"不同行业就业人员平均工资，特别是采矿业、金融业，以及信息传输、软件和信息技术服务业的平均工资仍存在较大差距。未来应围绕进一步缩小地区居民收支差距，以及行业工资率差异，持续推进长三角地区合作共赢，实现共同富裕。

（二）展望与政策建议

习近平总书记2022年发表在《求是》杂志的重要文章《正确认识和把握我国发展重大理论和实践问题》强调，推进共同富裕，要在推动高质量发展中强化就业优先导向，要发挥分配的功能和作用，要完善公共服务政策制度体系。秉持总书记重要论述精神，长三角地区在推动共同富裕的过程中"先行先试"，在浙江高质量发展建设共同富裕示范区实践的基础上，2022年5月长三角生态绿色一体化发展示范区审议通过"示范区共同富裕实施方案"，提出聚力打造经济高质量发展、生态文明共建、区域城乡融合、居民增收共促、公共服务优质共享、社会和谐共筑等六大跨省域范例。基于上述数据分析结论以及最新发展实践和形势，长三角未来推进共同富裕应从以下几个方面做出努力。

1. 不断提高居民人均收入水平

尽管长三角地区已有部分城市达到中等发达国家城市的收入水平，但大多数城市居民人均收入与中高收入国家城市还存在较大差距。"三省一市"应以实现更加充分高质量就业为前提，扩大就业容量，增加居民工资性收入，拓宽增收"主渠道"。充分发挥长三角地区高科技产业发展比较优势，提高产业链高端水平，以产业发展夯实居民增收的基础，培育增收"增长点"。优化政府、企业和居民之间的分配格局，先行先试提高劳动收入在国民收入中的比重，让发展成果由人民共享，扩大增收"覆盖面"。同时，落实社会保障政策，稳步完善长三角地区社会保障体系，增强民众的获得感、幸福感、安全感。

2. 缩小城乡收支差距，优化城乡收支结构

在长三角地区稳步实施乡村振兴战略，加大对长三角地区农村发展的投入力度，改善农村基础设施建设，优化农村居民居住环境与条件。强化长三角地区农村产业基础，大力发展现代农业、都市农业、数字农业，以现代科技助力农业规模化生产与经营。保障长三角地区农村重点群体就业、提升农业技能人才待遇，重点围绕增加农民工资性收入、经营净收入、转移净收入和财产净收入，提升农村居民收入水平。促进长三角地区教育事业、医疗卫生等公共服务发展，努力实现长三角地区城乡基本公共服务均等化。从区域合作的角度，积极推进长三角地区农业一体化发展，在农产品质量检测、农产品生产供应基地建设、乡村人才培养、科技服务等方面强化交流合作，发挥长三角区域大市场、大流通的规模效应。

3. 优化调整行业平均工资的地区差异

针对"三省一市"19大行业中采矿业、金融业，以及信息传输、软件和信息技术服务业的平均工资差距较大的问题，应率先在长三角地区建成统一大市场，促进劳动、资金、技术、信息等要素的区域流通，打破封闭小市场、自我小循环的行政区束缚，维护市场公平。通过区域一体化发展，强化人才区域流动，优化人才配置，调整长三角地区由人力资本分布不均导致的行业收入差距问题。加强低收入行业技术改造创新和人员教育培训，将行业间工资率差距控制在合理范围，同步实现产业结构优化升级。推进长三角区域行业合作与技术交流，探索合作园区、飞地经济等行业企业共建共享发展模式。

4. 提高公共服务水平，推进公共服务共享

针对"三省一市"基础教育和医疗卫生等公共服务水平存在的差距，首先进一步加大基础教育和公共医疗投入，扩大覆盖面、提升普惠度。其次加强优质教育资源、医疗资源和养老资源的跨区域流动或共享，缩小区域差距。巩固长三角共建共享公共服务项目成果，及时总结经验，扩大共建项目的示范效应，在更多的地区做进一步推广。促进长三角毗邻地区同城化发展，在就学、就医、养老等领域，推进公共服务便利化，共建公平包容的一体化服务环境。加强"三省一市"基本公共服务项目、标准、制度的对接和统筹，切实实现区域优质公共服务便利共享和均衡发展。

B.3
从房地产市场变化看教育均衡政策的实施效果

张 波 盛福杰[*]

摘 要： 随着学区房问题的关注度不断提升，教育均衡的话题也受到社会广泛关注。学区房问题带来了一系列民生问题，如房价攀高、教育异化、社会焦虑等。为解决学区房及其衍生问题，近两年来各地政府先后出台了一系列政策，究竟这些政策对房地产市场产生了怎样的影响？本文通过研究学区房产生的背景、政策调控的逻辑以及上海市不同的教育均衡发展政策给房地产市场带来的影响，提出了积极推进多学区划片、大力推广教师轮岗机制、加快发展职业教育等政策建议，以期为政府解决教育均衡发展问题和抑制学区房炒作提供参考和依据。

关键词： 教育均衡发展 学区房 房地产市场

一 学区房产生的背景

（一）两大政策是学区房产生的背景

1.就近入学政策

根据《中华人民共和国义务教育法》第十二条规定，"地方各级人民政

---

[*] 张波，58安居客房产研究院首席分析师，主要研究方向为房地产市场；盛福杰，58安居客房产研究院资深分析师，主要研究方向为房地产市场。

府应当保障适龄儿童、少年在户籍所在地学校就近入学"。2019年教育部办公厅发布的《关于做好2019年普通中小学招生入学工作的通知》提出,"按照学校划片招生、生源就近入学的总体目标,根据县域内适龄学生人数、学校分布、学校规模、交通状况等因素,为每所义务教育学校科学划定服务片区范围,确保义务教育免试就近入学政策全覆盖"。就近入学政策建立了学校与住房之间的关联。

2. 重点办学政策

1952~1995年,陆续有一些重点办学的相关政策出台,这些政策出台的初衷是鼓励一部分优质学校小步快跑,加快人才培养,这也符合当时人才需求的大背景,后来考虑到教育公平性,重点学校的说法在1995年以后逐渐取消。2006年新修订的《中华人民共和国义务教育法》第二十二条明确规定,"县级以上人民政府及其教育行政部门应当促进学校均衡发展,缩小学校之间办学条件的差距,不得将学校分为重点学校和非重点学校"。尽管取消了重点学校的划分,但由于长期积累的师资、口碑以及升学表现,重点学校的思维已经在家长们心中形成。从某种意义上说,重点办学政策推动了家长们对优质学校的追求,同时也间接推动了家长们对学区房的追求。

(二)学区房观念产生的背景

广义上讲,在就近入学政策指导下,九年义务教育学校对口划片的小区都是学区房;狭义上讲,学区房特指那些教育资源相对较好、升学率相对较高的优质学校对口的小区,即我们通常意义上所说的学区房,也是本文所指的学区房。

在我国,传承和发扬家业是一个家庭最重要的使命,对子女的教育和培养则是完成该使命的一个重要途径。"望子成龙,望女成凤"已经成为我国大部分父母的心态,孟母三迁的典故还在影响着一代又一代人。尤其是在我国实施计划生育以后,许多家庭孩子数量越来越少,甚至只有一个孩子,传承和发扬家业的使命便聚焦在独生子女身上。随着经济水平不断提升,家庭使命的需求加上教育支出能力的提升,让子女接受优质教育、获得更多资源，成为家庭发展的重要计划之一。父母作为理性的自然人，在趋利避害的本性驱动下，对子女的培养过程，也就逐步演变为对优质资源的追逐过程。子女要想出人头地就得上好大学，要想上好大学就得上好高中，要想上好高中就得上好初中，要想上好初中就得上好小学，层层传导，最终家庭对子女的培养就落到了与优质资源紧密相关的学区房上。

（三）资源稀缺是学区房产生的根本原因

从我国九年义务教育现状来看，我国适龄儿童基本上已经做到"应上尽上"。据统计，2020年全国小学入学率达99.9%，其中江西、浙江、湖北、湖南、天津、内蒙古、江苏、山东、河南、广东、宁夏共11个省份的小学入学率已经达到100%（见图1）；2020年全国初中招生人数对小学毕业人数覆盖率达99.5%，除北京、西藏、上海略低外，其余省份均在95%以上（见图2），部分生源可能存在回流或外流现象。

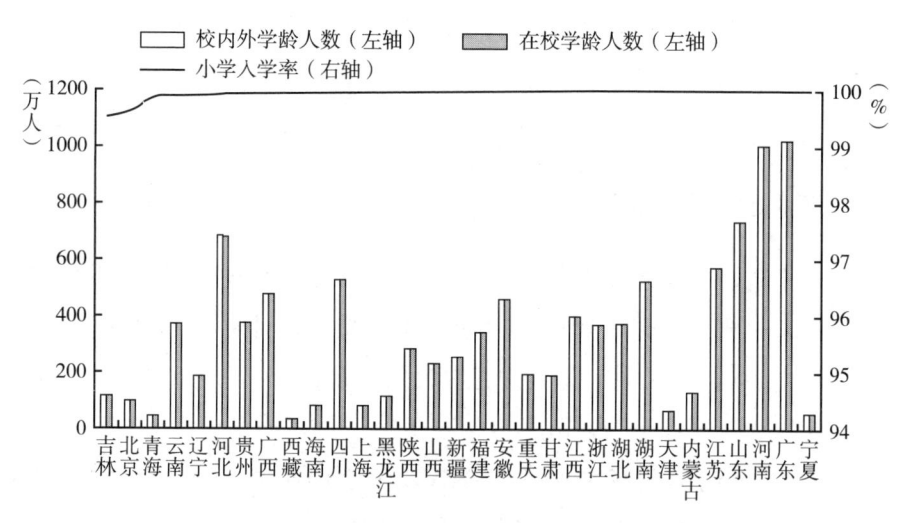

图1 2020年我国各省份小学入学率

资料来源：中华人民共和国教育部《2020年教育统计数据》。

由我国九年义务教育阶段的入学情况可见，当前我国教育资源并不稀缺，稀缺的是优质教育资源，具体表现为以下几方面。

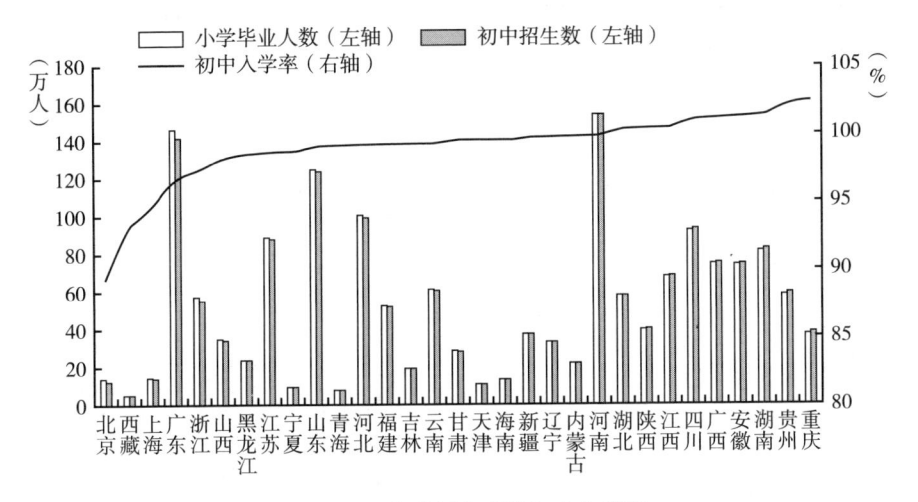

图 2 2020年我国各省份初中入学率

资料来源：中华人民共和国教育部《2020年教育统计数据》。

1. 数量上稀缺

优质学校数量上稀缺，优质学校招生数量有限。2021年上海市优质小学数量仅占19%，优质小学招生人数约占52%；优质初中数量仅占21%，优质初中招生人数约占31%。① 资源有限引起资源竞争，优质教育资源成为家长们追逐的对象，而当前获取优质教育资源最直接、最便捷的方式就是购买学区房。

2. 分布上不均

（1）区域之间优质资源分布不均

在同一个城市内，不同区域的教育资源存在分布不均的情况。上海市优质教育资源由内向外大体上呈三级分布态势，其中，黄浦区、静安区、徐汇区、长宁区为核心区，优质教育资源最多；杨浦区、普陀区、虹口区、闵行区、浦东新区为次核心区，资源次之；其余区域为外围区，资源相对稀缺。

---

① 学校数量和招生人数根据2021年上海市各区公示的招生政策整理。关于优质学校的界定，如优质小学、优质初中，2006年以后不再划分重点与非重点学校，缺少官方数据，因此，学校重要性主要根据学校师资、升学表现及家长口碑来综合确定。

以初中为例，2021年宝山区初中适龄入学儿童1.2万人，约是黄浦区的3倍，而宝山区优质初中招生人数覆盖率却只有19%，还不到黄浦区的一半（见图3）。相比之下，在黄浦区上优质初中相对更容易。

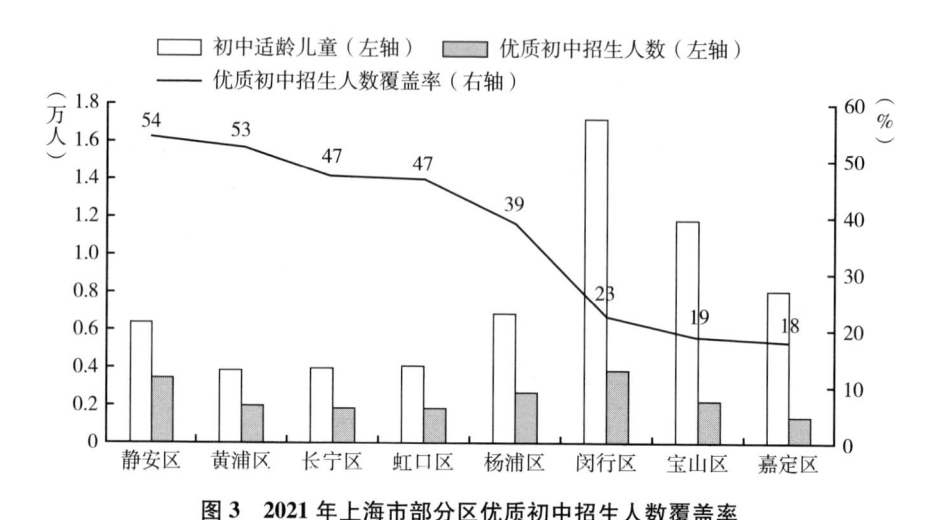

图3　2021年上海市部分区优质初中招生人数覆盖率

资料来源：2021年上海市各区招生政策。

（2）学校之间优质资源分布不均

即使在相同区域内，不同学校之间也存在教育资源分布不均的情况。以上海黄浦区为例，优质小学的中级以上教师数量明显要高于普通小学，如卢湾一中心小学的中级以上教师数量有89人，约是四川南路小学的6倍，卢湾一中心小学的中级以上教师数量占全校专职教师数量的82%，比四川南路小学高出34个百分点（见图4）。

二　学区房政策调控的逻辑

购买学区房通常有三种动机，即优质教育、家庭自住、保值增值。与这三种动机相对应的分别是学区房的教育、居住、投资三种属性。购房者看重教育属性，则会重点关注学校质量、入学条件、进入概率等因素；看重居住

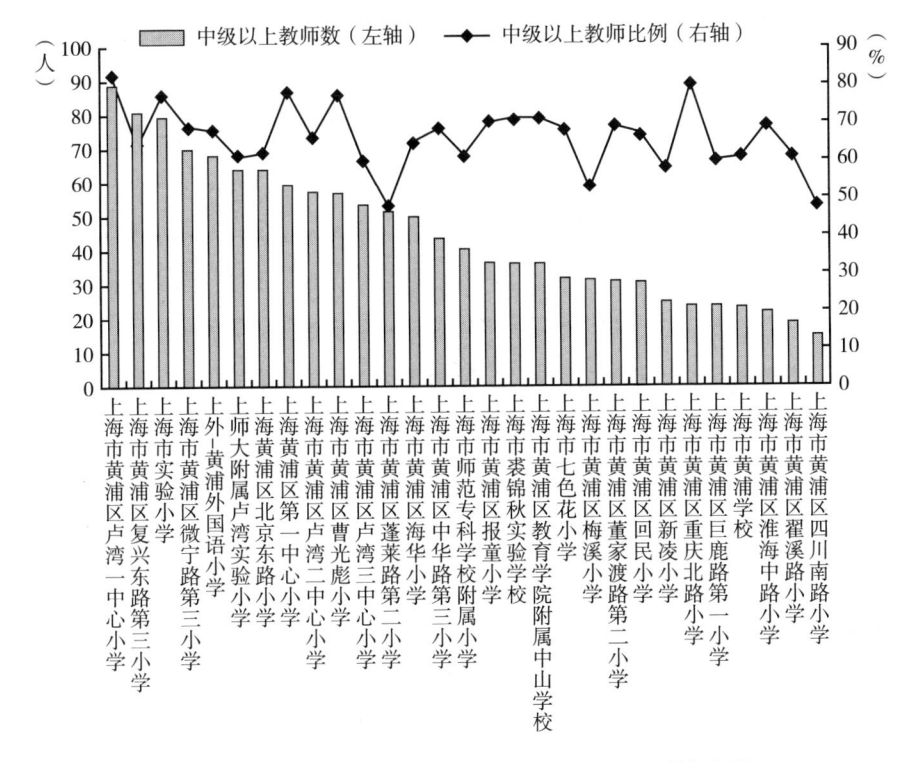

图 4　2021 年上海市黄浦区各小学拥有中级以上教师数量

资料来源：2021 年上海市黄浦区招生政策。

属性，则会重点关注价格、产品、周边配套等因素；看重投资属性，则会重点关注稳定性、增值性、流动性等因素。

学区房政策调控的逻辑，简单来讲，就是通过调节影响学区房的相关因素，严控学区房投资属性，剥离学区房教育属性，最终让学区房回归居住属性。

（一）严控投资属性，坚持房住不炒

学区房的三重属性使得学区房调控具有复杂性。在政策调控方面，学区房既受到常规房地产调控政策的影响，又受到教育政策的影响。目前，我国已经形成房地产长效调控机制，中央会议多次强调要坚持"房住不炒"，房地产去投资化、去投机化已经成为各地房地产政策调控的落脚点。

为促进房地产市场平稳健康发展,挤掉房地产交易过程中的非理性购房泡沫,2021年上海市有关部门出台了一系列政策(见表1)。土地方面,通过土拍政策调整、房地联动等措施,从源头上对房地产价格进行了调控;新房方面,先后出台了限制离婚购房、限制法拍购房、新房积分摇号细则等新规,对新房购买资格进行了严格规定,提升了购房门槛;二手房方面,先后出台房源真实性核验、房源核验价推出、挂牌价格虚高整顿、市场秩序规范、房贷利率上调、放款速度放缓、"三价就低"① 实施等一系列政策组合拳,通过价格、购房门槛、贷款等手段,提升二手房交易的门槛,降低二手房的流动性。

表1 2021年上海房地产调控相关政策(部分节选)

时间	主要内容
2021年1月	上海市发布《关于促进本市房地产市场平稳健康发展的意见》,即"沪十条",打击"假离婚"炒房,严查资金违规入市
2021年1月	阿里拍卖、公拍网等多个法拍平台提示,上海法拍房已纳入限购
2021年2月	新房摇号积分制度正式实施,3个新开盘项目首次试点
2021年3月	上海市发布《关于进一步加强本市房地产市场管理的通知》,提出要深化完善房价地价联动机制
2021年3月	中介平台房源真实性核验落地,3月20日起正式实施
2021年7月	自7月24日起,上海市首套房贷款利率从4.65%调整至5%,二套房贷款利率从5.25%上调至5.7%
2021年7月	上海市住房保障和房屋管理局明确,在已实施房源挂牌核验的基础上,增加价格信息核验,开展房地产市场专项整顿规范工作
2021年8月	上海市房管局召开工作通报沟通会。会议要求各银行审核贷款金额以"三价就低"原则,房地产经纪机构要对客户做好告知

(二)剥离教育属性,促进教育公平

剥离住房的教育属性,意味着松绑学校与住房之间的联系,弱化学校与与住房之间的强对应关系。将教育属性从住房中剥离,主要通过两种途径:一种

---

① "三价就低"原则,即银行根据合同网签价、涉税评估价、银行评估价三个价格,依据相对最低的价格审批贷款额度。

是通过多学区划片,增加学校与住房之间关联的不确定性;另一种是通过教育均衡措施,缩小学校之间的差异,从而分散家长们对优质学校的集中需求。

多学区划片,北京推行较早。2020年4月,北京西城区教育委员发布的《关于西城区2020年义务教育阶段入学工作的实施意见》规定,"自2020年7月31日后在西城区购房并取得房屋产权证书的家庭适龄子女申请入小学时,将不再对应登记入学划片学校,全部以多校划片方式在学区或相邻学区内入学"。2021年4月,北京市教育委员会发布的《关于2021年义务教育阶段入学工作的意见》规定,"各区教委要根据学位供给情况和户籍、房产、居住年限,积极稳妥推进以多校划片为主,单校划片和多校划片相结合的入学方式"。

教育资源均衡。常规意义上的优质学校,一般是指重点学校录取率较高的学校,生源、师资、教育环境是影响其录取率的三大重要因素。因此,从某种意义上来说,对生源选择、招生方式、师资分配、经费投入的调整,都是促进教育资源再分配的有效方式。2021年,上海、深圳、北京等地先后出台教师轮岗制度,制定了三年计划,促进优秀教师在学校之间流动;2021年3月,上海市教育委员会发布的《上海市高中阶段学校招生录取改革实施办法》规定,从2022年开始高中招生执行新的录取办法。新录取办法通过增加普通初中的名额分配,进一步缩小学校之间教育资源的差异。

三 教育均衡政策调控影响机制

(一)升学路径与影响因素

当前我国教育分为学前教育、初等教育、中等教育、高等教育四个阶段。学前教育,又叫幼儿教育,主要是对入学前的幼儿进行教育,实施机构主要有托儿所、幼儿园、附设于小学的学前班等,其年限从1至3年不等;初等教育,又称小学教育,主要是对6~12岁的儿童进行教育,实施机构为小学;中等教育,是指在初等教育基础上继续实施的中等普通教育和职业教育,分为初级中等教育和高级中等教育两个阶段,实施机构包括初级中学、高级中学、初等职业学校、高等职业学校；高等教育，是指建立在中等教育基础上的各种专业教育，一般分为高等专科教育、本科教育和研究生教育，实施机构主要有专科学校、独立学院、大学等。

不同教育阶段，招生方式不同，影响因素也不同（见图5）。在各类升学过程中，幼升小仅与生源户籍和居住地有关；小升初不仅与户籍、居住地相关，有的还与对口小学有关；初中升高中，与学生的考试成绩有关。家长们更关注初中的历史升学率和被优质高中录取情况。

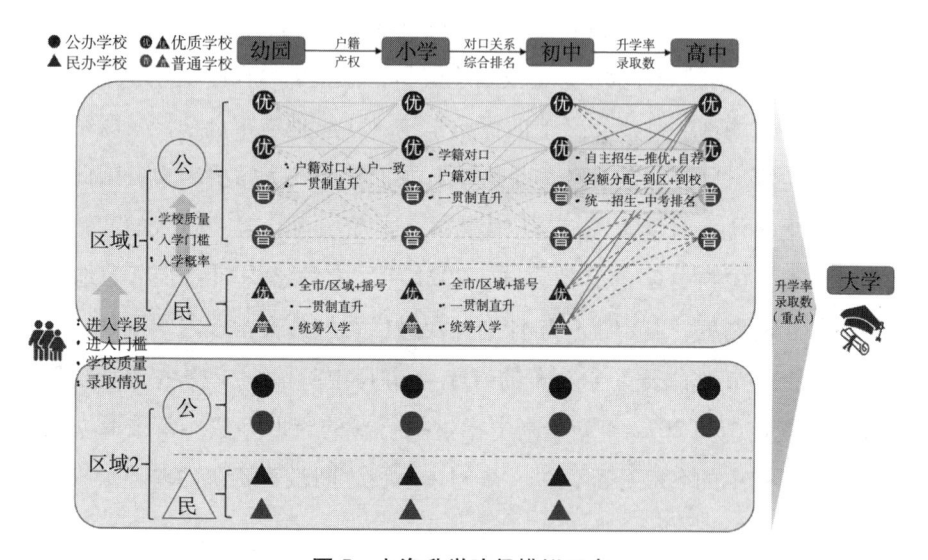

图 5　上海升学路径模拟示意

资料来源：58安居客房产研究院整理。

幼儿园升小学。小学教育是九年义务教育的第一阶段，也是国家学制的第一阶段。小学入学一般采用登记入学方式，在就近入学政策下，生源进入哪所小学主要与生源户籍和居住地有关。在租售同权政策引导下，无论是购房还是租房，生源均享有进入居住地附近小学就读的权利。在实际招生过程中，重点城市更强调"人户一致优先"[①]，按户籍关系、户籍迁入时间、产

---

① 人户一致优先，指按照"就近入学"原则，先对"户籍地"和"实际居住地"一致的适龄儿童安排对口入学。

权关系等条件排序顺位入学，导致依靠居住证积分入学的生源往往会被统筹安排，难以进入优质小学。根据2021年上海各区发布的小学招生政策，上海所有公办小学都实施了"人户一致优先"政策，当报名人数超过学校学额时，将按照入户时间、与户主关系、与产权人关系等条件对生源进行排序，超出学额部分实行区域内统筹安排入学，部分热门区域还规定五年内每户只享有一次同校对口入学的机会。

小学升初中。初中教育是九年义务教育的第二阶段，初中入学一般采取登记或对口直升方式入学。根据2021年上海各区发布的初中招生政策，初中入学方式大致可分为两种：一种是户籍对口，类似于小学招生，同样强调"人户一致优先"，按户籍、产权等条件排序，超出部分的学额统筹安排，实施户籍对口的区域有浦东新区、闵行区、宝山区、嘉定区、松江区、青浦区、奉贤区和崇明区；另一种是学籍对口，即初中有具体对口小学，这些小学毕业后可以直升对口初中，实施学籍对口的区域有黄浦区、普陀区、虹口区、杨浦区、长宁区、徐汇区和静安区。在学籍对口情况下，如果要进入某优质初中，就必须先进入其对口小学，意味着家庭在小学阶段就要提前布局，对于有"五年一学位"限制的学校，购房和落户时间还要前置。除此以外，还有一些学校属于一贯制学校，与学籍对口类似，小学毕业后可以直接升入本校初中继续就读。

初中考高中。2021年3月，上海市教育委员会发布的《上海市高中阶段学校招生录取改革实施办法》提到，"2022年起，本市高中阶段学校招生录取工作分为自主招生录取、名额分配综合评价录取和统一招生录取三种类型"，适用对象为自2022年起参加本市高中阶段学校招生录取的考生。自主招生录取，指的是市实验性示范高中、市特色普通高中面向全市范围招生，招生学校采用综合评价的方式对生源进行择优预录取，预录取考生初中学业水平考试成绩需达到当年度最低控制分数线；名额分配综合评价录取包括两类，即名额分配到区和名额分配到校，其中，名额分配到区招生录取以区为单位，依据总分排序按计划录取，名额分配到校录取以初中学校为单位，依据总分排序按计划录取；统一招生录取，招考机构面向全市范围，根据学生志愿、计分科目总成绩依次投档录取。

上文提到的幼升小和小升初的升学路径均与公办学校有关，民办学校与之存在一定差异。民办学校不存在学区的划分，原则上适龄儿童或少年可以选择任意区域的任意民办学校就读。民办学校在经费投入、教师待遇、环境打造等方面的优势，吸引了大量的优质管理者、优质教师和优质生源，从而提升了整体教学水平，受到更多家庭的关注。同时民办学校提前择优录取，不可避免地产生了民办名校的"掐尖"行为，为避免这一现象，2019年6月中共中央、国务院印发的《关于深化教育教学改革全面提高义务教育质量的意见》规定，"民办义务教育学校招生纳入审批地统一管理，与公办学校同步招生；对报名人数超过招生计划的，实行电脑随机录取"。

此外，生源还会在不同城市之间或同城市不同区域之间流动：一类是从居住地回到户籍地，另一类则是从户籍地转到居住地。引起生源流动的因素有被动因素，如工作调动、不能参加高考等，也有主动因素，如希望能进入相对优质的学校，接受更优质的教育。在选择学区或者选择学校时，家长们往往会考虑学校质量、入学门槛、进入概率等因素。

（二）教育均衡政策影响机制

根据经济学原理，价格由价值决定，受供需关系影响，价格与市场需求成反比，与市场供给成正比。住房作为一种特殊的商品，同样遵循经济学规律。

需求方面，学区房的需求主要由自住需求、教育需求、投资需求叠加而成，任一需求的增加都可能会带来学区房价格的上涨，反之则会引起学区房价格下降。其中，学区房的教育需求与学校质量、入学门槛以及入学概率有关，学校质量越高，入学门槛的可及性越高、入学概率越大，则该学区房需求越大，反之则越小。

供给方面，学区房的供给主要指优质学校对口小区的供应。假设需求一定，若优质学校对口范围扩大，学区房需求便会分散，从而降低购房者对单一小区的聚焦需求。或者随着教育水平提升，区域内优质学校数量增加，有机会接受优质教育的小区相应增加，需求同样得到分散。学区房供给的增加一般有三种方式：①优质学校数量增加，直接带来对口小区的增加，如新小区引入名校分校；②优质学校对口范围的变化，如从单一小区扩大到几个小区，使得更多小区有机会进入优质学校；③小区自身供应的增加，受到诸多因素影响，如五年一学位限制、业主售房意愿、市场预期等。

尽管每年社会提供的就业岗位很多，但由于薪资水平、行业地位、工作岗位等差异，在就业人员的眼中，企业有"好企业"和"普通企业"之分，工作同样也有"好工作"和"一般工作"之分。因此我们假设，社会上"好工作"的数量是一定的，并且为大多数毕业生所追逐。在此前提下，"好工作"数量有限，除去社会招聘外，剩下的需要从众多高校的应届生中挑选，此时重点大学毕业的学生往往更容易被选中。重点大学的学生如何产生，主要是通过高考在各高中进行招生，而各地重点高中进入重点大学的比例往往高于普通高中。以此类推，层层约束（见图6），想要进入重点高中，就先进入优质初中；想要进入优质初中，就先进入优质小学或买对口小区；想要进入优质小学，就买对口小区。通过层层传导，家庭对"好工作"的期望最终就落实到了对学区房的需求上。

学区房之所以如此火热，一方面是需求旺盛，进入优质小学或者优质初中，将来找到"好工作"的机会就会增加；另一方面是供应稀缺，优质学校的稀缺带来的是与之对应的学区房的稀缺，而购房落户恰好是获取学区房的唯一途径。教育均衡政策调控，实际上是对影响学区房需求传导机制的相关因素进行调控，如通过产业结构调整增加"好工作"的数量，通过教育经费投入提升学校的教育质量，通过多学区划片增加优质学校的进入概率，通过入学条件的改变调整生源在学校之间的分配。

四 教育均衡政策改革对上海房地产市场的影响

（一）上海市学区房特征

第七次全国人口普查结果显示，上海市常住人口24870895人，是我国第一大人口城市。2010~2020年，10年共增加1851699人，增长率8.0%。平均

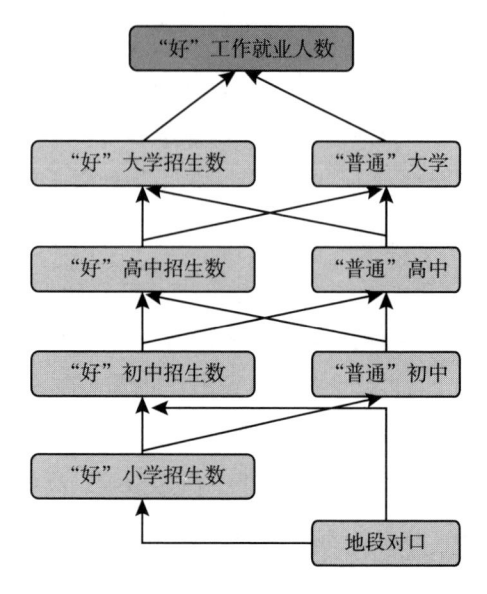

图 6　上海升学路径模拟示意

资料来源：58安居客房产研究院整理。

每年增加185170人，年平均增长率0.8%。其中，外省市来沪常住人口10年共增加1502652人，年平均增长率1.6%。[1] 人口的不断增长，带来对优质教育资源需求的不断增加，根据前文统计，目前九年义务教育优质学校的覆盖率只有20%左右，优质教育资源的稀缺是学区房产生的根本原因。

市场上的学区房以"老破小"居多，建成时间早，装修简单且户型面积小。根据58安居客房产研究院平台数据统计，房龄在10年以内的学区房约占6%，房龄在10~30年的学区房占64%（见图7）。从房型来看，一房占到57%，而两房和三房加起来仅占16%（见图8）。

与普通小区相比，学区房的找房热度[2]普遍较高。以上海市浦东新区地理位置相近的两个小区为例，位于锦绣路西的锦华东南苑对口的是浦东新区优质小学昌邑小学，位于锦绣路东的宝华海尚郡领对口的则是普通小学北蔡

---

[1] 上海市统计局：《上海市第七次全国人口普查主要数据公报（第一号）》。

[2] 通过找房热度指数来反映，找房热度指数是以购房者线上访问数据为基础，从城市、区域、小区、产品等维度对购房者找房情况进行量化评价，来衡量购房者需求偏好和对市场的信心。

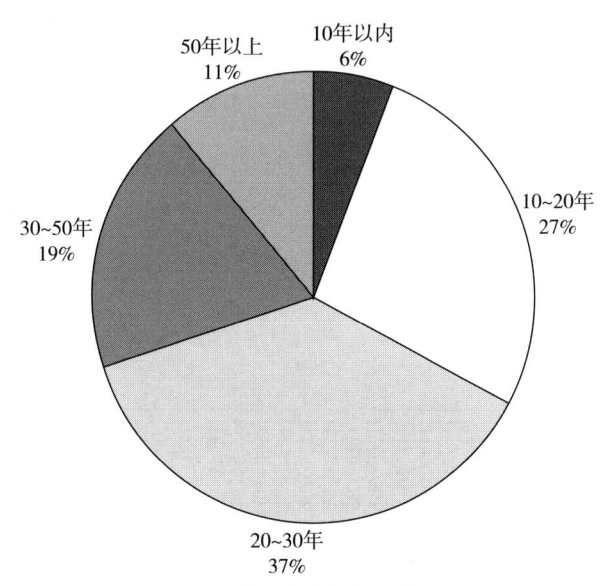

从房地产市场变化看教育均衡政策的实施效果

图 7　学区房房龄分布情况

资料来源：58 安居客房产研究院数据库。

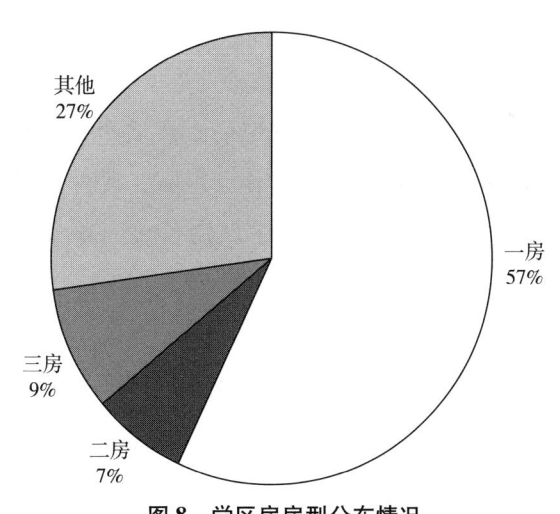

图 8　学区房房型分布情况

资料来源：58 安居客房产研究院数据库。

中心小学。从近两年两个小区的找房热度来看，锦华东南苑的找房热度明显高于宝华海尚郡领（见图9）。

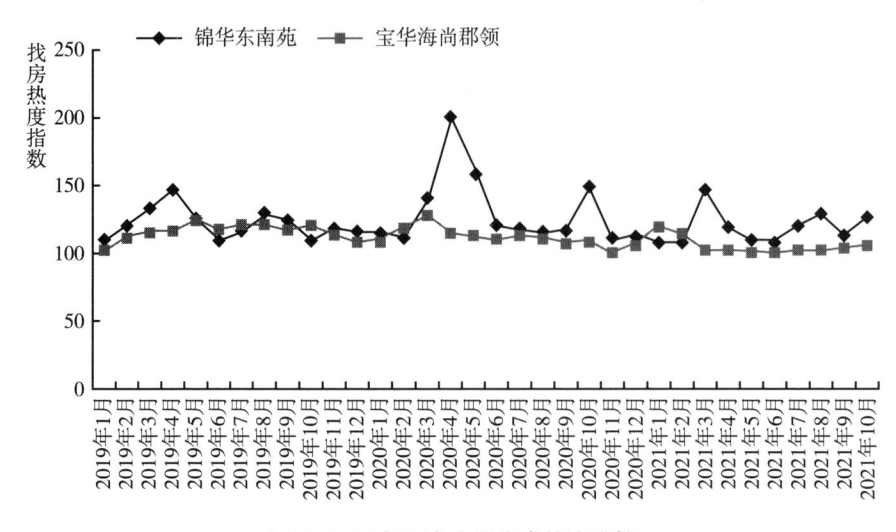

图9 近两年两个小区找房热度比较

资料来源：58安居客房产研究院数据库。

从2021年1~9月黄浦区各板块成交均价来看，相同板块内产品类似的小区，学区房成交价格普遍要高于普通小区，最高价差可达25%（见表2）；从价格涨幅来看，学区房表现也高于普通小区，黄浦区学区房平均涨幅达15%，高出普通小区5个百分点左右；此外，对于相同板块内产品类似小区，双学区房价格高于单学区房价格，单学区房价格高于普通小区价格。

表2 2021年1~9月上海市黄浦区各板块成交均价

单位：元/米^2，%

板块	普通小区成交均价	学区房成交均价	价差
黄浦滨江板块	116519	121909	5
蓬莱公园板块	89628	104111	16
五里桥板块	93944	109435	16
新天地板块	95476	119004	25
豫园板块	88266	107246	22

（二）民办摇号政策对房地产的影响

通过公民同招、民办摇号政策的实施，增加生源进入民办学校的不确定性风险，从而使得部分生源尤其是优质生源回流公办学校，在一定程度上减少了民办学校"掐尖"行为，同时也提升了公办学校的整体升学水平。

2020年3月，上海市教育委员会发布了《2020年本市义务教育阶段学校招生入学工作的实施意见》，民办学校全面实施公民同招、民办摇号政策。政策实施后，公办学校对口的学区房需求明显增加，2020年3月上海市学区房的找房热度增加60%（见图10），高于普通小区，主要是由于公办学校的确定性相对更高，一些处于中上水平的学校对口的学区房重新成为家长们关注的对象，使得购房需求增加。

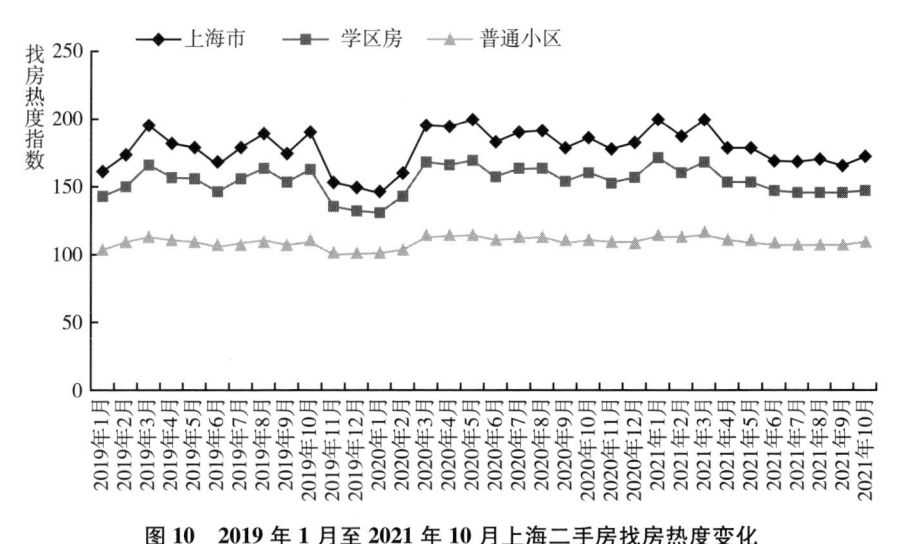

图10 2019年1月至2021年10月上海二手房找房热度变化

资料来源：58安居客房产研究院数据库。

从民办学校表现来看，无论是幼升小还是小升初，民办摇号政策落地以后，民办学校的报名人数并没有下降，反而还有一定回升（见图11和图12），主要原因在于：①优质民办学校因其资源优势、升学表现，对家长依然存在较大吸引力，部分家长坚定走优质民办学校的道路；②民办摇号政策的实施，让原本没有可能性的家庭看到了进入优质学校的希望，抱着博一下的心态加入了摇号大军；③摇号政策的实施，使得民办学校也成为不选择生源的学校，享有名额分配的资格，间接增强了家长们的信心；④部分民办学校，本身教育质量就不错，且是一贯制学校，家长们看重一贯制直升的稳定性，因而选择博民办学校。

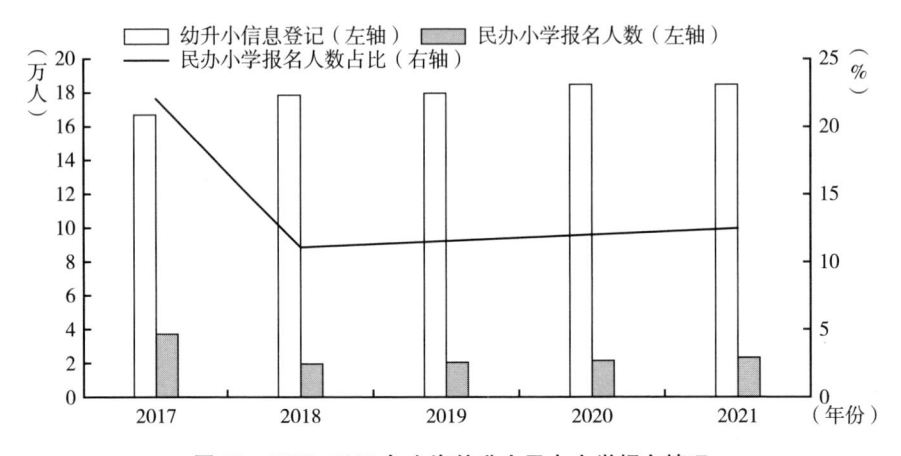

图 11　2017~2021 年上海幼升小民办小学报名情况

资料来源：民办小学历年招生政策。

（三）中考改革政策对房地产的影响

中考改革政策主要通过名额分配，调整重点高中招生名额在不同初中之间的分配比例，使得普通初中的学生增加进入重点高中的机会，从而将普通初中周边的部分人群稳定下来，留在普通初中冲刺重点高中，间接降低了对学区房的需求。

2021年3月，上海市教育委员会发布了《上海市高中阶段学校招生录取改革实施办法》，重申了中考改革政策细则，从2022年开始实施高中阶段学校招生录取改革。高中阶段学校招生录取工作分为自主招生录取、名额分配综合评价录取和统一招生录取三种类型，其中，名额分配

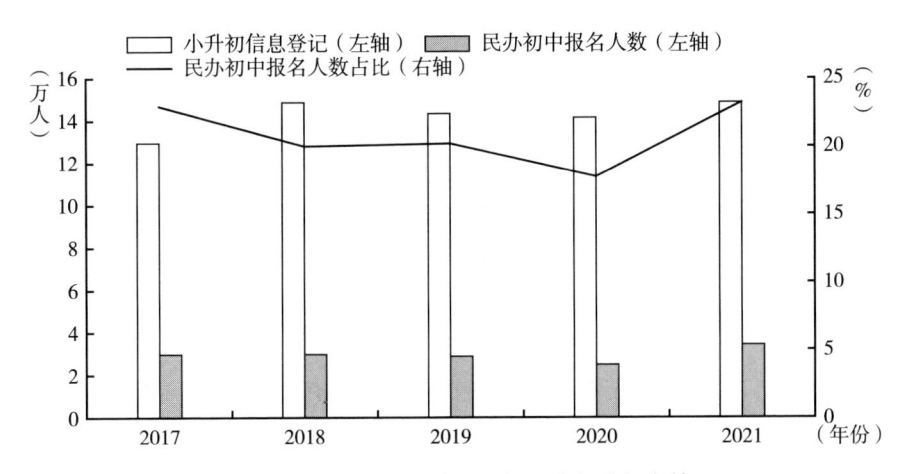

从房地产市场变化看教育均衡政策的实施效果

图12　2017~2021年上海小升初民办初中报名情况

资料来源：民办初中历年招生政策。

综合评价录取又包括分配到区和分配到校两种方式，委属市实验性示范高中80%分配到区，20%分配到校（见图13）；区属市实验性示范高中，30%分配到区，70%分配到校，且仅分配到本区内不选择生源的初中（见图14）。

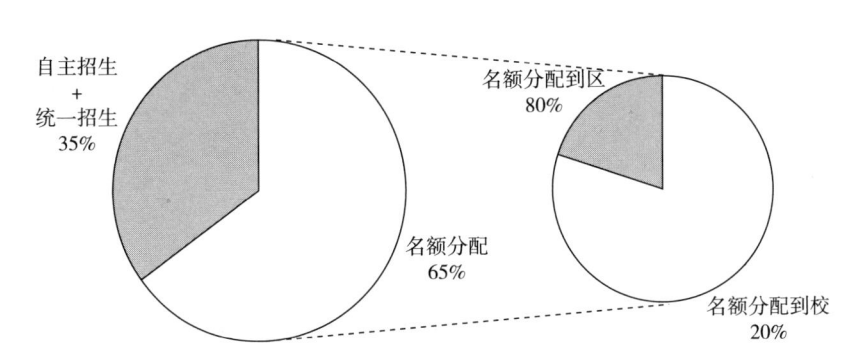

图13　上海委属市实验性示范高中名额分配情况

资料来源：《上海市高中阶段学校招生录取改革实施办法》。

分配到区，意味着中考排名在本区靠前就有机会进入重点高中，委属市实验性示范高中在上海市16个区进行分配，区属市实验性示范高中则以分

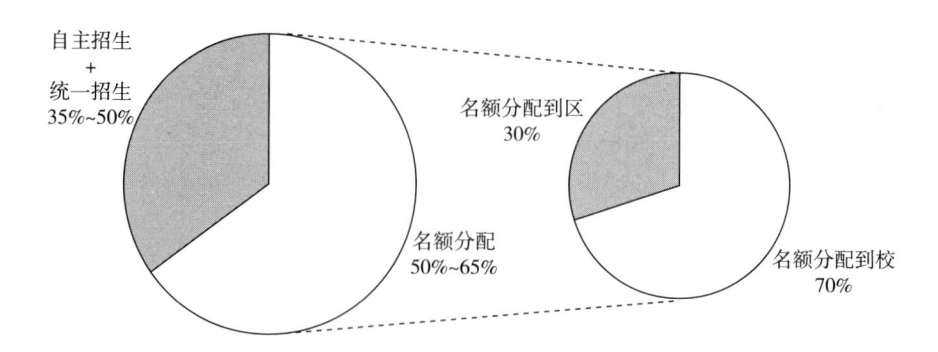

图 14　上海区属市实验性示范高中名额分配情况

资料来源:《上海市高中阶段学校招生录取改革实施办法》。

配到外区为主。根据上海市教育考试院公布的《2022年上海市高中名额分配到区招生计划》，浦东新区分配到区的名额最多，达1305人，除浦东新区以外，其余15区分配到区名额平均在290人左右（见图15），其中长宁区、青浦区、奉贤区、金山区、崇明区都在200人以下，意味着这些区域拿到分配到区名额的难度更大。

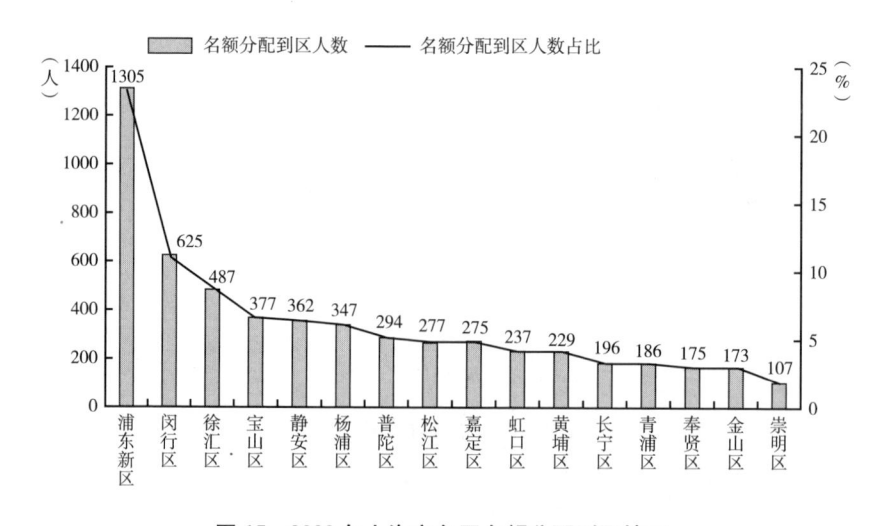

图 15　2022年上海市各区名额分配到区情况

资料来源：上海市教育考试院《2022年上海市高中名额分配到区招生计划》。

分配到校，意味着中考排名在本校靠前就有机会进入重点高中，委属市实验性示范高中在全市进行分配，区属市实验性示范高中则只分配到本区内不选择生源的初中。根据测算，各区分配到每个学校的名额差异很大（见图16），主要是由于委属市实验性示范高中分配到校名额少，几乎可以忽略，而区属市实验性示范高中则是分配到本区，跟本区的重点高中数量有着直接的关系，重点高中越多，本区分配到校的名额也就越多。如黄浦区校均分配人数最多，可达49人，而奉贤区校均分配人数仅为7人。

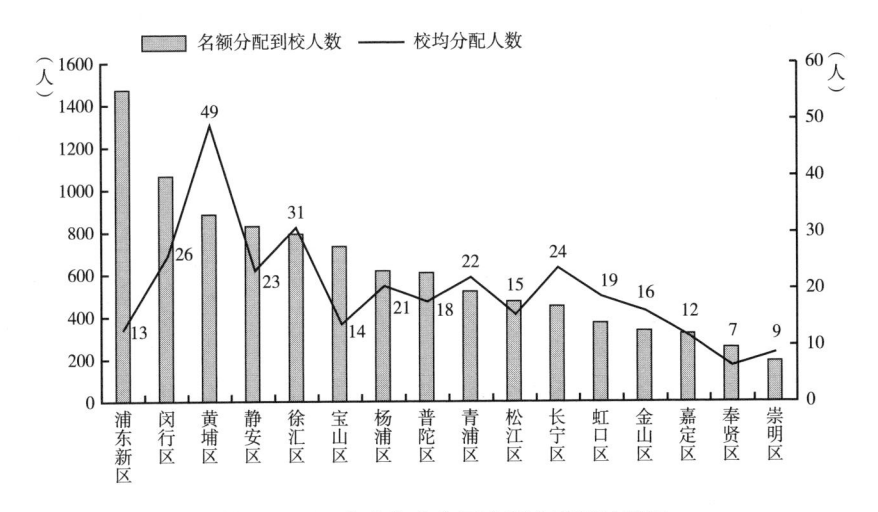

图16　2022年上海市各区名额分配到校情况

资料来源：上海市各区教育局公布的名额分配到校方案。

从找房热度来看，2021年3月中考政策发布以后，尚未对房地产产生显著影响，主要表现在热点区域并没有因为名额减少而热度降低（见图17），非热门区域也没有因为名额增加而热度回升（见图18）。主要原因在于：分配名额少，考生想要获取名额资格难度较大，难度大意味着对购房者的吸引力就小。从分配到区情况来看，以浦东新区为例，名额分配到区有1305人，而浦东新区每年初三一模①人数平均约有18000人，名额分配到区

---

① 初三一模，指的是初三中考前的第一次模拟统考。

人数仅占7%，可见其难度之大；再从分配到校情况来看，黄浦区、徐汇区优势明显，相比之下，金山区、松江区、宝山区、嘉定区、崇明区、奉贤区至少要进入全校前15名才有机会进入重点高中，难度相对较大，再加上这些区域优质教育资源相对薄弱，家长们依然保持在教育强区购房的热度。

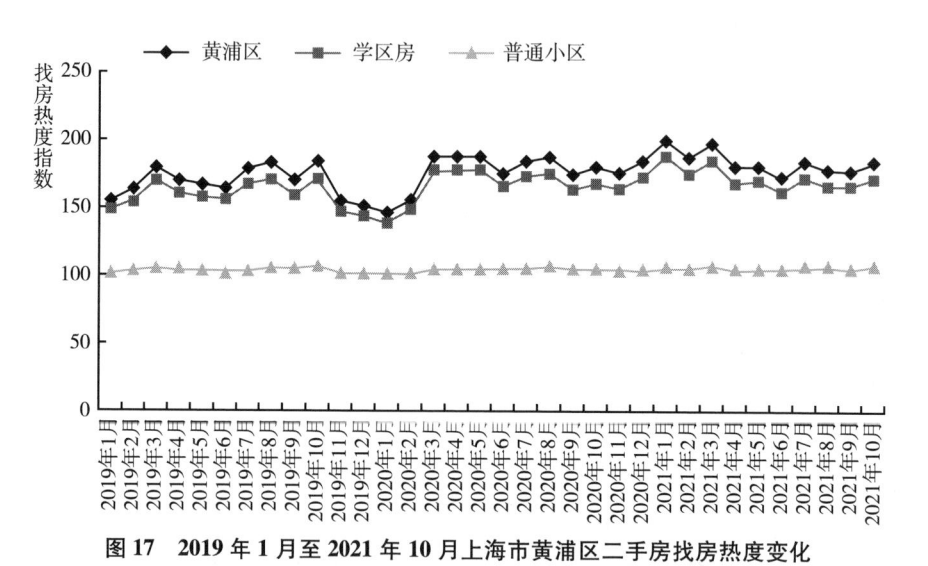

图17　2019年1月至2021年10月上海市黄浦区二手房找房热度变化

资料来源：58安居客房产研究院数据库。

（四）多学区划片政策对房地产的影响

通过多学区划片，增加学校与住房之间对口的不确定性，降低购房者对热点学区房的聚焦需求。2020年4月和2021年4月，北京两次多学区划片政策在市场上引起波动，同时给房地产市场带来较大影响。

上海市长宁区早在2005年就开启了"多对多"模式，并且一直延续至今。根据2021年长宁区招生政策，长宁教育局将整个长宁区划分为8个区块共12组，每个组内有不少于1所小学和不少于4所初中，以电脑派位的方式进行分配，即"一对多/多对多"的多校划片模式。除长宁区外，徐汇区、静安区的部分学校也实施了多校划片模式。尽管长宁区、徐汇区、静安区采用的是学籍对口，但是初中和小学之间对口的不确定性，间接带来了初中和住房

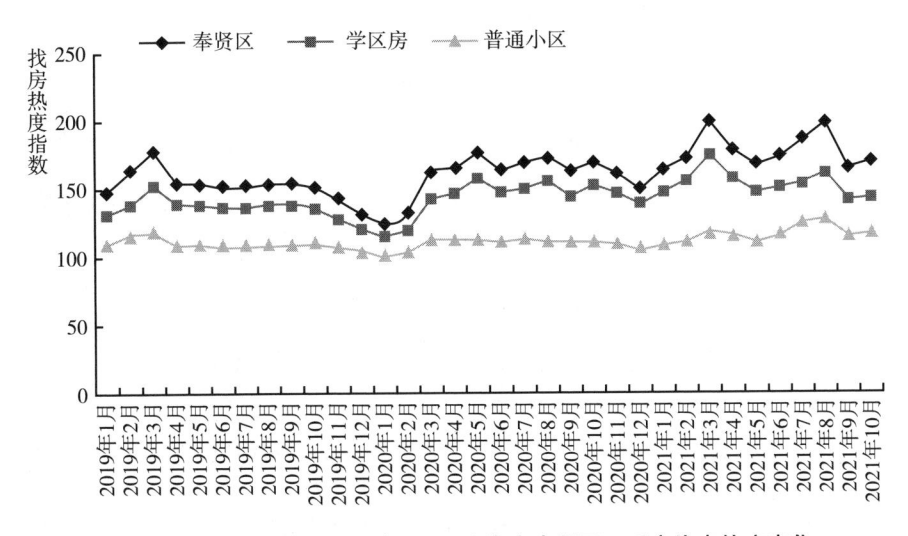

图18　2019年1月至2021年10月上海市奉贤区二手房找房热度变化

资料来源：58安居客房产研究院数据库。

之间对口的不确定性，从某种意义上来说，任何一个小区都有可能对应好初中，任何一个小区也都可能对应普通初中，同一区域内入学条件的差异在缩小。

从找房热度情况来看，实施多学区划片的区域找房集中度要低于实施单一学区划片的区域，且找房热度受市场影响较小，更为稳定。从长宁区和黄浦区的套均找房热度比①来看，长宁区学区房找房热度与普通小区找房热度基本相当，且稳定在1.0左右（见图19），而黄浦区则一直都在1.0以上，学区房找房热度明显高于普通小区（见图20），且波动相对较大。

（五）教师轮岗政策对房地产的影响

生源好、师资好、教育环境好，是构成"好"学校的三个重要条件。民办摇号、中考改革、多学区划片等政策都是站在生源的视角进行再分配，而干部教师轮岗政策则是从师资的视角进行资源再分配。通过师资再分配，

---

① 套均找房热度比，指学区房与普通学区之间的找房热度比值，为减少小区供应数量干扰，采用套均找房热度进行比较，反映的是两者之间的差异性，值离1越远，说明差异越大，越接近1，则说明差异越小。

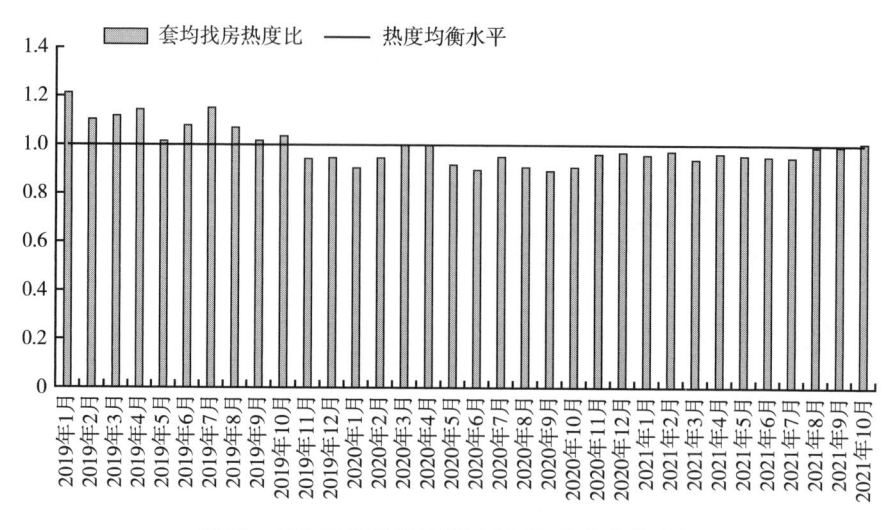

图 19　长宁区学区房与普通小区套均找房热度比

资料来源：58安居客房产研究院数据库。

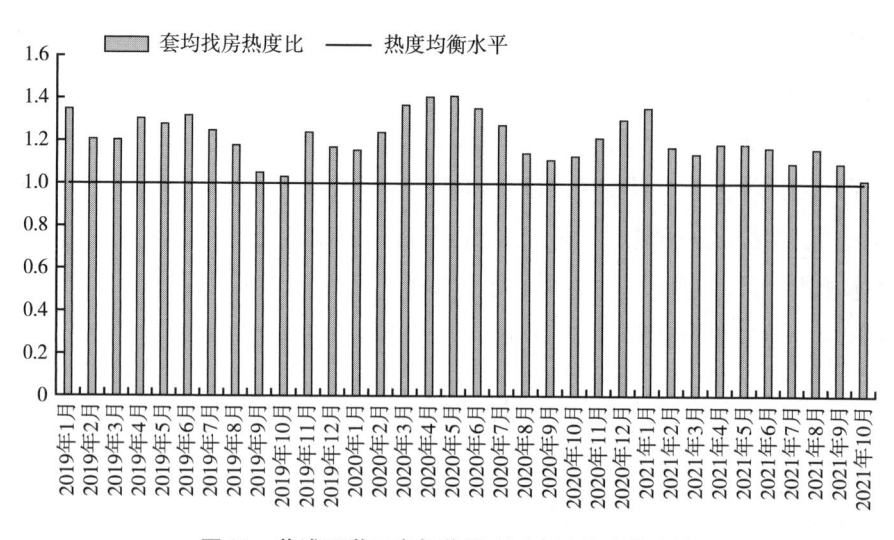

图 20　黄浦区学区房与普通小区套均找房热度比

资料来源：58安居客房产研究院数据库。

将优秀干部的管理理念和优秀教师的教学理念注入新的学校，从而提升新学校的整体教育水平，缩小学校之间的差异性，间接分散购房者对学区房的需求。

2021年1月，上海市教育委员会发布了《关于进一步加强上海市中小学教师人事管理制度建设的指导意见》，指出上海将在奉贤、松江和浦东三区试点推行教师轮岗制度，争取用三年时间在全市全面实施；5月，奉贤区出台教师轮岗细则，提出教师轮岗比例不低于20%，轮岗时间不得低于2年，将教师轮岗经历作为晋升和提拔的重要参考依据；7月，闵行"交大-江川"学区交流轮岗工作签约，共有10名小学教师签约，其中包括7名骨干教师，成为上海首个落地区域；9月至10月，闵行区各校校长干部大调整，超过60所学校集体换校长，覆盖幼儿园至高中。

由于目前教师轮岗实施力度较小，对房地产的影响效果尚未显现。以闵行区为例，7月教师轮岗政策实施后，学区房与普通小区套均找房热度比大于1.0，学区房热度依然高于普通小区，且套均找房热度比扩大，说明教师轮岗政策尚未对学区房和普通小区的找房热度起到明显的均衡作用（见图21）。

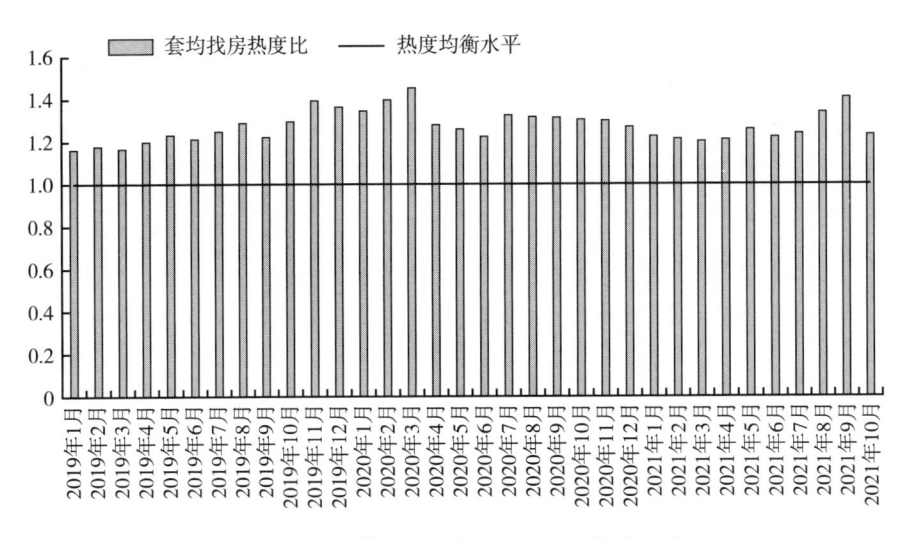

图21 闵行区学区房与普通小区套均找房热度比

资料来源：58安居客房产研究院数据库。

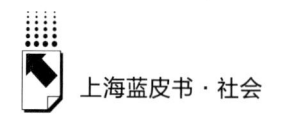

（六）入学条件调整对房地产的影响

通过改变学区对口范围或者学区对口条件，可以影响部分购房需求。入学条件越苛刻，入学门槛越高，能满足条件的人就越少，相应的学区房需求也越少。从短期来看，通过提高入学门槛，可以降低部分购房者需求，主要是因为部分购房者可能因为"赶不上车"而转向入学门槛更低的小区；从长期来看，购房者通过提前准备，如提升个人条件以达到入学门槛的要求，弱化门槛提高带来的影响，最终在一个新的位置实现平衡。

根据2021年上海市各区招生政策，上海市九年义务教育公办学校普遍采用的是"免试就近入学，人户一致优先，顺位排序"的入学方式。小学或者初中按"免试就近入学"原则划定了学区范围，然后大体上按照"人户一致、人户分离、居住证积分、随迁及其他"的顺序依次录取，超出学额部分实行区域内统筹安排入学。关于顺序排位，不同区域甚至同区域不同学校的规则都不相同。户口方面，主要按户籍迁入的时间、与户主的关系、是否报出生等要素进行排序；产权关系方面，主要按产证获取的时间、与产权人的关系、居住时间等要素进行排序；居住证积分方面，主要按居住证拥有情况、积分高低、达标情况等要素进行排序。除此以外，部分区域对户口还有学位限制，如每户地址五年内只享有一次同校对口入学的机会。

短期内调整入学条件，对学区房的影响较为明显。以学区对口范围调整为例，2020年3月，位于上海市浦东新区的浦东森兰壹公馆被划入区域内优质小学上海市第六师范附属小学的对口范围，该小区的找房热度在3月以后上升明显（见图22）。

五　促进教育均衡发展的对策建议

就近入学政策、教育水平差异、优质资源稀缺、望子成龙心态等综合因素叠加，不可避免地带来学区房现象。从某种意义上说，学区房已经成为老百姓心中的"刚需"。未来破局的关键在于，缩小学校之间的差异促进教育

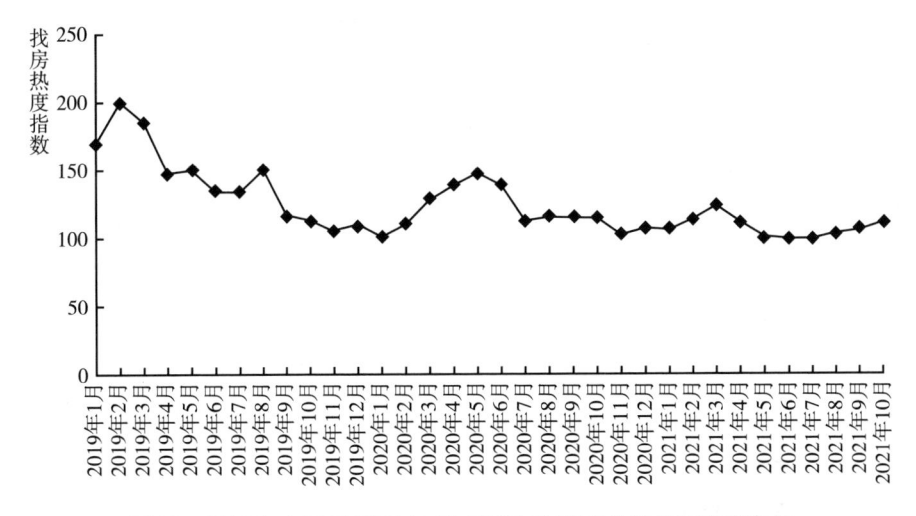

图 22　2019 年 1 月至 2021 年 10 月浦东森兰壹公馆找房热度变化

资料来源：58 安居客房产研究院数据库。

均衡，增加学校与住房之间的不确定性避免需求聚焦，转变教育和就业的观念拓宽人才定义。

（一）促进教育均衡方面的建议

1. 大力推广教师轮岗机制，促进学校教育资源均衡

教师轮岗机制，对教育资源均衡有很好的促进作用，属于长期性政策，对房地产也有着间接影响。从 2022 年开始，上海的教师轮岗政策已经正式提上日程，但目前实施范围较小，仅在闵行区落地且落地人数较少，尚处于尝试阶段，对教育均衡和房地产的影响也尚未体现。未来，全市可以进一步加大教师轮岗政策推进力度，循序渐进，从教育集团内流动、学区内流动逐步扩大到区域之间流动，提高流动比例，纳入考核机制。短期内会有阵痛，如工作地和居住地分离，频繁流动带来的教学工作不稳定等，从长期来看，必定是有利于教育均衡，在具体实施过程中，要考虑教师流动带来的影响，做好相关善后工作。

2. 完善落实中考改革方案，促进高中教育机会均等

根据已颁布的中考改革方案细则，从2022年开始实施高中阶段学校招生录取改革。中考改革方案是对增加普通初中进入优质高中机会的尝试，不仅促进了教育公平，也间接降低了对学区房的聚焦需求。根据细则，委属市实验性示范高中分配名额有限，具体到学校后名额更少，影响也相对有限；而区属市实验性示范高中主要是分配到本区，不同区域之间存在差异，拥有优质高中资源较多区域的初中相对更具优势，由此可见，中考改革影响的更多是区域内资源再分配，本来资源就强的市区比教育资源相对薄弱的郊区更具优势。因此，可以打破区域限制，逐步将优质高中的名额在全市范围内进行统筹和分配。

3. 推进和巩固网络教学，实现优质教育资源共享

教师轮岗制度在促进教育均衡的同时，也带来了衍生问题，如工作地和家庭居住地的分离，教学工作的持续性和稳定性等。教师轮岗的本质，并非重在获取教师，而是希望获取教师优质的教育方法和先进的教学理念。在未来的教育改革中，可以依托当前日益成熟的在线教育技术和网络课堂经验，大力推进和巩固网络教学，如在线开展名师课堂，打造精品课程等，突破物理空间限制，实现优质教育的资源共享。

（二）促进教育公平方面的建议

1. 积极推进多学区划片政策，降低学区房需求集中性

无论是从北京多学区划片政策落地后对房地产的影响，还是从上海长宁区多学区划片政策的实施情况来看，多学区划片政策是对学区房调控最直接也是最有效的政策之一。目前，上海真正意义上实施多学区划片的只有长宁区，除此以外，徐汇区和静安区的部分学校采用了多对多、一对多的电脑派位方式。在就近入学的原则下，可以扩大多学区划片范围，进一步巩固多学区划片的成果，至少在各个区内形成多学区划片，让区域内所有小区都有上优质学校的机会，换句话说，每个小区都有着对口的不确定性，从而降低对学区房聚焦需求。

2. 提升保障房入学的权利，解决人才子女教育问题

目前，上海市九年义务教育阶段的入学主要按照顺位排序的方式，由于招生数量限制，排位在前的人户一致、人户分离比排位在后的租房、随迁就读进入优质学校的概率要高。对于选择保障性住房的人才，由于暂时没有买房，其子女一般作为随迁子女被统筹安排进指定学校，从而失去上优质学校的机会。尽管租售同权一直被提，但由于入学顺位，往往保障性住房并不能享受到与商品住房相同的优质学校入学权利，这样也就不利于留住人才。因此，可以适当提升保障房入学的权利，在排位机制上改革和创新，促进教育公平的同时，让更多的人才留下来，为城市创造更多的价值。

（三）促进就业公平方面的建议

1. 加快职业教育发展，提升职业教育就业质量

幼儿园-小学-初中-高中-大学-就业，已经成为我国人才发展的主要路径，相比之下，职业教育目前还比较薄弱，尚未真正得到社会的认可。具体表现在：①升学难，与从高中直接上本科相比，从高中考上专科再考本科，这其中的难度不止翻了一倍，更不用说读研深造，在同等条件下"正规军"更具优势；②就业难，目前无论是政府招考还是企业招人，本科及以上学历始终占有优势，给到专科或职业教育的机会很少；③薪资低，根据相关统计，学历和收入基本上正相关，而接受职业教育的人薪资水平普遍处于中低水平；③社会尊重不够，由于学历低、薪资水平不高，许多接受职业教育的人并未受到社会足够的尊重，在求学、就业乃至社会关系中处于弱势地位。

正因为以上种种原因，许多人都愿意去挤"大学"这个独木桥，而把职业教育当作无奈的选择。在我国工业经济时代，技术工人和技术能手也曾是全社会尊崇的对象。随着时代的进步、分工的细化，这些优势逐渐消退。由于对职业教育重视程度不够，职业教育只是一种被动选择，而并没有真正发挥应有的价值。以德国为例，德国职业教育采用双元制，选择职业教育的学生需要选择一家企业，按照有关法律的规定同企业签订培训合同，得到一个培训岗位，然后再到相关的职业学校登记取得理论学习资格，学生在接受

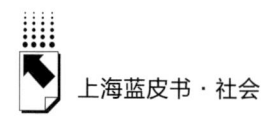

企业培训和学校教育的同时，每年抽出一定的时间，到跨企业培训中心接受集中培训，作为对企业培训的补充和强化。

有盼头才会有需求，要让更多选择职业教育的人有盼头，而非都挤上大学这条路。未来，我们可以借鉴其他地区经验，加快发展职业教育，进一步促进学校和企业人才联合培养；优化职业教育上升通道，打破学校歧视，调整和完善用人制度，让选择职业教育的人有更多的机会；调整和完善薪资体系，提升技术蓝领的薪资水平，正确发挥薪资的就业导向作用。

2. 引导树立正确的人才观，避免"挤独木桥"

人才培养方面，积极引导教育观念转变，每个人成长都有自己的特性，不可能是一个模子，因而无论是家庭教育还是学校教育，对人才的培养要因材施教；人才选拔要与时俱进，人才选拔的标准不能只有一个维度，对于在某方面有特长的学生，也要注意潜力挖掘，放到合适的领域，最大限度地发挥其价值；树立终身教育的观念，教育是对一个人专业能力的培养和提升，而不应该成为敲门砖。

就业方面，就业观念需要改变，价值观需要重新被定义，三百六十行行行出状元；持续落实鼓励创业的政策，为自主创业者创造更优良的环境，提供更便利的条件，促进以创业带动就业，实现倍增效应。

B.4
上海市居民健康变化特征及期望寿命增长潜力分析[*]

虞慧婷 蔡任之 陈蕾 王春芳[**]

摘 要：《"十四五"国民健康规划》继续将"期望寿命增长1岁"纳入规划目标，促使民生福祉达到新水平。本文以此为切入点，详细分析了近20年上海市居民期望寿命变化趋势，结合上海市老龄化特征，深入分析"十三五"规划期间，各个年龄组死亡率和死亡原因的变化特征，及其对期望寿命的影响。通过前后自身对比和与长寿国家的外部比较分析，挖掘可进一步降低死亡率的重点人群和主要疾病，探索上海市居民期望寿命潜在增长空间，为"十四五"期间进一步提高上海市居民健康水平、提升期望寿命提供循证依据。

关键词： 期望寿命 死亡率 死亡原因 慢性非传染性疾病 早死概率

期望寿命是反映人群健康状况的综合指标，体现了经济、社会、文化、医疗、卫生的全面发展水平，也是政府和人民对民生福祉不懈追求的具体体现。国家"十二五"、"十三五"和"十四五"规划，连续三个五年规划将

---

[*] 特别说明：本文是2021年上海市卫健委科研课题"上海市死因登记系统死因错分与重分配研究"（20204Y0205）的部分成果。

[**] 虞慧婷，上海市疾病预防控制中心信息所，副主任医师，主要研究方向为健康监测与健康评估；蔡任之，上海市疾病预防控制中心信息所，副主任医师，主要研究方向为健康监测与健康评估；陈蕾，上海市疾病预防控制中心信息所，医师，主要研究方向为健康监测与健康评估；王春芳，上海市疾病预防控制中心信息所，主任医师，主要研究方向为健康监测与健康评估。

关系民生、体现幸福指数的期望寿命指标纳入规划，提出"期望寿命增长1岁"的规划目标。2020年上海市期望寿命已达83.67岁，处于全球领先地位。在接下来的"十四五"规划期间，上海如何在高水平期望寿命的前提下，继续实现寿命的稳定增长甚至突破，需要深入分析上海居民健康状况的变化特征，及其对期望寿命的影响，并与其他长寿国家或地区进行比较，进一步探索上海市居民期望寿命潜在增长空间，为进一步提高上海市居民健康水平提供循证依据。

一 上海市居民期望寿命变化特征

根据历年全国人口普查数据，上海市居民期望寿命一直处于全国领先地位。上海市疾病预防控制中心死因监测和统计数据显示，近20年上海市居民期望寿命仍然保持增长，2000年已达78.77岁，较同期长寿之国日本的期望寿命仅低2.35岁，较同期全国期望寿命高出7.37岁。至2020年，上海期望寿命增长到83.67岁，增长幅度为4.90岁（见图1），同期全国期望寿命增长至77.93岁，增长幅度达6.53岁，全国和上海期望寿命的差距从7.37岁缩小到5.74岁。世界卫生组织报告2019年日本期望寿命为84.26岁，较2000年增长3.14岁。可见，期望寿命基线达到一定程度后，增长速度将放缓。将2000~2020年按每五年进行划分，2000~2005年和2005~2010年，上海期望寿命增幅分别为1.36岁和2.00岁，与全国增长幅度（1.55岁和1.88岁）相当；在国家"十二五""十三五"发展规划促进下，2010~2015年和2015~2020年全国期望寿命保持较高增长速度，分别增长1.51岁和1.59岁，而上海则呈现增速放缓的趋势（0.65岁和0.92岁），如图2所示。

全球各类期望寿命研究报告几乎均显示，女性期望寿命超过男性，这与不同性别自身的生理差异和行为方式有关，也与两性对待卫生保健的态度不同有关。虽然各国女性期望寿命均高于男性，但是两性期望寿命的差距和变化幅度却并不一致。世界卫生组织报告显示，日本、美国等发达国家男性和女性的期望寿命呈现逐步缩小的趋势，分别从6.68岁和5.05岁缩小至5.45

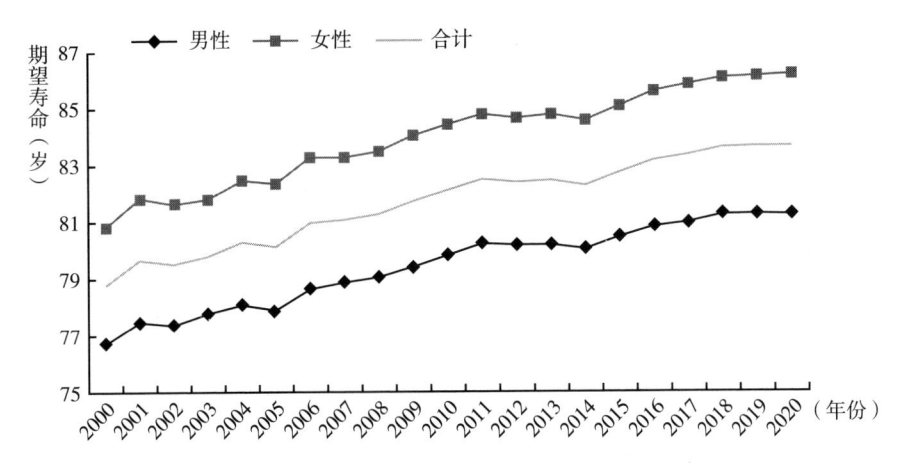

图1 2000~2020年上海市居民期望寿命变化趋势

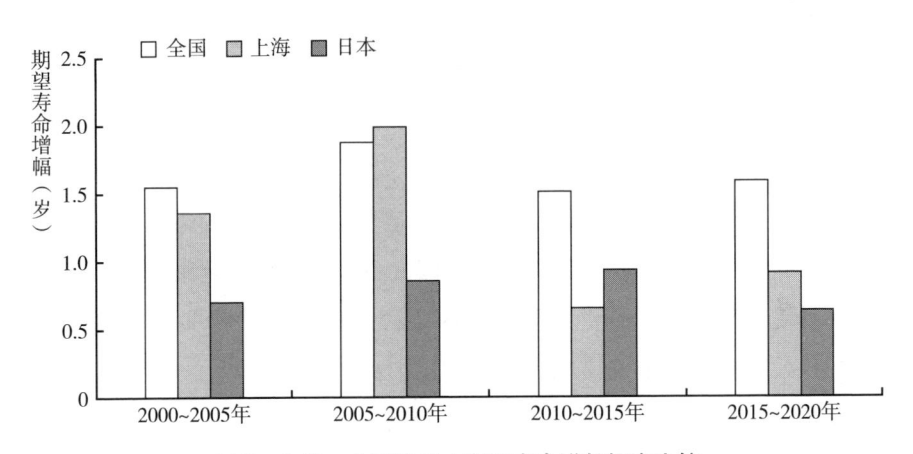

图2 上海、全国和日本期望寿命增长幅度比较

资料来源：全国期望寿命资料来源于中国统计年鉴，日本期望寿命来源于世界卫生组织报告。

岁和4.44岁，而新加坡两性期望寿命的差距则保持在4.5岁附近波动。本文发现，我国男性和女性期望寿命的差距呈现扩大的趋势，全国由2000年的3.7岁增至2020年的6.15岁，平均每年增加0.13岁；上海期望寿命的男女差距扩增幅度略小，由2000年的4.10岁增至2020年的4.96岁，平均每年增加0.03岁（见图3）。这与我国不断改善的妇女儿童卫生保健水平和不断提高的女性地位有着密切关系。

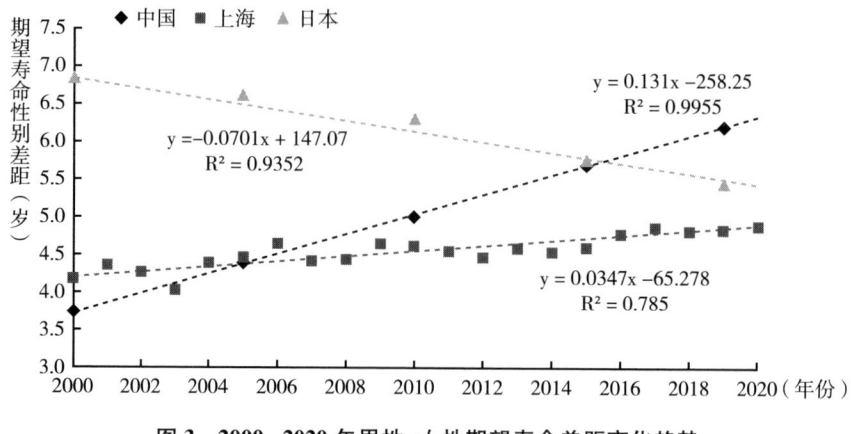

图 3　2000~2020 年男性-女性期望寿命差距变化趋势

二　期望寿命相关因素分析

1. 死亡率变化特征

死亡率，又称粗死亡率，是反映人群健康水平最基础的指标之一，具有计算简便、所需资料可及性高等优点，因此也是最常用的健康指标。但是粗死亡率易受人口性别、年龄结构的影响，因此在人口结构变化较大的情况下，标化死亡率更能准确体现人群真实死亡水平。

2000~2020 年上海市户籍人口从 1315 万人增长至 1474 万人，增长率为 12%。其中，65 岁及以上老年人口占比从 14%增加至 21%，上海从深度老龄化社会进入超老龄化社会，老龄化程度进一步加剧（见图 4）。死亡人数从 2000 年的 9.4 万人增长至 2020 年的 12.8 万人，增长率为 36%，粗死亡率从 2000 年的 7.16‰上升至 2020 年的 8.72‰。虽然上海的粗死亡率呈现上升趋势，但主要由老龄化进程加剧所致，期望寿命的增长也提示上海市居民健康水平应有所改善。为消除人口老龄化对粗死亡率的影响，本文用 1990 年全国人口普查的人口结构进行标化，2000 年上海市标化死亡率为 3.22‰，至 2020 年标化死亡率降为 1.92‰，人口死亡率呈显著下降趋势，20 年来死亡率下降了 1.30 个千分点，下降比例超过 40%（见图 5）。

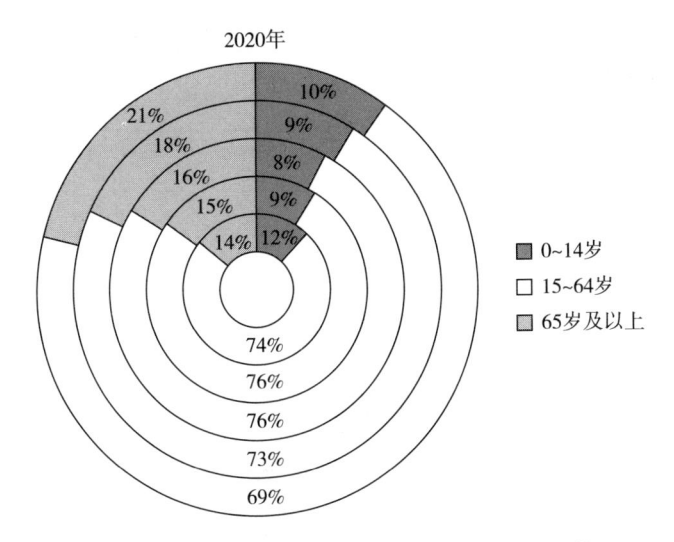

上海市居民健康变化特征及期望寿命增长潜力分析

图4　2000~2020年上海市居民年龄结构变化趋势

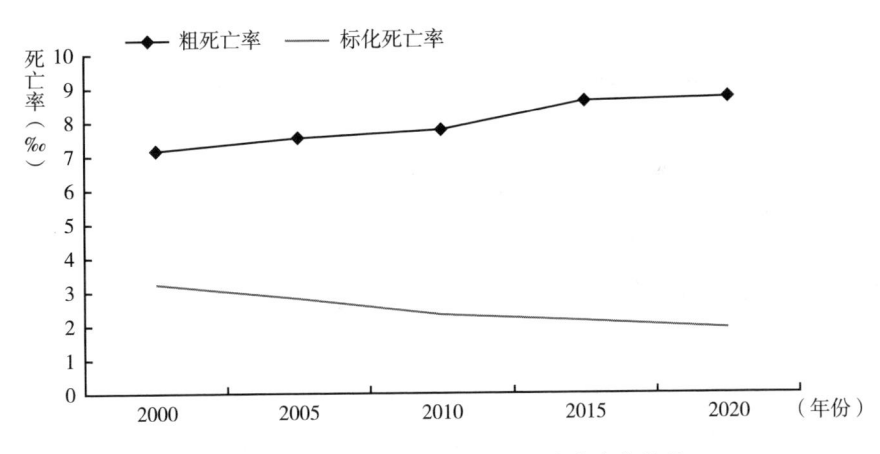

图5　2000~2020年上海市居民死亡率变化趋势

注：标化死亡率采用1990年人口普查的全国人口结构。

2. 各年龄组死亡率及构成特征

人口老龄化背景下，上海市死亡人口也呈现老龄化和高龄化的特征。死亡人口的年龄中位数由2000年的76岁上升至2020年的83岁。儿童和中青年人口占总死亡人口的比例持续下降。其中，0~14岁占比由2000年的

105

0.4%下降至2020年的0.1%,15~44岁占比由11.2%下降至7.0%,45~59岁占比稳中有升,由42.9%升至44.8%。60岁及以上人口占总死亡人口的比例为45%~48%,其中80岁及以上死亡人口占比呈现显著上升趋势,从2000年的19%上升至2020年的30%(见图6)。

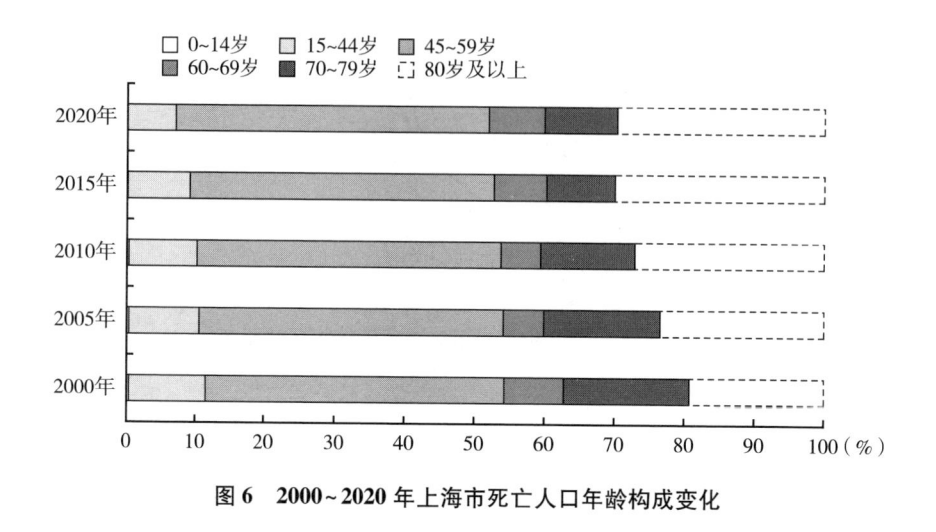

图6 2000~2020年上海市死亡人口年龄构成变化

总体上分析,2015~2020年上海市居民标化死亡率呈下降趋势,居民健康水平总体有所提升,但是分年龄组分析显示,不同年龄组人群健康状况的变化并不一致。死亡率上升的年龄组包括10~24岁、40~44岁、70~79岁组;其中,70~74岁组死亡率上升幅度最大为1.18个千分点,10~14岁组死亡率上升的比例最大为55.53%。0~9岁、25~39岁、45~69岁和80岁及以上年龄组的死亡率则有所下降;其中,80~84岁组死亡率下降幅度最大为18.5个千分点,而25~29岁组死亡率下降比例最大为35.32%(见图7)。

分性别比较2015~2020年各年龄组死亡率的变化发现,虽然各时期各年龄组女性死亡率仍然低于男性,但10~24岁、30~34岁、40~64岁和80~84岁组,男性、女性死亡率的差距缩小,其他年龄组死亡率的差距则相对扩大。男性10~14岁、40~44岁、65~79岁组,2020年的死亡率较2015年略有上升;女性10~24岁、40~44岁、70~74岁组,2020年的死亡率较

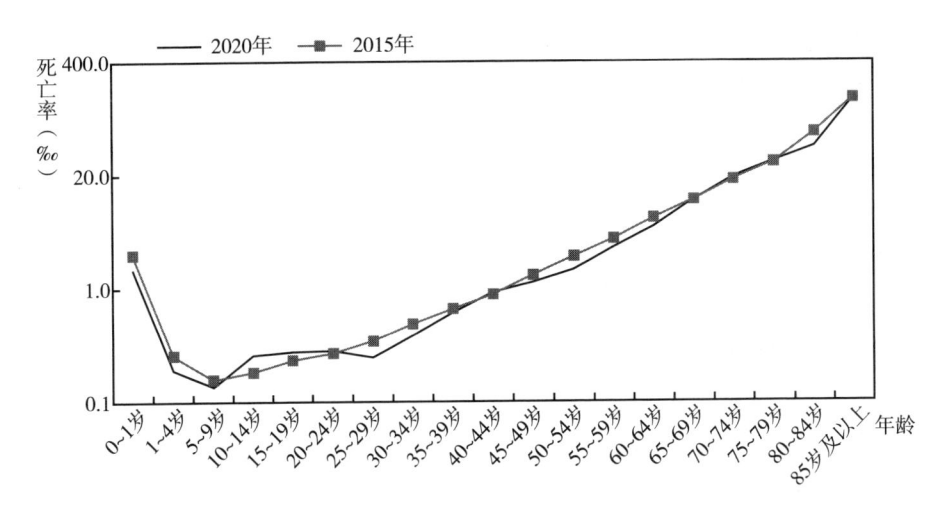

图7　2015年和2020年上海市各年龄组死亡率变化情况

2015年上升，其中10~24岁女性死亡率上升幅度较大，已接近同年龄组男性死亡率，女性青少年身心健康状况需要密切关注（见图8）。

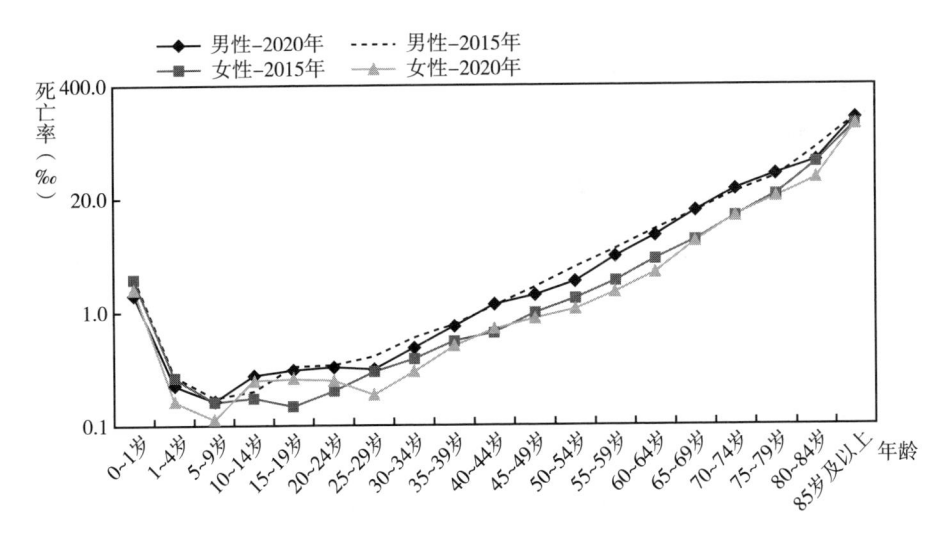

图8　2015年和2020年上海市分性别各年龄组死亡率变化情况

3.各死因的死亡率及构成分析

自20世纪90年代，慢性非传染性疾病的流行呈现增长速度快、增幅大

107

的趋势，人口死因分布也从传染病转变为以慢性非传染性疾病为主的疾病模式。2020年上海市居民前十位死因与2015年基本一致，分别为循环系统疾病、肿瘤、呼吸系统疾病、内分泌营养代谢性疾病、损伤中毒、消化系统疾病、神经系统疾病、精神障碍、传染病及寄生虫病和泌尿生殖系统疾病，约占总死亡的97%（见表1）。循环系统疾病、肿瘤和呼吸系统疾病稳居前三长达30年，占总死亡的比例约80%。循环系统疾病占总死亡的比例呈上升趋势，以心血管疾病和脑血管疾病为主，分别占循环系统疾病死亡的48.72%和46.57%。肿瘤死亡占比微增，前五位分别为肺癌、肛肠癌、胃癌、肝癌和胰腺癌，占肿瘤死亡的64.49%。呼吸系统疾病死亡率和构成均呈现下降趋势，其中以慢性下呼吸道疾病为主，占呼吸系统疾病死亡的89.74%。内分泌营养代谢性疾病占总死亡的比例也有所增长，此类疾病又以糖尿病为主（>99%），这与近年上海市肥胖、糖尿病高发密切相关。值得注意的是，虽然损伤中毒的死亡率和占比相对稳定，但是前三位死因跌落、交通事故和自杀中，跌落和自杀的死亡率均呈现上升趋势。跌落的死亡率从16.23/10万上升至17.56/10万，而自杀的死亡率则从3.56/10万上升至4.426/10万。

表1 2015年和2020年上海居民前十位死亡原因

单位：1/10万，%

顺位	2015年			2020年		
	死因	死亡率	构成	死因	死亡率	构成
1	循环系病	338.69	39.32	循环系病	371.93	42.67
2	肿瘤	264.30	30.69	肿瘤	270.53	31.04
3	呼吸系病	81.53	9.47	呼吸系病	56.72	6.51
4	内营代	43.29	5.03	内营代	50.66	5.81
5	损伤中毒	40.52	4.70	损伤中毒	40.29	4.62
6	消化系病	19.80	2.30	消化系病	20.92	2.40
7	神经系病	11.80	1.37	神经系病	14.34	1.65
8	传及寄病	9.27	1.08	精神障碍	8.83	1.01
9	精神障碍	9.26	1.07	传及寄病	7.71	0.88
10	泌尿生殖	7.10	0.82	泌尿生殖	6.72	0.77

不同年龄段人群的健康状况不同，面临的疾病威胁也不相同。分析各年龄组的主要死因，有助于针对不同人群制定有针对性的防控措施，从而进一步降低死亡率提高期望寿命。分析发现，30岁以下人群主要面临损伤中毒和肿瘤带来的死亡威胁；30~79岁人群主要面临的是肿瘤和循环系统疾病的死亡威胁，其中循环系统疾病在25岁后有明显上升趋势，提示需要提早预防，尽早干预以降低未来死亡风险（见图9）。

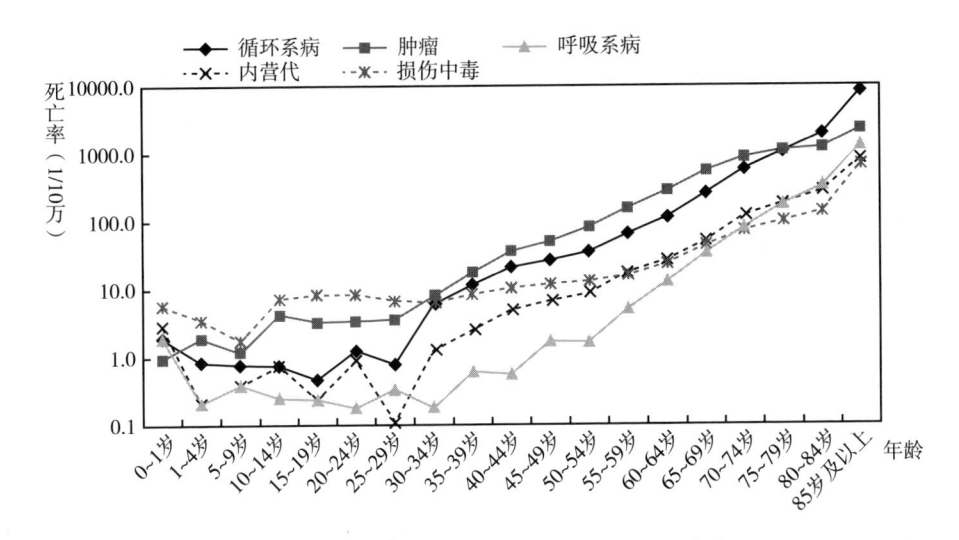

图9　2020年上海市前五位死因各年龄组死亡率

从时间变化趋势上分析发现循环系统疾病有年轻化的趋势，30~44岁人群的死亡率有所增长；同样的内分泌营养代谢性疾病也呈现年轻化的趋势，35~49岁人群的死亡率有所增长；损伤中毒也值得关注，10~24岁的青少年和70~79岁的老年人群死亡率均显著增加（见图10）。

4. 主要慢性疾病早死率

WHO将30~70岁（不含70岁）发生的死亡定义为"早死"。世界卫生组织推荐将恶性肿瘤、心脑血管疾病、糖尿病和慢性呼吸系统疾病四类主要慢性病的早死概率作为评价各国慢性病控制水平的重要指标。2015~2020年，上海市四类慢性疾病的早死概率从10.07%下降至8.99%，提前实现了

109

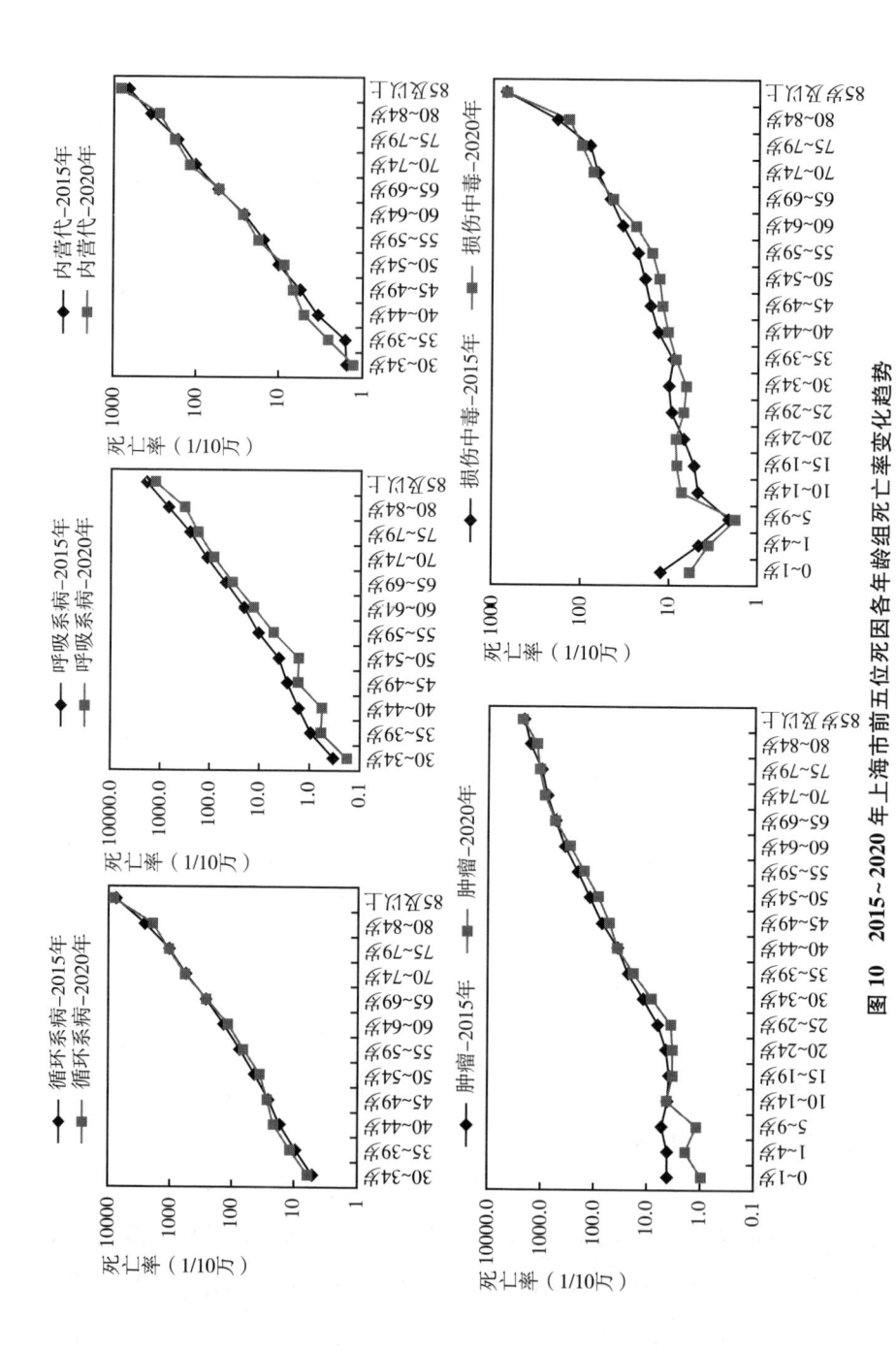

图10 2015~2020年上海市前五位死因各年龄组死亡率变化趋势

"健康上海2030"规划纲要中关于早死概率低于9%的规划目标。四类慢性疾病中,恶性肿瘤的早死概率最高,其次为心脑血管疾病和糖尿病,最后为慢性呼吸系统疾病。近5年,恶性肿瘤早死概率下降幅度最大为0.86个百分点,较2015年降低13.15%;其次为心脑血管疾病和慢性呼吸系统疾病,下降幅度分别为0.15个和0.14个百分点,较2015年的下降比例分别为5.48%和34.18%。与其他三类慢性疾病不同,糖尿病早死概率相对稳定,未呈现下降趋势,2015年为0.57%,2020年略升至0.59%(见图11)。

图11 2015~2020年上海市四类慢性疾病早死概率变化趋势

5. 潜在寿命损失年

潜在寿命损失年(Years of Potential Life Lost,YPLL)是指人们由于各种疾病或伤害而过早死亡,失去为社会服务和生活的时间,用死亡时实际年龄与目标寿命值之差,即因某疾病致使未到目标寿命而死亡所损失的寿命年数来表示。为了便于统一比较,本文使用70岁作为目标寿命计算YPLL。该指标综合考虑了死亡人数和死亡年龄的影响,可以更全面地评价疾病对人类健康的危害。

2020年上海市居民YPLL率为19.53人年/千人,低于2015年的24.26人年/千人,其中男性26.69人年/千人,女性12.54人年/千人。与按死亡率排位的前十位死因不一致,按YPLL率由高至低排序,减寿顺位前十位疾病依次是:肿瘤、循环系统疾病、损伤中毒、内分泌营养代谢性疾病、神经系统疾病、精神病、先天异常、消化系统疾病、呼吸系统疾病和传染病及寄生虫病（见表2）。肿瘤因死亡人数多，死亡时年龄更小，超越循环系统疾病，成为居民减寿首位疾病，同样的损伤中毒也跃居减寿死因的第三位；而呼吸系统疾病，因死亡年龄偏高，由第三位死因落为减寿死因的第九位。

表2 2015年和2020年上海市前十位潜在寿命损失的疾病

单位：人年，人年/千人

减寿顺位	2015年				2020年			
	疾病名称	YPLL	平均YPLL	YPLL率	疾病名称	YPLL	平均YPLL	YPLL率
1	肿瘤	164295	4.32	11.41	肿瘤	129080.0	3.24	8.76
2	循环系病	60767	1.25	4.22	循环系病	59552.0	1.09	4.04
3	损伤中毒	38987	6.68	2.71	损伤中毒	30958.5	5.21	2.10
4	内营代	13602	2.18	0.94	内营代	14655.5	1.96	0.99
5	先天异常	9778	43.07	0.68	神经系统	7156.5	3.39	0.49
6	神经系统	8581	5.05	0.60	精神病	7104.5	5.46	0.48
7	呼吸系病	8499	0.72	0.59	先天异常	6178.0	37.67	0.42
8	精神病	8117	6.09	0.56	消化系病	5655.0	1.83	0.38
9	传及寄病	6841	5.12	0.48	呼吸系病	5206.0	0.62	0.35
10	消化系病	6569	2.30	0.46	传及寄病	4312.0	3.80	0.29

三 期望寿命增长原因分析和潜在增长空间探索

本文采用Arriaga提出的寿命表年龄分解法，分析各个年龄组死亡率变化引起的期望寿命变化。运用此方法，可以比较不同时期、不同地域、不同人群的期望寿命差异，并分析具体是由哪些年龄组和疾病死亡率的变化引起的，依此可区分重点关注不同年龄段人群的健康状况，为期望寿命的提升提供循证依据。

1.自身比较探索期望寿命增长空间

2015~2020年，上海市居民期望寿命增长了0.92岁，其中80~84岁组死亡率的下降对期望寿命增长的贡献最大达0.47岁，占期望寿命增长的50.97%。其次60~64岁组死亡率的下降对期望寿命增长贡献较大为0.14岁，占比14.96%。而10~24岁、40~44岁和70~79岁年龄组的死亡率上升，导致期望寿命减少0.15岁（见图12）。"十四五"规划期间，重点防控10~24岁、40~44岁和70~79岁年龄组的死亡率，使其保持较低的历史死亡水平，则上海市居民的期望寿命可直接由此增加0.15岁。

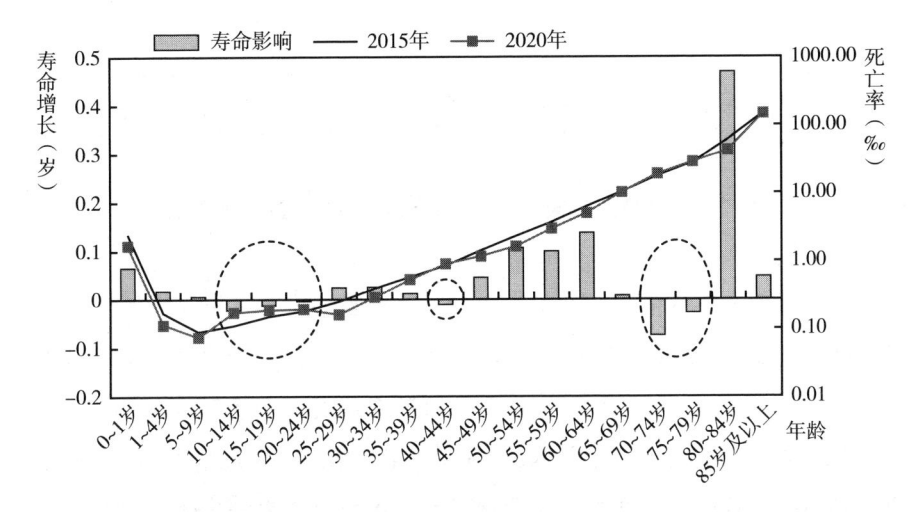

图12 2015年和2020年上海市各年龄组死亡率变化对期望寿命的影响

2. 与长寿国家比较探索期望寿命增长空间

本文进一步与"长寿之国"日本比较，探索上海期望寿命潜在的增长空间。上海市10~14岁、40~44岁以及65~79岁年龄组的死亡率高于日本，分别导致期望寿命减少0.033岁、0.01岁和0.723岁（见图13）。有意思的是，这几个年龄组与上海市2020年较2015年死亡率升高的几个年龄组高度重合，若能够较好地控制这几个年龄组人群的死亡风险，上海市期望寿命将提高0.766岁。

3. 死因对期望寿命的影响分析

本文进一步分析各类疾病死亡率变化对期望寿命的影响，以探索未来期望寿命增长需要重点防控的疾病。2015~2020年上海市呼吸系统疾病、肿瘤

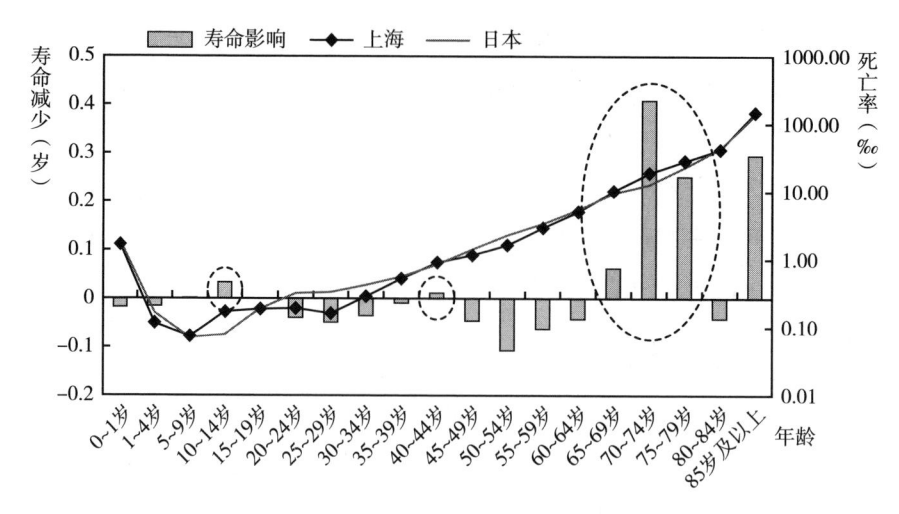

图 13　2020 年上海与日本各年龄组死亡率对期望寿命的影响

和损伤中毒死亡率的下降对期望寿命增长的贡献最大。三类疾病死亡率的下降对期望寿命增长的贡献分别为 0.34 岁（37.49%）、0.27 岁（28.87%）和 0.05 岁（5.79%），而死亡率最高的循环系统疾病，近 5 年的下降幅度较小，对期望寿命增长的贡献仅为 0.04 岁，排在第五位（见图 14）。值得注意的是，内分泌营养代谢性疾病和神经系统疾病对期望寿命增长的贡献为负值，说明两类疾病死亡率略呈上升趋势，对人群的健康威胁增加，也是"十四五"规划期间需要重点防控的疾病。

四　改善上海居民健康状况，促进期望寿命持续增长的建议

1. 期望寿命领先全国，但增速放缓，需进一步探寻增长空间

近年，我国着力解决区域发展不平衡不充分问题，虽然取得了明显进展，然而区域之间仍然存在明显的差距。2020 年全国期望寿命为 77.93 岁，西部地区相对较低，如甘肃为 73.9 岁、青海为 73.1 岁；中部地区略

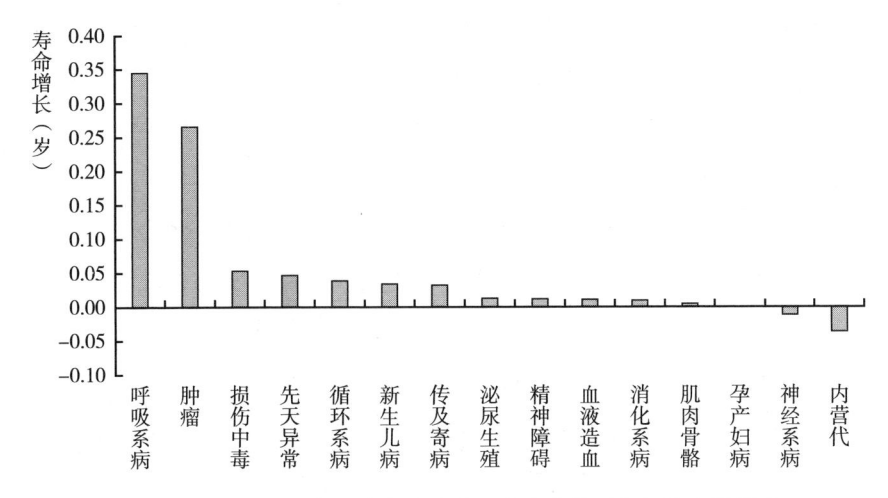

上海市居民健康变化特征及期望寿命增长潜力分析

图14 2015~2020年上海各类疾病死亡率变化对期望寿命的影响

高，如江西为77.2岁、河南为77.7岁；东部地区则相对较高，如江苏为79.3岁、浙江为79.5岁。而上海作为全国经济实力最强的城市之一，期望寿命一直处于全国领先地位，2000年期望寿命已达到78.77岁，后又经过20年的高速增长，期望寿命上升4.90岁，达到83.67岁，与全球长寿国家日本的差距进一步缩小到0.6岁。然而期望寿命不仅受到社会经济和医疗卫生发展水平的影响，也受到生理规律的约束。与日本、新加坡，以及北欧发达地区一样，近年来上海期望寿命的增长趋势也逐渐放缓。因此，如何在"十四五"规划期间，实现期望寿命的持续增长，需要从本地实际出发，依据上海市居民的健康特征，明确影响期望寿命的重要因素，进一步挖掘潜在增长空间。

2. 积极应对老龄化，降低老年人口死亡率是期望寿命增长的关键

人口死亡率的年龄分布通常呈现两头高、中间低的特征，因此普遍认为降低婴幼儿和老年人口的死亡率是提高期望寿命的关键。然而，上海市婴儿死亡率已降至全球最低水平，即使婴儿死亡率降至0，期望寿命也只增加0.1岁。因此，老年人口死亡率的下降日益成为期望寿命增长的主要驱动因素。本研究发现，2015~2020年，70~79岁老年人口的死亡率有上升的趋

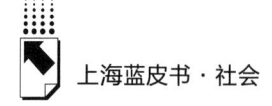

势，导致期望寿命损失0.1岁。与日本的比较则显示，上海市65~79岁老年人口的死亡率均高于日本，若这些年龄段的老年人口死亡率降至日本相当水平，则期望寿命将增长0.7岁。由此可见，上海市期望寿命的增长，重在挖掘老年人口的增长潜力。

在人口老龄化的大背景下，我国《"十四五"国家老龄事业发展和养老服务体系规划》和《"十四五"健康老龄化规划》相继出台，以促进健康老龄化，协同推进健康中国战略和积极应对人口老龄化国家战略。进入超老龄化社会的上海，65岁及以上人口占比达21%，虽然标化死亡率下降，但死亡人数呈现上升趋势。死亡人口中，50%为83岁以上的老人，在家死亡占比达33%，养老院死亡占比超7%。因此，针对居家养老的老人，社区卫生服务机构需加强老年人口健康教育和管理能力，强化落实老年人家庭医生签约服务，提升服务质量和水平。上海家庭结构普遍为核心家庭的小家庭结构，家庭养老负担重，对机构养老的需求不断增长。因此，针对养老机构，应提升人员素质和服务质量，尤其是提升医护能力，一方面，依托政策优势，加大投入和民办养老机构的政策优惠，同时加大监管力度；另一方面，积极开展养老护理职业培训，提升护理人员的专业能力、社会地位和收入水平，这对于改善老年人口健康状况具有重要意义。在社会层面，进一步完善养老体系，加快推进老年宜居城市建设，强化健康教育，提高老年人主动健康能力，满足老年人口在物质和精神文化等多方面多层次的养老需求，实现老年人口期望寿命的加速提升。

3. 心脑血管疾病和肿瘤仍是威胁人类健康的主要疾病，是改善老年人口健康的重要切入点

循环系统疾病、肿瘤和呼吸系统疾病稳居上海市居民死因前三长达30年，虽然近年来呼吸系统疾病死亡率大幅下降，但2020年仍有5.22万人死于心脑血管疾病，3.92万人死于肿瘤。肿瘤作为第二位死亡原因，虽然其死亡人数低于心脑血管疾病，但是80岁以下年龄组，肿瘤的死亡率均高于心脑血管疾病死亡率，其中65~79岁低龄老人恰恰是降低死亡率、提升其寿命的关键年龄组，可见降低肿瘤死亡率对继续提升期望寿命有重要意义。美国2022年癌症统计数据显示，1991~2019年美国癌症死亡率下降32%，避免了约350万癌症死亡，主要得益于肺癌、乳腺癌和前列腺癌死亡率的下降。肺癌也是上海首位肿瘤死亡原因。大量研究表明，吸烟是肺癌的首位危险因素，虽然上海成人吸烟率连续11年呈现下降趋势，但是男性吸烟率仍处于36.7%的较高水平，郊区人口吸烟率更是高达60%。同时，吸烟还会导致其他器官功能的下降，引发多种肿瘤风险。因此，美国严格的控烟措施实现肿瘤死亡率的大幅下降值得我们大力借鉴。而针对肿瘤死亡第二位的肛肠癌，上海市正在推行的大肠癌筛查项目，则可以提高癌症早发现比例，提高肿瘤患者的生存率。但是报告显示，居民的参与率和依从性仍有待提高，因此加强社区动员、健康宣教，调整健康教育模式等，以提高居民自我健康管理意愿和管理能力，将更有助于居民健康水平的提升。

研究表明，心脑血管疾病的流行可分为四个阶段：第一阶段是低发期，心脑血管疾病死亡仅占总死亡的5%~10%；第二阶段为上升期，其特征为饮食结构的改变和食盐摄入增高使高血压、高血压性心脏病和出血性脑卒中患病率增加，心脑血管疾病死亡占总死亡的10%~30%；第三阶段是高峰期，其特征为高脂肪、高蛋白和高热量食物摄入的增加和运动的减少，使得冠心病和缺血性脑卒中的发病率大幅度上升，并呈现年轻化趋势，心脑血管疾病死亡占比达到35%~65%；第四个阶段是下降期，通过采取健康教育和社区干预等公共卫生措施，发病率和死亡率逐步下降，心脑血管疾病死亡占比降至50%以下，且多发于65岁及以上老年人口。本研究显示，上海市心脑血管疾病死亡占总死亡的比例超过40%，且呈现年轻化的趋势，说明上海心脑血管疾病的流行处于第三阶段，而同是东亚人群的日本则通过低油、少盐、均衡饮食，加强运动，强化职业人群健康管理等措施，有效降低了心脑血管疾病的发病率和死亡率。针对上海市心脑血管疾病第三阶段的流行特征，加强中青年人口的健康教育和社区干预，推行减盐、减油、少糖的饮食方式，积极促进健康上海行动（2019~2030年）中"居民健康素养水平（40%）""经常参加体育锻炼人数比例（46%）""15岁以上人群吸烟率

（<18%）""高血压患者规范管理率（90%）""糖尿病患者规范管理率（90%）""常见恶性肿瘤诊断时早期比例（>40%）"等行动目标，重点防治低龄老人心脑血管疾病，对于实现期望寿命保持领先水平，甚至实现持续增长具有重要意义。

4.糖尿病不容忽视，控糖势在必行

本研究显示，在绝大多数疾病标化死亡率均下降的形势下，上海居民糖尿病死亡率呈现上升趋势，并且引起期望寿命损失0.04岁。调查显示，上海成人糖尿病患病率高达21%，糖尿病患者的知晓率和血糖控制率分别为57%和50%。糖尿病不仅是导致死亡的一种重要疾病，同时也是心脑血管疾病的重要危险因素。而健康的生活方式是糖尿病的基础治疗，为此，国务院先后发布《国民营养计划（2017—2030年）》《健康中国行动（2019—2030年）》，提出积极推进"三减三健"（减盐、减油、减糖、健康口腔、健康体重、健康骨骼）的全民健康生活方式，提倡到2030年人均每日添加糖摄入量不高于25g。但即使最佳的政策，最终也需依靠具体的实施才能取得最佳的效果。因此如何做好社区健康教育，提高居民健康素养和自我健康管理能力，仍然是疾病防控中需要继续探索创新的方向。

5.重视青少年伤害防控，防微杜渐巩固期望寿命稳定增长趋势

本研究显示，近年来10~24岁青少年死亡率略有上升，虽然目前青少年死亡率对期望寿命的影响不大，但其上升趋势仍值得重点关注。其中，伤害是导致青少年死亡的主要原因，同时也是导致严重疾患和残疾的主要因素。随着经济的发展和社会环境的变化，儿童青少年伤害已经成为不可忽视的公共卫生问题。而年龄与儿童青少年伤害的原因高度相关，年龄越小，溺水、窒息死亡所占比例越高，随着年龄增大，发生车祸、溺水和自杀的比例增大。因此，针对不同年龄段伤害发生的特征，或增强防护措施，或改善生活环境，或提高心理健康水平，才能更有效地防控青少年伤害的发生，巩固期望寿命的稳定增长趋势。

参考文献

果臻、彭嫒、梁海俐：《中国老年人口预期寿命增长滞后问题研究》，《中国人口科学》2020年第3期。

任远编《历史的经验：中国人口发展报告（1949-2018）》，经济管理出版社，2019。

上海市统计局、国家统计局上海调查总队编《上海统计年鉴2021》，中国统计出版社，2021。

国家统计局编《中国统计年鉴2021》，中国统计出版社，2021。

徐海峰、汤海英、袁嫒等：《上海市奉贤区慢性病及其危险因素监测》，《职业与健康》2020年第20期。

陈磊、朱晓云、吕家爱等：《上海市金山区大肠癌筛查肠镜检查依从性调查分析》，《应用预防医学》2016年第5期。

上海市疾病预防控制中心：《上海市慢性病及其危险因素监测报告2013》，上海科学普及出版社，2014。

吴菲、郑杨、程旻娜：《重视危险因素监测，助力慢性病有效防控》，《上海预防医学》2019年第2期。

Siegel R. L., Miller K. D., Fuchs H. E., Jemal A., Cancer Statistics, 2022, CA Cancer J Clin, 2022 Jan; 72（1）. doi：10.3322/caac.21708. Epub 2022 Jan 12. PMID：35020204.

Kyu H. H., Abate D., Abate K. H., et al., Global, Regional, and National Disability-Adjusted Life-Years (DALYs) for 359 Diseases and Injuries and Healthy Life Expectancy (HALE) for 195 Countries and Territories, 1990-2017: A Systematic Analysis for the Global Burden of Disease Study 2017, *The Lancet*, 2018, 392（10159）.

B.5
上海市养老服务供需精准对接研究

高 慧*

摘　要： 精准发展养老服务是积极应对人口老龄化、有效满足老年人养老服务需求的重要举措。在多种因素的综合影响下，上海市养老服务需求呈现出总量扩大化、内容多样化和专业化、区域差异化等变化趋势。上海市养老服务供给面临结构性矛盾突出、分布不均衡、医养康养不融合、养老护理员短缺、社会参与不足等突出问题。上海市养老服务供需精准对接，需要提前规划、调整结构、优化布局、建设队伍、激发活力。

关键词： 养老服务　养老机构　养老服务设施

精准发展养老服务是积极应对人口老龄化、有效满足老年人养老服务需求的重要举措。目前上海市是全国人口老龄化、高龄化程度最高的大城市，未来一段时间人口老龄化还将持续加深、人口高龄化将加速，上海市养老服务亟待精准发展。

《上海市国民经济和社会发展第十四个五年规划和二〇三五年远景目标纲要》提出，提供更加充分的养老服务供给。《上海市养老服务发展"十四五"规划》提出了多层次的养老服务供给梯度更加合理的目标要求。本文在分析上海市养老服务需求的影响因素及变化趋势基础上，研究养老服务供给存在的突出问题，并提出精准对接养老服务供需的政策建议，以期为尽快实现上海市养老服务规划目标提供决策参考。

---

* 高慧，上海社会科学院城市与人口发展研究所助理研究员，主要研究方向为养老问题。

一 上海市养老服务需求的影响因素及变化趋势

上海市养老服务需求受到人口老龄化宏观因素、家庭中观因素、老年人微观因素、区域空间因素等多种因素的综合影响。

(一)养老服务需求的影响因素

1. 人口老龄化宏观因素

人口老龄化宏观因素主要是指人口年龄结构(人口老龄化)因素,主要影响养老服务对象即老年人口的规模变化及增长速度。随着人口预期寿命持续延长和总和生育率持续偏低,2010年以来上海市老年人口规模持续增加,人口老龄化不断加深。

(1)常住老年人口规模快速增加,深度人口老龄化加速

2020年上海市60岁及以上常住老年人口共有581.55万人,比2010年增加了234.58万人,年平均增长率为5.3%,大大快于全市常住人口的0.78%;占全市常住人口的23.4%,比2010年上升了8.3个百分点。2020年上海市65岁及以上常住老年人口共有404.9万人,比2010年增加了171.77万人,年平均增长率为5.7%;占全市常住人口的16.3%,比2010年上升了6.2个百分点。2020年上海市80岁及以上常住老年人口共有83.59万人,比2010年增加了24.81万人,年平均增长率为3.6%;占全市常住人口的3.4%,比2010年上升了0.8个百分点(见表1)。

表1 2010年、2020年上海市常住人口老龄化情况

单位:万人,%

年份	总人口 人口数	60岁及以上 人口数	60岁及以上 占比	65岁及以上 人口数	65岁及以上 占比	80岁及以上 人口数	80岁及以上 占比
2010	2301.92	346.97	15.1	233.13	10.1	58.78	2.6
2020	2487.09	581.55	23.4	404.90	16.3	83.59	3.4

资料来源:上海市2010年第六次、2020年第七次人口普查。

根据国际通用标准，一个国家或地区 65 岁及以上人口占比超过 7%（或者 60 岁及以上人口占比超过 10%）则标志进入老龄化社会；65 岁及以上人口占比超过 14%，则标志进入深度老龄化社会；65 岁及以上人口占比超过 20%，则标志进入超老龄化社会。以常住人口为统计口径，上海市已进入深度老龄化社会加快发展阶段。

（2）户籍老年人口规模持续增加，户籍人口老龄化程度更深、速度更快

2020 年上海市 60 岁及以上户籍老年人口共有 533.49 万人，比 2010 年增加了 202.47 万人，年平均增长率为 4.9%；占全市户籍人口的 36.1%，比 2010 年上升了 12.7 个百分点。2020 年上海市 65 岁及以上户籍老年人口共有 382.44 万人，比 2010 年增加了 155.95 万人，年平均增长率为 5.4%；占全市户籍人口的 25.9%，比 2010 年上升了 9.9 个百分点。2020 年上海市 80 岁及以上户籍老年人口共有 82.53 万人，比 2010 年增加了 22.7 万人，年平均增长率为 3.3%（见表 2）。

表 2　2010~2020 年上海市户籍人口老龄化情况

单位：万人，%

年份	规模			比例		
	60 岁+	65 岁+	80 岁+	60 岁+/总人口	65 岁+/总人口	80 岁+/60 岁+
2010	331.02	226.49	59.83	23.4	16.0	18.1
2011	347.76	235.22	62.92	24.5	16.6	18.1
2012	367.32	245.27	67.03	25.7	17.2	18.2
2013	387.62	256.63	71.55	27.1	17.9	18.5
2014	413.98	270.06	75.32	28.8	18.8	18.2
2015	435.95	283.38	78.05	30.2	19.6	17.9
2016	457.79	299.03	79.66	31.6	20.6	17.4
2017	483.60	317.67	80.58	33.2	21.8	16.7
2018	503.28	336.90	81.67	34.4	23.0	16.2
2019	518.12	361.66	81.98	35.2	24.6	15.8
2020	533.49	382.44	82.53	36.1	25.9	15.5

资料来源：2010~2020 年《上海市老年人口和老龄事业数据手册》。

（3）户籍人口老龄化将迎来拐点，高龄老人增速加快

"十四五"时期上海市户籍人口老龄化程度将进一步加深。根据预测，2025年上海市60岁及以上户籍老年人口规模将突破600万人（608.34万人），比2020年增加近75万人，平均每年增加约15万人；2025年上海市户籍人口老龄化率将突破40%（40.3%），比2020年上升4.0个百分点；同期，80岁及以上户籍高龄老年人口规模也将持续增加，2025年增加到93.71万人，与2020年相比净增加11.18万人，平均每年增加2.24万人；2025年80岁及以上户籍人口高龄化率达到15.4%，比2023年上升了0.6个百分点。值得注意的是，从2023年开始，户籍老年人口中的高龄老人增速开始加快，与2023年相比，2025年80岁及以上高龄老人增加6.78万人，增长7.80%，高于户籍人口老龄化率3.55%的增长速度（见图1、图2）。

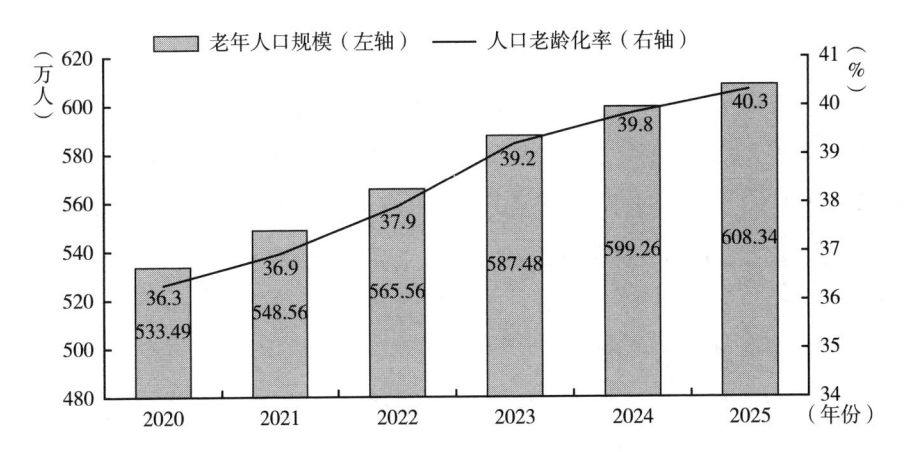

图1 2020~2025年上海市户籍老年人口规模与人口老龄化率预测

资料来源：上海社科院城市与人口发展研究所周海旺研究员2020年预测。

2.家庭中观因素

家庭中观因素主要是指家庭结构因素，主要影响家庭照料资源状况。上海市家庭结构呈现独子化、小型化和空巢化，家庭照料资源减少，养老功能弱化。

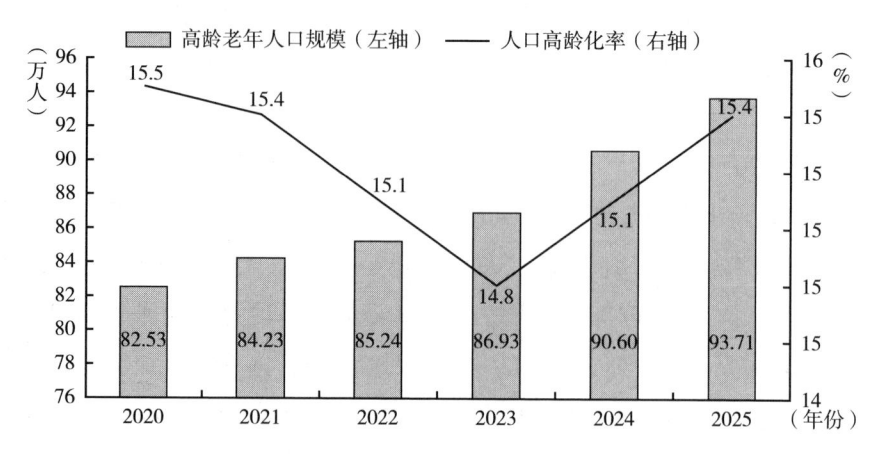

图 2 2020~2025年上海市户籍高龄老人规模与人口高龄化率预测

资料来源：上海社科院城市与人口发展研究所周海旺研究员2020年预测。

(1) 家庭结构独子化

上海市第一代独生子女的父母已经陆续进入老年期，从2013年起上海市新增老年人口中80%以上的将为独生子女父母。上海市家庭代际结构不断向"421"（即四个老人、一对夫妻、一个孩子）转变。一对夫妻要同时赡养四位老人、照顾一个孩子，因忙于工作而无法照料父母的现象将越来越普遍。

(2) 家庭结构小型化

2010年以来上海市常住人口户均规模趋于减小，由2010年的2.72人减少到2020年的2.63人。

(3) 家庭结构空巢化

空巢常住老年人口超过半数，1/5的高龄常住老年人口为独居。2020年上海市常住老年人口中，与配偶同住的占44.4%、独居占10.1%，两者合计空巢常住老年人口占54.5%。随着年龄的增长，独居的比例上升，由60~69岁的7.3%上升到70~79岁的10.9%、80岁及以上的20.1%（见表3）。

表3 2020年分年龄组上海市常住老年人口的居住状况

单位：%

居住状况	合计	60~69岁	70~79岁	80岁及以上
与配偶和子女同住	27.4	32.9	23.9	11.2
与配偶同住	44.4	45.4	50.3	28.9
与子女同住	12.7	9.7	11.5	27.0
独居	10.1	7.3	10.9	20.1
养老机构	2.0	0.3	1.2	10.5
其他	3.4	4.3	2.2	2.3

注：空巢包括与配偶同住和独居。
资料来源：上海市2020年第七次人口普查。

空巢户籍老年人口规模趋于增加，四成多高龄户籍老年人口为空巢。2010年以来，上海市60岁及以上纯老家庭、独居的户籍老年人口规模都在波动中呈增加趋势，2020年分别达到157.79万人、30.52万人，比2011年分别增加了82.89万人、8.16万人。2020年上海市60岁及以上户籍老年人口中，纯老家庭户籍老年人口占29.6%，比2011年上升了8.1个百分点（见表4）。

表4 2011~2020年上海市户籍纯老家庭老年人口和独居老年人口变化

单位：万人，%

年份	纯老家庭老年人口	纯老家庭老年人口占老年人口比例	其中:80岁及以上纯老家庭老年人口	其中:独居老年人口
2011	74.90	21.5		22.36
2012	84.60	23.0		23.35
2013	90.42	23.3	25.02	23.51
2014	96.60	23.3	27.48	24.63
2015	98.66	22.6	28.08	26.39
2016	116.03	25.3	31.11	28.33
2017	118.34	24.5	35.20	28.51
2018	133.00	26.4	36.95	31.01
2019	143.61	27.7	35.94	31.74
2020	157.79	29.6	35.39	30.52

资料来源：2011~2020年《上海市老年人口和老龄事业监测统计信息》。

3. 老年人微观因素

老年人微观因素主要包括老年人的年龄、文化程度、婚姻状况、健康状况、收入水平等基本情况。2010~2020年上海市常住老年人口的这些基本状况都发生了明显的变化，从而影响了老年人养老服务需求的数量、质量和层次。

（1）低龄常住老年人口增速快且占比呈现上升趋势

2020年上海市60~69岁低龄常住老年人口341.4万人，比2010年增加161.03万人，年平均增长率6.6%，快于70~79岁的3.8%、80岁及以上的3.6%，占总老年人口的58.7%，比2010年上升6.7个百分点；而70~79岁中龄、80岁及以上高龄常住老年人口分别占26.9%、14.4%，比2010年分别下降了4.2个和2.5个百分点（见表5）。

表5 2010年、2020年上海市常住老年人口的构成变化

单位：万人，%

年龄组	规模			构成		
	2010年	2020年	年平均增长率	2010年	2020年	增幅
60~69岁	180.37	341.40	6.6	52.0	58.7	6.7
70~79岁	107.82	156.56	3.8	31.1	26.9	-4.2
80岁及以上	58.78	83.59	3.6	16.9	14.4	-2.6
合计	346.97	581.55	5.3	100.0	100.0	—

资料来源：上海市2010年第六次、2020年第七次人口普查。

（2）常住老年人口文化程度上升明显，且年龄越低文化程度倾向于越高

2020年上海市常住老年人口的文化程度方面，小学及以下占25.7%、初中占35.6%、高中占25.7%、大专及以上占13%；与2010年相比，小学及以下占比下降了17.7个百分点，而初中、高中占比分别上升了8.7个、9.5个百分点。随着年龄的降低，上海市常住老年人口小学及以下占比明显下降，而初中、高中占比明显上升，分别由80岁及以上的18.5%、11.8%上升到60~69岁的40.8%和31.3%（见表6）。一般说来，文化程

度越高,老年人越容易接受社会化养老服务,同时对社会化养老服务的要求也越高。

表6 2010年、2020年上海市常住老年人口的文化程度状况

单位:%

文化程度	2010年	2020年			
		合计	60~69岁	70~79岁	80岁及以上
小学及以下	43.4	25.7	16.4	29.5	56.5
初中	26.9	35.6	40.8	33.4	18.5
高中	16.2	25.7	31.3	20.7	11.8
大专及以上	13.5	13.0	11.4	16.4	13.2
合计	100.0	100.0	100.0	100.0	100.0

资料来源:同表1。

(3) 有配偶常住老年人口比例上升,但丧偶比例随年龄增长而大幅上升

2020年上海市常住老年人口中,79.9%的有配偶,15.9%的丧偶,3%的离婚,1.3%的未婚;与2010年相比,有配偶的比例上升了4.2个百分点,而丧偶的比例下降了6.1个百分点。但随着年龄的增长,常住老年人口中有配偶的比例大幅度下降,而丧偶的比例大幅度上升,由60~69岁的6.4%上升到70~79岁的17.2%、80岁及以上的52.9%(见表7)。也就是说,在上海市超过半数的高龄常住老年人口丧偶。

表7 2010年、2020年上海市常住老年人口的婚姻状况

单位:%

婚姻状况	2010年	2020年			
		合计	60~69岁	70~79岁	80岁及以上
未婚	0.9	1.3	1.6	0.9	0.4
有配偶	75.7	79.9	87.9	80.0	46.0
离婚	1.5	3.0	4.1	1.9	0.7
丧偶	22.0	15.9	6.4	17.2	52.9
合计	100.0	100.0	100.0	100.0	100.0

资料来源:上海市2010年第六次、2020年第七次人口普查。

（4）常住老年人口健康状况改善，但随年龄的增长而急剧下降

2020年上海市常住老年人口的健康状况构成中，健康占61.8%、基本健康占28.5%、不健康但生活能自理占6.5%、不健康且生活不能自理占3.2%，其中健康和基本健康合计90.3%；与2010年相比，健康占比上升了18.1个百分点，而基本健康、不健康但生活能自理、不健康且生活不能自理占比分别下降了15.1个、2.5个和0.5个百分点。但随着年龄的增长，2020年上海市常住老年人口健康的比例大幅度下降，而不健康但生活能自理、不健康且生活不能自理的比例上升，60~69岁、70~79岁、80岁及以上常住老年人口不健康但生活能自理的比例分别为3.5%、7.6%和16.9%，不健康且生活不能自理的比例分别为0.8%、2.5%和14.2%（见表8）。可见，1/7的高龄常住老年人口生活不能自理。

表8 2010年、2020年上海市常住老年人口的健康状况

单位：%

健康状况	2010年	2020年 合计	60~69岁	70~79岁	80岁及以上
健康	43.7	61.8	73.1	54.8	28.2
基本健康	43.6	28.5	22.6	35.0	40.7
不健康但生活能自理	9.0	6.5	3.5	7.6	16.9
不健康且生活不能自理	3.7	3.2	0.8	2.5	14.2
合计	100.0	100.0	100.0	100.0	100.0

资料来源：上海市2010年第六次、2020年第七次人口普查。

（5）绝大多数常住老年人口的主要生活来源是离退休金养老金，养老金水平提高

2020年上海市常住老年人口中，94.1%的主要生活来源是离退休金养老金，比2010年上升了13.1个百分点，而劳动收入、家庭其他成员供养的比例很低，比2010年都略有下降。随着年龄的增长，以离退休金养老金为主要生活来源的比例上升，低龄、中龄、高龄常住人口的比例分别为91.8%、97.2%和97.7%，而以劳动收入、家庭其他成员供养为主要生活来源的比例下降（见表9）。

表9 2010年、2020年上海市常住老年人口主要生活来源构成

单位：%

来源	2010年	2020年 合计	60~69岁	70~79岁	80岁及以上
劳动收入	5.1	3.2	5.1	0.7	0.1
离退休金养老金	81.0	94.1	91.8	97.2	97.7
家庭其他成员供养	4.9	2.1	2.5	1.5	1.5
最低生活保障金	4.0	0.4	0.3	0.3	0.5
其他	5.0	0.3	0.4	0.2	0.2
合计	100.0	100.0	100.0	100.0	100.0

资料来源：上海市2010年第六次、2020年第七次人口普查。

上海市领取城镇基本养老金的老年人规模增加、比例上升，平均养老金水平提高。据统计，2020年上海市60岁及以上老年人中领取城镇基本养老金的共计434.29万人，占老年人口的81.4%，比2015年上升了13个百分点；月均养老金为4779元，比2015年增加近1000元。上海市老年人收入越高，支付养老服务的能力越强，同时对养老服务的质量和层次要求也越高。

4.区域空间因素

上海市不同区域的人口老龄化宏观因素、老年人微观因素也存在差异。

(1) 中心城区人口老龄化水平高于近郊区和远郊区

2020年上海市中心城区常住人口老龄化率30.4%，高于近郊区的21%和远郊区的20.4%。在16个区中，崇明区常住人口老龄化率最高，为39.7%；松江区常住人口老龄化率最低，为15.8%。2020年上海市中心城区户籍人口老龄化率39.7%，高于近郊区的33.6%和远郊区的33.9%。在上海市16个区中，虹口区户籍人口老龄化率最高，为42.5%；松江区户籍人口老龄化率仍然是最低，为29.8%（见表10、表11）。

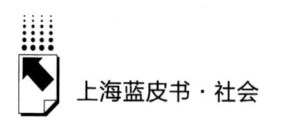

表10 2020年分区域常住人口老龄化率

单位：%

区域		常住人口老龄化率	排序
全市		23.4	—
中心城区 (30.4)	黄浦区	26.6	8
	徐汇区	28.7	7
	长宁区	29.1	6
	静安区	31.6	4
	普陀区	30.6	5
	虹口区	33.2	2
	杨浦区	31.8	3
近郊区 (21)	闵行区	20.2	12
	宝山区	22.9	10
	嘉定区	17.9	14
	浦东新区	21.6	11
远郊区 (20.4)	金山区	23.6	9
	松江区	15.8	16
	青浦区	16.6	15
	奉贤区	19.4	13
	崇明区	39.7	1

资料来源：上海市2020年第七次人口普查。

表11 2020年分区域户籍人口老龄化率

单位：%

区域		户籍人口老龄化率	排位
全市		36.1	—
中心城区 (39.7)	黄浦区	41.7	2
	徐汇区	35.9	9
	长宁区	39.1	5
	静安区	40.1	4
	普陀区	41.1	3
	虹口区	42.5	1
	杨浦区	38.8	6

续表

区域		户籍人口老龄化率	排位
近郊区 （33.6）	闵行区	31.8	15
	宝山区	37.1	8
	嘉定区	34.9	10
	浦东新区	32.9	13
远郊区 （33.9）	金山区	33.9	12
	松江区	29.8	16
	青浦区	32.8	14
	奉贤区	34.4	11
	崇明区	38.6	7

资料来源：2020年《上海市老年人口和老龄事业数据手册》。

（2）中心城区常住老年人口文化程度高于近郊区和远郊区

上海市中心城区、近郊区、远郊区常住老年人口中高中、大专及以上文化程度依次下降，其中大专及以上的比例分别为20.2%、10.9%和5.2%，而小学及以下依次上升，分别为10.9%、25.3%和52.1%（见表12）。

表12　2020年分区域上海市常住老年人的文化程度状况

单位：%

文化程度	中心城区	近郊区	远郊区	合计
小学及以下	10.9	25.3	52.1	25.7
初中	34.6	39.4	29.2	35.6
高中	34.3	24.4	13.5	25.7
大专及以上	20.2	10.9	5.2	13.0
合计	100.0	100.0	100.0	100.0

资料来源：上海市2020年第七次人口普查。

（3）中心城区常住老年人口健康水平低于近郊区和远郊区

上海市中心城区常住老年人口不健康但生活能自理（8%）、不健康且生活不能自理（3.7%）的比例高于远郊区和近郊区，而健康（55.4%）的比例低于远郊区和近郊区（见表13）。

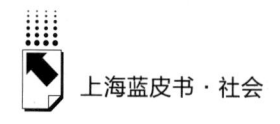

表 13　2020 年分区域上海市常住老年人的健康状况

单位：%

健康状况	中心城区	近郊区	远郊区	合计
健康	55.4	66.3	62.6	61.8
基本健康	32.9	25.5	27.9	28.5
不健康但生活能自理	8.0	5.2	6.7	6.5
不健康且生活不能自理	3.7	2.9	2.9	3.2
合计	100.0	100.0	100.0	100.0

资料来源：上海市 2020 年第七次人口普查。

（二）养老服务需求的变化趋势

1. 社会养老服务需求加速增长且年龄越大越明显

随着人口的老龄化、高龄化、空巢化及家庭照料资源的日益缺乏，越来越多的老年人选择社区居家养老和机构养老的社会养老模式。如表 14 所示，在今后希望的养老方式上，83.0%的老年人选择了居家和社区养老，8.5%选择了机构养老，且随着年龄的增加，老年人偏向于选择机构养老的比例上升，其中 12.2%的 80 岁及以上高龄老年人选择机构养老。

表 14　分年龄组老年人希望的养老方式

单位：%

养老方式	60~69 岁	70~79 岁	80 岁及以上	合计
社区居家养老	82.3	84.0	86.5	83.0
机构养老	8.0	9.2	12.2	8.5
说不清楚	9.8	6.8	1.4	8.5
合计	100.0	100.0	100.0	100.0

资料来源：基于 2019 年上海社会科学院城市与人口发展研究所 1595 个 60 岁及以上老年人样本的"上海市老年人养老需求调查"结果。

今后上海市家庭结构独子化、小型化和空巢化将进一步加剧，家庭养老功能进一步弱化，尤其 2023 年以后上海市高龄老人快速增长，预示着未来的养老服务需求也将加速增长。

2. 养老服务需求的多样化和专业化

（1）护理康复服务需求急剧增长

随着人口老龄化、高龄化程度的加深，因自然衰老而患慢性病、老年性疾病的比例增加，上海市失能、半失能老年人口规模增加。高龄老人的照料护理问题日益突出，特别是一些失能、半失能老人的护理康复服务需求急剧增长。按照2020年上海市常住老年人口中生活不能自理的比例（3.2%）计算，2020年上海市生活完全不能自理的常住和户籍老年人口分别为18.43万和16.91万。到2025年，根据预测，户籍老年人口总数将达到608.34万人，其中生活完全不能自理的老年人将达到19.28万人；常住老年人将达到683.53万人，其中生活完全不能自理的老年人将达到21.67万人。

（2）社区居家养老服务需求多样化和专业化

如表15所示，上海市老年人对多项社区居家养老服务都有不同程度的需求，其中助餐（36.4%）、助医（35.6%）、助洁（35%）是最迫切需要的三项服务，并且随着年龄的增加，除应急服务、法律咨询、助浴及其他外，老年人对各项服务的需求都呈上升趋势，其中80岁及以上高龄老年人助餐、助医、助洁需求占比都超过了40%。

表15 分年龄组老年人迫切需要的社区居家养老服务（多选题）

单位：%

服务内容	60~69岁	70~79岁	80岁及以上	合计
助餐	32.9	42.2	43.5	36.4
助医	33.4	39.0	47.8	35.6
助洁	30.8	41.8	46.4	35.0
应急服务	20.0	15.3	16.2	18.6
法律咨询	14.6	13.5	10.8	14.2
助行	3.9	5.7	10.8	4.6
陪聊	3.6	3.2	13.5	3.8
助浴	4.0	2.5	2.7	3.6
其他	1.5	0.9	1.4	1.3

资料来源：基于2019年上海社会科学院城市与人口发展研究所1595个60岁及以上老年人样本的"上海市老年人养老需求调查"结果。

3. 养老服务需求的区域差异化

（1）静安区社会养老服务需求更迫切

如图3所示，32.5%的静安区老年人希望在社区居家养老，比闵行高7个百分点；7.8%的静安区老年人希望在机构养老，比闵行区高1.7个百分点；而48.7%的静安区老年人希望在家庭养老，比闵行区低7.1个百分点。

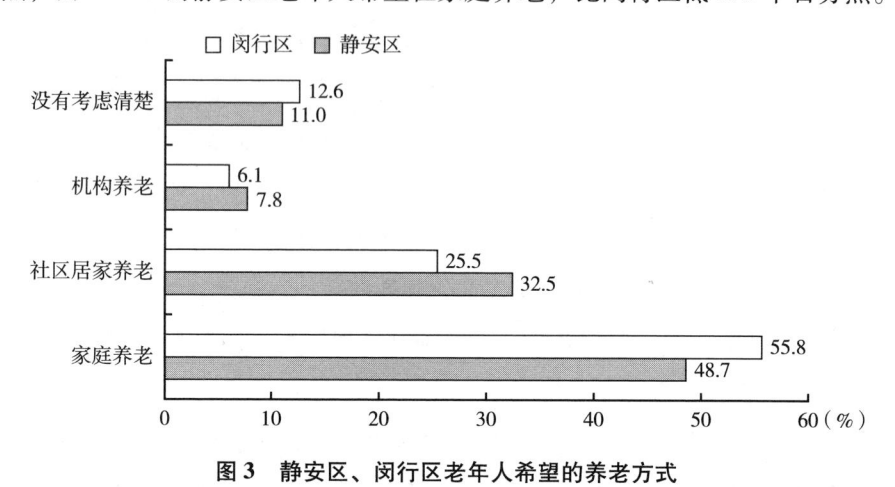

图3 静安区、闵行区老年人希望的养老方式

养老方式	闵行区	静安区
没有考虑清楚	12.6	11.0
机构养老	6.1	7.8
社区居家养老	25.5	32.5
家庭养老	55.8	48.7

资料来源：基于2019年上海社会科学院城市与人口发展研究所1595个60岁及以上老年人样本的"上海市老年人养老需求调查"结果。

（2）闵行区对各项社区居家养老服务需求较静安区更为迫切，尤其是助医、应急服务和助洁需求

如图4所示，静安区老年人最迫切需求的前三位社区居家养老服务是助餐（26.5%）、助医（24%）和应急服务（22.5%），闵行区老年人最迫切需求的前三位社区居家养老服务是助医（32.4%）、应急服务（30.3%）和助洁（28.6%），闵行区老年人对各项社区居家养老服务的需求都比静安区迫切，尤其表现在助医、应急服务和助洁等方面。

（3）闵行区对各项社区医疗服务需求更迫切，尤其是中医服务需求

如图5所示，除了提供心理/精神咨询服务及其他外，闵行区老年人对其他社区医疗服务需求的比例都比静安区高，其中提供中医服务占比为46.1%，比静安区高14.5个百分点。

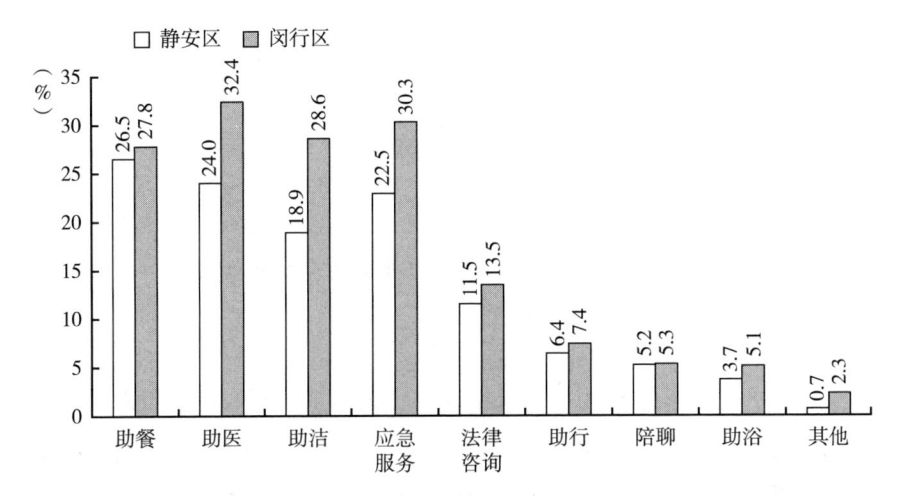

图 4　分区域上海市老年人迫切需要的社区居家养老服务（多选题）

资料来源：基于 2019 年上海社会科学院城市与人口发展研究所 1595 个 60 岁及以上老年人样本的"上海市老年人养老需求调查"结果。

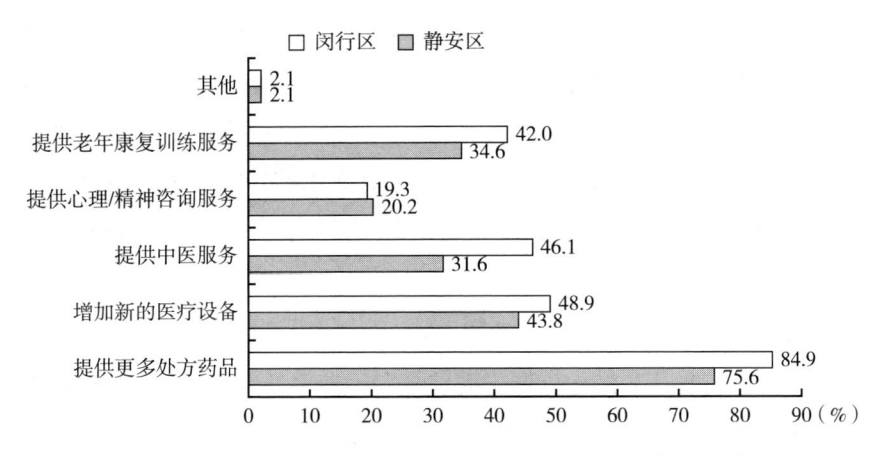

图 5　分区域上海市老年人迫切需要的社区医疗养老服务（多选题）

资料来源：基于 2019 年上海社会科学院城市与人口发展研究所 1595 个 60 岁及以上老年人样本的"上海市老年人养老需求调查"结果。

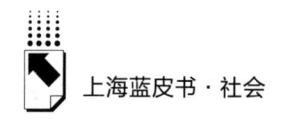

二 上海市养老服务供给面临的主要挑战

对比老年人的需求变化趋势，上海市养老服务供给面临诸多挑战，尤其是结构性矛盾突出。

（一）机构养老服务结构性矛盾和空间分布失衡并存

1. 普惠型养老机构缺乏

一方面，公办养老机构以保基本、兜底线为主，且入住老年人需要满足一定的条件。2020年全市养老机构床位中保基本床位约占2/3。这些保基本的养老机构均是基本配置，多为4~6人间。另外由于收费相对较低，对入住的老年人有一定要求，中心城区长护险四级以上者才能入住，目前上海市长护险评估标准很高。

另一方面，社会办、企业办养老机构多为高端，绝大多数老年人难以负担。社会办、企业办养老机构，在融资、建设等方面投入非常大，这也意味着高收费。大部分上海市有代表性的企业以房产所有权或使用权、保证金等形式向老年人预收费用，大多在百万元以上，外加每月需要万元不等的基本生活费用。而2020年上海市城镇养老金平均每月4779元，其中近半数老年人不到4500元。因此这些机构的服务对象只能局限于极少数的高收入老年人群。

2. 养老机构护理型床位相对稀缺

全市养老机构床位结构方面，需求量大的护理型床位、认知障碍照护床位难以满足老年人的护理需求。2020年全市养老机构床位数15.7万张，其中护理型床位5.6万张，占35.7%；认知障碍照护床位约5000张。这与《上海市深化养老服务实施方案（2019—2022年）》（沪府规〔2019〕26号）中"养老机构床位数在确保不低于全市户籍老年人口3%的基础上，护理型床位数达到总床位的60%（即护理型床位数达到全市户籍老年人口的1.8%），标准化认知障碍照护床位8000张"的要求还有很大的差距。

"十四五"期间,随着户籍老年人口规模进一步增加以及老年人护理需求的进一步增长,上海市护理型床位需求也将会增加。以中方案60岁及以上户籍老年人口的预测值为基数,按照护理型床位数达到总床位的60%的标准测算,2022年上海市护理型床位数需要突破10万张,2025年则进一步需要达到近11万张(见表16)。

表16 2020~2025年上海市护理型床位数的需求及缺口

单位:万人,万张

年份	60岁及以上户籍老年人口	护理型床位数的需求	缺口
2020	533.49	9.60	-4.00
2021	548.56	9.87	-4.27
2022	565.56	10.18	-4.58
2023	587.48	10.57	-4.97
2024	599.26	10.79	-5.19
2025	608.34	10.95	-5.35

资料来源:笔者推算。

3.养老机构床位空间布局失衡

2020年全市养老机构床位数占户籍老年人口的比例达到3%,但区域间差异大。如图6所示,除了宝山、崇明、浦东外,郊区其他6个区养老机构床位数占户籍老年人口的比例都超过了3.5%的市级目标要求,其中青浦比例最高(4.88%);而除了长宁、虹口两区外,中心城区其他5个区养老机构床位数占户籍老年人口的比例都还没有达到2.5%的市级目标要求,其中黄浦最低(1.62%)。

2010年以来上海市在平均每年新增近6000张养老机构床位数的同时,面临养老机构入住率低且区域间差异大等问题。2020年上海市全市养老床位入住率在50%左右,低于2011年的64.3%,也低于2018年的58.32%。除了浦东、闵行两区外,2018年上海市郊区其他7个区养老机构的入住率都低于中心城区各区,其中青浦仅为26.73%(见图7)。

上海市中心城区人口老龄化严重,养老机构床位数不足;而郊区养

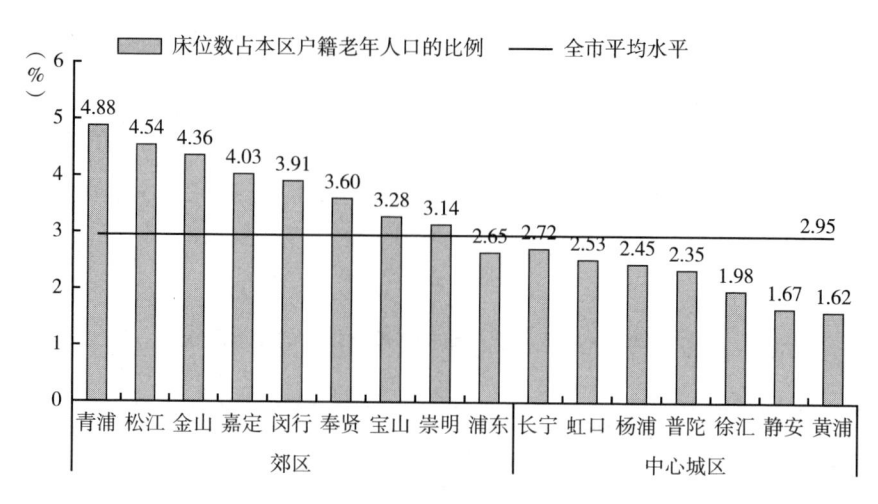

图6　2020年上海市各区养老机构床位数占本区户籍老年人口的比例

资料来源：《2020年上海市老年人口和老龄事业数据手册》中各区养老机构床位数和户籍老年人口数计算得到。

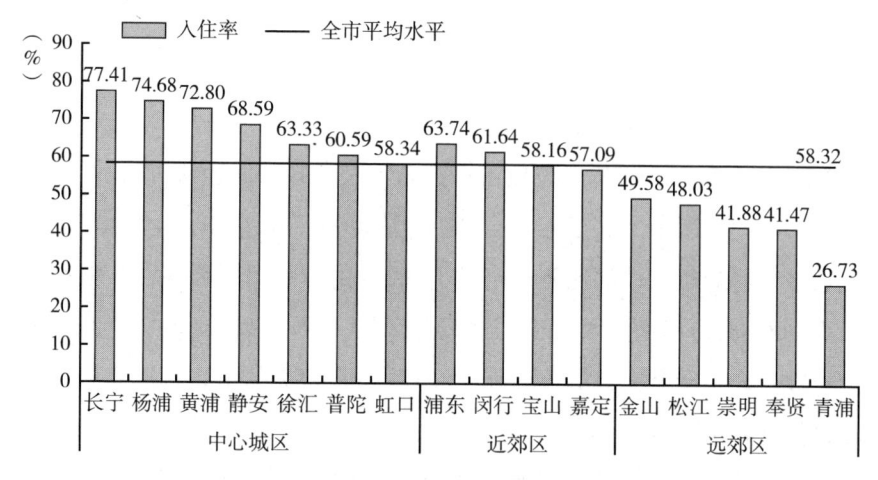

图7　2018年上海市各区养老机构的入住率对比

资料来源：2018年《上海市社会福利年报》。

老机构，因地理位置较远、收住中心城区老人难获养老补贴、服务质量难以保障等而入住率低。再加上结构性矛盾的存在，全市优质养老机构"一床难求"与部分养老机构床位空置现象并存。

（二）社区养老服务结构性矛盾和空间布局失衡并存

1.社区养老服务设施功能不齐全

如表17所示，2016年以来上海市社区日间照顾机构、老年助餐点数量增加很快，分别由2016年的488家、633个增加到2020年的758家、1232个，分别增长了55.3%和94.6%，但月均服务人数增加较慢，再加上受疫情的影响，社区日间照顾机构月均服务人数由2019年的2.7万人减至2020年的1.5万人，因而平均每家社区日间照顾机构、平均每个老年助餐点的月均服务人员减少，分别由2016年的41人、120人减少到2020年的20人、97人。其主要原因是社区日间照顾机构功能不齐全，老年助餐点的餐品不够多样化、品种不够个性化，对老年人缺乏吸引力。

表17 2016~2020年上海市部分社区养老服务设施服务老年人数变化

年份	社区日间照顾机构 数量(家)	月均服务(万人)	老年助餐点 数量(个)	月均服务(万人)
2016	488	2.0	633	7.6
2017	560	2.3	707	8.1
2018	641	2.5	815	8.9
2019	720	2.7	1020	10.1
2020	758	1.5	1232	12.0

资料来源：2016~2020年《上海市老年人口和老龄事业监测统计信息》；《2020年上海市老年人口和老龄事业数据手册》。

2.社区养老服务设施空间布局失衡

2020年上海市社区养老服务设施建筑面积为111.24万平方米，达到每千人44.73平方米，超过《上海市养老设施布局专项规划（2013—2020年）》（沪府〔2014〕73号）中每千人40平方米的目标，但存在明显的区域间差异。上海市有些区超额完成，如2018年闵行区社区养老服务设施建筑面积11.77万平方米，提前超额完成每千人40平方米的目标，但仍有很多区尤其是中心城区远远没有达到这个目标，且同一区域内街镇间也存在很大差异，如上海市某中心城区，2020年社区养老服务设施建筑面积仅每千人29.83平方米，该区内各街道中最小的仅为每千人17.76平方米。

（三）医养康养结合需要深度融合

1. 养老机构医疗康复服务缺乏

目前住养老机构的老年人中以80岁及上高龄老年人、属于中度或重度护理级别的老年人为主，特别是保基本养老机构收住的老年人多数为统一需求评估达四级及以上的，疾病增多、活动不方便，随着年龄增加对医疗康复服务的依赖性越来越强，但养老机构医疗康复服务普遍缺乏。目前上海市有一定规模的养老机构内设医疗机构的覆盖率达到100%。2020年上海市内设医疗机构的养老机构317家，占养老机构总量的43.48%。养老机构内设医疗机构在医疗构成中应属于社区卫生服务中心的分支或补充，其服务人群与社区卫生服务中心服务的部分人群基本一致，主要为老年人，但没有纳入公共卫生体系，多数因科室设置不全、人员配置不足、素质水平参差不齐、医疗设施不到位等而不能满足院内老年人医疗服务需求。另外内设医疗机构在医护人员方面存在人员紧缺、年龄普遍较高、收入偏低、流动性大、招聘困难等情况，难以满足目前养老机构入住老年人的医疗康复服务需求。

2. 签约后医疗服务跟不上

2018年上海市无内设医疗机构的养老机构与社区卫生服务中心或者其他医疗机构实现签约服务基本覆盖，但这些社区卫生服务中心或者其他医疗机构还不能很好地发挥医养结合的功能和作用。另外老年人与家庭医生签约率已达70%，但在签约后家庭医生的回访、配药、健康档案的持续更新等方面都有待加强。

3. 长护险医疗护理提供明显不充分

2018年一项对2059名老年人的抽样调查结果显示，生活照料服务需求的满足程度为98.2%，医疗护理服务需求的满足程度只有18.8%。[①]

[①] 《上海进一步完善"长护险"制度研究》，http://www.fzzx.sh.gov.cn/zdkt_2018/20200117/0053-10525.html，2020年1月17日。

（四）养老护理队伍建设亟须加强

受收入待遇低、晋升机制少等因素影响，上海市养老护理队伍不仅数量严重匮乏而且整体素质不高的"顽症"长期存在。

1. 养老护理员数量严重匮乏

（1）养老机构养老护理员数量严重缺乏

上海市养老机构由2011年的631家增加到2018年的712家，入住老年人由2011年的65503人增加到2018年的84028人，而护理员却由2011年的20090人减少到2018年的16512人，每位护理人员需要服务的老年人数由2011年的3.26人增加到2018年的5.09人。另外2018年养老机构入住老人的平均年龄为82.9岁，其中80岁及以上高龄老人占75.5%，高于2011年的66%，中度、重度护理老人数量也比2011年多，对护理人员的需求增加。

（2）社区居家养老护理员更加缺乏

2010年以来上海市社区居家养老服务老年人数趋于增加，但养老护理员数量却大幅度减少。另外，近几年推行长期护理保险制度以来，承接长护险业务的机构人员薪资待遇大幅提升，在整个行业中形成很大的不平衡，进一步加剧了上海市社区居家养老护理员队伍的不稳定性。

2. 养老护理员整体素质不高

上海市养老护理员不仅数量缺乏，而且整体素质不高，存在年龄偏大、文化和技能水平偏低等问题。上海市为老服务网截至2021年10月19日的实时数据显示，全市养老护理员共74246名，其中养老机构护理员17591名，社区养老机构护理员36920名，护理站护理员19735名。在全市74246名养老护理员中，初中及以下的占87.27%、无专业技能证书的占24.25%、拥有养老护理初级证书的占67.25%、拥有养老护理中级证书的占7.22%、拥有养老护理高级证书的仅占0.88%。另外专业人员缺乏。2018年上海市养老机构卫技人员只有3222人，仅占从业人员总数的10.3%；社工只有379人，仅占从业人员总数的1.2%。

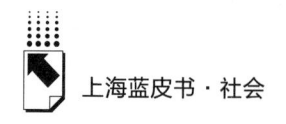

（五）养老服务社会参与不足

受传统政府办养老服务的约束，社会力量进入养老产业亟待突破很多瓶颈，现有的扶持政策对社会力量特别是对营利性机构的支持力度不够，影响了其参与养老服务的积极性。

1. 社会办养老机构数和床位数占比下降

如表18所示，2010~2020年尽管社会办养老机构数和床位数趋于增加，但占上海市的比例都趋于下降。社会办养老机构数占全市的比例由2010年的53.1%下降到2020年的48.8%，下降了4.3个百分点；社会办养老机构床位数占全市的比例由2010年的53.3%下降到2020年的42.5%，下降了10.8个百分点。

表18 2010~2020年上海市社会办养老机构床位数及占比

年份	社会办养老机构 机构数（家）	社会办养老机构 床位数（万张）	占全市的比例（%） 机构数	占全市的比例（%） 床位数
2010	332	5.22	53.1	53.3
2011	335	5.32	53.1	52.2
2012	330	5.43	52.2	51.6
2013	314	5.41	49.8	49.9
2014	334	5.66	50.6	49.2
2015	344	5.83	49.2	46.2
2016	347	5.94	49.4	44.7
2017	363	6.17	51.6	44.6
2018	352	6.31	49.4	43.8
2019	359	6.65	49.6	43.9
2020	356	6.67	48.8	42.5

资料来源：2018年《上海市社会福利年报》；2019~2021年《上海市国民经济和社会发展统计公报》。

2. 社区养老服务组织参与度趋于降低

如表19所示，2016年上海市社区养老服务组织289家，2020年减少到259家；2016年服务老年人数12.66万人，2020年减少到7.48万人。

表19 2016~2020年社区养老服务组织及服务老年人数变化

单位：家，万人

年份	社区养老服务组织	服务老年人数
2016	289	12.66
2017	334	12.02
2018	266	8.20
2019	266	8.00
2020	259	7.48

资料来源：2018年《上海市社会福利年报》；2019~2021年《上海市国民经济和社会发展统计公报》。

三 上海市精准对接养老服务需求的对策建议

上海市积极应对人口老龄化尤其是人口高龄化的挑战，提前规划、调整结构、优化布局、建设队伍、激发活力，实现养老服务供给精准对接需求，为老年人提供更加充分、更加均衡、更加优质的养老服务。

（一）统筹增加养老服务的总量供给

1. 提前制定养老服务资源配置专项规划

上海市各区人口老龄化程度、土地建设用地、经济社会发展水平存在差异，因而养老服务的供需矛盾也存在差异。上海市养老服务资源配置既要考虑当前的紧迫需要，更要根据未来人口老龄化加快和老年人口基本特征变化带来的养老服务在总量需求、内容需求、空间需求方面的变化，设立科学合理的市区标准和目标，提前制定上海市养老服务设施布局专项规划，预留养老服务设施建设空间。

2. 确保养老服务设施专项规划真正落地

优化新建居住区，配套建设养老服务设施，并列入土地出让合同，与住宅同步规划、同步建设、同步验收、同步交付使用。对存在配套养老服务设

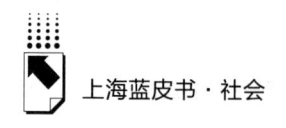

施缓建、缩建、停建、不建和建而不交等问题的,在整改到位之前,建设单位原则上不组织竣工验收。对已交付产权人的养老服务设施,由上海市民政局履行监管职责,确保其养老服务用途。

3. 充分利用存量资源增加养老服务设施供给

明确实施路径,优化操作流程。开展闲置资源调查、整理,强化政策扶持,推动宾馆、酒店、办公用房、社区闲置用房等资源整合改造成养老服务设施,并向社会力量开放,供其在社区为老年人提供日间照料、康复护理、助餐助行等服务。根据《上海市深化养老服务实施方案(2019—2022年)》,凡利用建筑面积1000平方米以下的独栋建筑改造为养老服务设施的,在符合国家相关标准的前提下,可适当简化流程,不再要求出具近期动迁计划说明、临时改变建筑使用功能说明、环评审批文件或备案回执等。

(二)切实调整养老服务的供给结构

1. 加快机构养老床位功能的结构调整

推动机构养老床位功能调整,聚焦失能、失智老年人照护需求,增加护理型床位和认知障碍照护床位数量。对列入养老服务设施专项规划的新建养老机构,必须按要求设置护理型床位和认知症照护单元,根据不同建设规模,明确相应护理型床位和认知障碍照护床位的数量指标。对有条件、有需求的养老机构,通过失智、失能功能区改造等途径增加护理型床位和认知障碍照护床位数量。

2. 拓展社区居家养老设施的功能

对于未得到充分利用的社区居家养老设施,如社区老年人日间照顾机构,可以增加助餐、文化娱乐和医疗康复等功能以吸引老年人。

(三)稳步推进医养康养深度融合

1. 加大对养老机构内设医疗机构的支持力度

根据养老机构实际情况,对内设医疗机构在人员配置、设施设备添置、专业培训学习、开展医疗卫生服务、药品零差率等多方面给予政策支持。内设医疗机构医护人员在资格认定、职称评定、技术准入等方面与其他医疗机构同等对待，完善养老机构医护人才保障机制，提升医疗服务水平。适时将内设医疗机构融入医疗联合体建设，探索开通养老机构与医疗机构之间的绿色转诊通道。

2. 提高家庭医生签约服务率

按照"覆盖广、签约实、服务好"原则，分阶段推进家庭医生签约工作，逐步实现老年人群家庭医生制服务全覆盖的目标。对符合建立家庭病床标准的老年人做到应建尽建。逐步建立社区首诊、按需转诊的诊疗服务制度，在社区卫生服务"1+1+1"签约的基础上，加强上级医疗机构与社区卫生服务中心的对接，积极利用转诊渠道、预约平台、绿色通道等方式，实现签约病人优先就诊、优先转诊，引导居民优先利用家庭医生诊疗服务，使家庭医生切实成为居民健康守门人。

3. 完善长期护理保险制度

提高基本生活照料和常用临床护理等专业照护水平，引导、培育社会化的评估机构和护理服务机构有序规范发展，加强对需求评估、护理服务等的过程性监督管理。

4. 扩大医疗护理资源辐射范围

依托全市康复医联体，推动建立"医—护—康—养"服务体系，鼓励医疗护理康复专业人员到养老服务机构提供服务。发挥优质护理资源作用，推进"互联网+护理服务"，为老年病人提供延续护理、居家护理等服务。

（四）合理优化养老服务的空间布局

1. 充分考虑区域差异

各区在建设养老服务设施的时候，也要结合区情，在重视养老机构设施建设的同时，重视养老服务设施的使用效率，避免片面追求超额完成市级目标而盲目建设。

2. 继续深挖区域养老服务潜力

各区域应因地制宜，通过盘活资源、改建扩建、综合设置等方式，加快本区域养老服务机构和设施的建设。

（五）全面加强养老护理队伍建设

1. 加大培养力度

以上海市民政局、上海市开放大学合作办"老年服务与管理"大专班为契机，开设认知症、老年护理、医疗服务等相关专业和课程，培养相关专业人才。上海市教育局鼓励大中专、职业院校设置相关专业和课程，培养专业养老服务人才。重点关注养老护理队伍，纳入市级人才队伍建设"十四五"规划，将优秀养老服务人才纳入领军人才、拔尖人才队伍进行跟踪培养。

2. 加大培训力度

发挥上海市培训机构、医院、养老院比较集中的优势，与具有培训资格的协会、学校、培训机构、医疗机构、护理机构合作，按照相关职业标准要求，组织开展护理知识与技能的岗前培训、等级培训与短期轮训，提高服务人员的岗位技能和专业水平。建立健全养老护理员队伍培训机制，加强养老护理、医疗康复、家政服务等养老护理相关职业工种的培训及补贴力度。探索建立市级、区两级养老服务实训基地，引进具有中专护理资质的人员，加快培养中层次的照护专业人员。

3. 加强政策激励

一是实行不同专业技能级别的奖补制度。制定职业技能级别与报酬挂钩机制，对持有初级及以上国家职业资格证书，并且在养老护理岗位上连续从事一线养老护理工作满 5 年的养老服务人员，按照初级、中级、高级、技师等级，每年每月给予不同额度的奖励津贴，建立健全合理的薪酬管理体系和动态激励机制。二是拓宽养老护理人员的职业晋升渠道。落实国家和上海市关于养老服务从业人员技术等级评定制度的相关规定，社会办养老机构和养老服务企业在技术职称评定、继续教育、职业技能培训等方面与政府办养老机构享受同等待遇。三是加强养老护理人才的优待政策和社会宣传。定期开展养老护理员技能大赛、"优秀养老护理员"评选活动，对技能获奖选手、优秀养老护理员在申请公租房、子女入学方面予以加分，同时加强对这些人才先进事迹的宣传，引导全社会尊重养老护理员的劳动创造和社会价值。

4. 动员各类人员

一是积极组织、动员全市已经退休的医疗、康复、心理咨询等专业人士"老有所为"，加入养老护理队伍。二是在长三角地区探索建立市区（市）养老共建对接合作机制，加强护理人员的培训协作，吸引长三角地区大专院校应届生来上海参与养老服务。三是与承担对口扶贫任务的外省市贫困地区对接，发展培育有爱心的人力资源（劳务派遣）公司，导入当地愿意外出打工的人员到上海做护理员，充实养老服务劳动力市场，统一管理标准，实现同工同酬。

（六）大力支持社会力量参与

1. 加大建设用地的支持力度

按照国家及本市相关规定，对社会力量投资养老服务设施所需建设用地提供支持。企事业单位、个人对现有空闲的厂房、学校、社区用房等进行改造和利用，兴办养老服务机构，经规划批准临时改变建筑使用功能从事非营利性养老服务且连续经营一年以上的，5年内可不增收土地年租金或土地收益差价，土地使用性质也可暂不作变更。

2. 加大养老服务项目的支持力度

积极搭建社区公益服务平台，增加政府购买服务项目，培育养老服务市场，开展居家养老、家政服务、健康养生等社会服务项目。加大政府购买服务力度，支持社会力量参与生活照料、康复护理、精神慰藉、紧急救援等养老服务工作。支持社会力量参与管理、运营养老机构和社区养老服务设施，开展养老服务教育培训、研究交流、咨询评估和第三方认证等服务。依托市区两级慈善基金会、老年基金会等，积极培育发展为老服务公益慈善组织，支持公益慈善组织重点参与养老机构建设、养老服务提供、养老产品开发等项目，落实国家和本市支持社会力量参与养老服务发展的税费优惠政策。

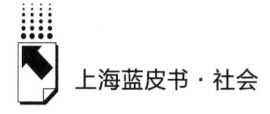

3.鼓励社会机构连锁化发展

加快推进居家和社区老年照护服务机构发展,鼓励社区老年照护服务组织延长服务链,提高供给效率和服务可及性、便利性。鼓励有条件的居民区采取整合、购置、租赁、腾退、置换等方式,配置居家和社区老年照护服务配套设施。实施"多点经营"管理模式,方便连锁老年照护服务机构办理登记注册。

4.加大公转民的扶持力度

支持各类主体进入养老服务市场,加快推进公办养老机构改革,大力推进公办民营,原则上今后新增的政府投资养老服务设施,均采取委托社会力量运营模式,提高运行效率和服务水平。继续鼓励社会资本参与经营规模化、连锁化的公办养老机构,公办养老机构民营化水平不低于80%。加大政府购买服务力度,支持社会力量参与生活照料、康复护理、精神慰藉等养老服务工作。

B.6
上海长期护理保险护理人员队伍建设研究

寿莉莉[*]

摘　要： 本报告首先分析了上海人口老龄化和老龄人口高龄化在不同发展阶段所呈现的特点，以及人口老龄化与推行长护险在时间契合、数量供求等方面的关系，提出了"窗口期、释放期、高压期和紧缺急需期"的初步判断。其次总结了30年来长护险制度的研究及其试点历程，着重分析了护理人员队伍建设在最近几年出现的"井喷"现象以及伴随而来的新问题。最后针对2025～2040年即将到来的长护险高压期，也就是护理人员队伍的紧缺急需期，从杜绝恶性竞争、加强订单式培养、强化职业道德教育和职业技能建设、落实过程监管和跨区交换监督、发挥长三角一体化互助优势等多维视角，提出了加强长护险护理人员队伍建设的对策。

关键词： 人口老龄化　长护险　护理人员

上海长期护理保险制度从研究到试点，再到2018年全面推开，经历了20多年的时间，老年长期护理保险制度关系到千家万户。由于较早进入人口老龄化阶段，人口老龄化程度深，长期以来，上海在应对人口老龄化挑战方面的实践探索和政策创新都走在全国前列。

上海（户籍）人口老龄化形势十分严峻，截至2020年12月31日，上

---

[*] 寿莉莉，上海市公共行政与人力资源研究所副研究员，主要研究方向为人力资源。

海全市户籍人口1478.09万人。其中,60岁及以上老年人口533.49万人,80岁及以上高龄老年人口82.53万人,分别占总人口的36.09%和5.58%。也就是说"三人行必有一老"且"六老中必有一高"。2013年的《上海市老年人口状况与意愿跟踪调查》显示,老年人口生活不能自理率高达6.73%（完全不能自理率为2.51%,部分不能自理率为4.22%）。伴随着家庭小型化和少子化,家庭内部提供相互照料支持的可能性日趋下降,而老年人口中的高龄老人群增加,一定会产生更高比例的需要照护的人群,老年照护面临严峻挑战。

有专家指出,中国的家庭已经不能独立地解决养老照护难题了,而应由家庭、政府、非营利组织、营利组织共同承担;[①] 上海政府部门长期关注老年护理保障研究,试图在基本养老金保障之外,寻找一个老年照护服务的资金来源,用来购买护理员的劳务,间接提高护理员收入,优化老年照护的人力资源配置。有些研究更为深入地指出,通过马尔可夫循环仿真模型树结构来预测照护的实际需求,并把老年照护的服务对象,从失能老人投射到失智老人,进一步投射到需要护理服务和照顾支持的各类老人。目前上海能够提供老年照护服务的机构主要有老年护理院、社区卫生服务中心（一级医院）、家庭病床、养老院、社区日间服务中心和社区助老服务社等,其中,前三者以提供医疗护理服务为主,后三者以提供生活护理服务为主。能够享受照护的老人数量依然很少,其中,享受到各种医疗服务和养老床位的老人不到10万人,享受各种养老照护服务的总人数不到20万人。老年照护服务不同于传统意义上的医疗服务,不以治疗疾病为主,而是以生活照料和康复训练为主。很多机构和项目都处于财政托底的艰难运行状况,面对日益增长的老年护理需求,即使现有老年护理设施全部超负荷使用也难以满足需要。这些已有的研究和探讨,为长护险的试点和推行提供了探索和实践的基础。

2017年1月1日起上海市正式在徐汇区、普陀区、金山区三区展开长期护理保险制度（简称"长护险"）的试点工作,2018年1月起试点范围

---

① 施巍巍:《发达国家老年人长期照护制度研究》,知识产权出版社,2012。

推广到全市。长护险是针对户籍人口中60岁及以上老人,享有职工医保、或享受居民城乡医保的两大类人群(后者的享受标准略低于前者),经过指定机构评估后,达到一定护理需求等级(2~6级)的,可以通过长护险享受照护服务,个人仅负担较少费用。这个费用从医保基金中按季度划拨,具体由医保局和财政局负责测算核实,上报市政府批准后执行。上海长护险的推出,通过政策制度建设,释放改革红利,从根本上解决了广大老年人长期护理方面的资金难题和人力难题,同时解决了中青年人在父母照护方面的资金压力、劳务压力,社会影响很大,意义深远。2019年年中,全市16个区县有38.42万人成为长护险的服务对象,占老年人口的7%,覆盖了完全不能自理和半自理老年人群,实现了"老有所护"。到2021年底,上海已累计为50多万名失能老人提供了生活照料和日常护理服务。2021年1月,上海还在养老机构试点把长护险覆盖范围向长三角地区拓展,实现"异地通关",方便上海老人异地养老。

为了应对护理对象数量猛增的特殊阶段,有关部门调动了方方面面的力量,整合资源,完成了护理员队伍加速扩展的特殊任务,目前参与长护险的护理人员超过5万人。与此同时,也出现了一些新问题,值得研究。长护险的护理人员,不仅是面向老年人的服务人员,还是面向家庭和社区的宣传人员,其一言一行都会关系到长护险的社会效益最大化。为此,本报告试图在分析长护险发展情况的基础上,针对长护险的护理队伍建设提出一些对策建议。

一 上海人口老龄化趋势与推行长护险重要时间节点分析

(一)人口老龄化现状特征与"长护险"的窗口期

2010~2020年,上海人口老龄化速度较快,户籍人口中60岁及以上的老年人口占比从2010年的23.4%提高到2020年的36.1%(见表1)。

表1 2010~2020年上海市老年人口数量情况

单位：万人，%

年份	总人口	60岁及以上人口 人数	60岁及以上人口 占总比	80岁及以上人口 人数	80岁及以上人口 占老比	80岁及以上人口 占总比
2010	1412.32	331.02	23.4	59.83	18.1	4.24
2011	1419.36	347.76	24.5	62.92	18.1	4.43
2012	1426.93	367.32	25.7	67.03	18.2	4.70
2013	1432.34	387.62	27.1	71.55	18.5	5.00
2014	1438.69	413.98	28.8	75.32	18.2	5.24
2015	1442.97	435.95	30.2	78.05	17.9	5.41
2016	1449.98	457.79	31.6	79.66	17.4	5.49
2017	1456.35	483.60	33.2	80.58	16.7	5.53
2018	1463.61	503.28	34.4	81.67	16.2	5.58
2019	1471.16	518.12	35.2	81.98	15.8	5.57
2020	1478.09	533.49	36.1	82.53	15.5	5.58

注："占总比"和"占老比"分别为占总人口的比例和占总老年人口的比例。
资料来源：2010~2020年《上海市老年人口和老龄事业监测统计信息》。

同期，老年人口高龄化速度相对缓慢。80岁及以上老年人数量小幅增加，其在总人口中的比例近几年基本稳定在5.5%左右，高龄老人占老年人口的比例则反而有所下降（见图1）。

人口老龄化的加速，呼唤长护险；高龄化人口的平稳增加，又给长护险的推行提供了一个相对稳定的"时间窗口"。高龄老人一直是老年人口中更需要予以关注和帮助的群体，目前数量超过了80万人，但其当前的缓慢增长，给长护险制度创新和政策落地提供了平稳的客观条件，对于实践中的面上工作推广、试错纠错、积累经验、及时修订调整都是一个宝贵机会。

（二）需护理的老年人口数量预测与护理需求增量的释放期

根据笔者2013年的预测数据（见表2），可以看出与前述的人口老龄化、高龄化状况相对应的，上海需要护理的老年人口数量近期增速相对平缓。换言之，该项保险制度在上海的实施非常及时且抓住了时机，可谓及时雨。

图 1　2010~2020 年上海（户籍）人口老龄化率和高龄化率情况

表 2　2015~2025 年需要机构和社区居家提供护理服务的老年人口数量及比例估计

单位：万人，%

年份	需要护理服务的老年人数	需要机构提供护理服务的老年人 人数	需要机构提供护理服务的老年人 比例	需要社区居家提供护理服务的老年人 人数	需要社区居家提供护理服务的老年人 比例
2015	29.42	13.40	45.5	16.03	54.5
2016	30.96	14.55	47.0	16.41	53.0
2017	32.81	15.89	48.4	16.93	51.6
2018	34.22	17.07	49.9	17.14	50.1
2019	35.33	18.13	51.3	17.21	48.7
2020	36.46	19.24	52.8	17.21	47.2
2021	37.17	20.15	54.2	17.02	45.8
2022	38.19	21.26	55.7	16.92	44.3
2023	39.52	22.57	57.1	16.95	42.9
2024	40.17	23.52	58.6	16.63	41.4
2025	40.64	24.38	60.0	16.26	40.0

资料来源：《上海老年护理人力资源配置研究》。

换个角度来看，预测数据与 2018 年和 2019 年的实际数据相比，十分接近，预测数据比上海目前统计的长护险实际享受人数略低。因此，通过微调这个数据系列，可预测未来近五年的长护险人数。

2019年年中统计显示，上海申报长护险的46.9万人中，符合条件的是42.6万人，其中直接享受的是36.7万人，加上当年民政转移过来的1.7万人，全市总计实际享受长护险的人数为38.4万人。2020年由于前期积累数量的消耗，以及受疫情影响，有关部门及时做出了方向性调整，聚焦重度失能人群，长护险覆盖人群趋于稳定。

没有推行长护险之前，上海实际接受老年护理服务的人数基本在20万人左右，其中，民政系统以提供社区上门家政服务为主，医保系统以提供入院的医疗康复服务以及高龄老人医疗护理服务为主。现阶段长护险的推行，极大地整合了两个系统的资源，逐步提高了服务能级。近期长护险的人数量出现集中释放现象，经过近三年的时间，实际人数与估算值比较接近，面上的情况反馈也显示基本释放完毕。

（三）长护险供给结构出现"社区居家与机构"的占比逆转现象

分析发现，长护险供给结构正在发生变化，据2019年年中统计，享受长护险的38.02万人中，27.30万人接受社区居家的上门长护险护理服务，占比71.06%，10.72万人接受了机构内长护险护理服务，占比27.90%。换言之就是机构和社区居家的人数比例约为"三七开"，这跟长护险推行之前，上海的实际状况相比非常不同。

数据显示，长护险推行之前，老年护理需求和供给方面，机构和社区居家的人数比例是"六四开"。进一步分析，可能是因为调研获取的实际数据中，大量居家老人主要是由家庭成员或保姆提供护理照顾，无法统计，能统计的数据主要来自养老机构，也就是说，当时列入统计的20万名需照护老人的照护责任，六成由养老机构承担，还有四成由家庭和社区承担，另外还有很多潜在的没有统计在册的照护情况，则主要由家庭承担。

上海通过推行长护险，把政策的利好，覆盖到居家需照料护理的老人及其家庭，也使得更多的老人及其家庭，即使在生活自理能力下降的情况下，依然可以留在社区居家养老。应该说，长护险的推行，与养老"9073"大格局要求的居家养老比例达到90%的主体目标相一致。

目前长护险的空间格局已经重塑，供需双方数量均表现为"三成在机构、七成在社区家庭"。以此为前提，做出近几年的趋势分布预测如表3所示。

表3 2020~2025年需要机构和社区居家提供护理服务的老年人口数量及比例估计

单位：万人，%

年份	需要护理服务的老年人数	需要社区居家提供长护险服务的老年人 人数	需要社区居家提供长护险服务的老年人 比例	需要机构提供长护险服务的老年人 人数	需要机构提供长护险服务的老年人 比例
2020	40.11	28.07	70	12.03	30
2021	40.89	28.62	70	12.27	30
2022	42.01	29.41	70	12.60	30
2023	43.47	30.43	70	13.04	30
2024	44.19	30.93	70	13.26	30
2025	44.70	31.29	70	13.41	30

（四）长护险在2025年后将进入持续十五年的压力期，护理人员队伍处于紧缺急需状态

相关报告预测显示，2025年是上海人口老龄化的重大转折点，上海人口老龄化和高龄化发展态势前后出现显著变化：之前是人口老龄化加速、高龄化平稳；之后是人口老龄化平稳，高龄化加速；直到2040年之后，两者才均趋于平稳。[①] 因此，2025年以及之后的15年，大量高龄老人的长护险需求将持续增加，长护险的资金压力增大，对护理人员的需求剧增，人力资源队伍进入较长时间的紧缺急需状态。

当前，作为率先进入人口老龄化行列的国际化大都市的上海，非常艰难地挑起了老年长期护理的重任，尤其在资金上探索到了一个有效的解决渠道。下一个重要挑战就是如何实现全面的可持续发展，迎接即将到来的高龄人口高峰带来的长护挑战，为此，需要有关部门未雨绸缪，利用好时间窗口，为高压期做好准备，加快紧缺急需的长护险护理队伍建设。

---

① 《国际大都市老年照护服务体系研究》。

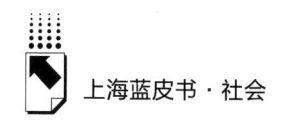

二 上海长护险实践与护理人员队伍建设问题分析

（一）30年来长护险制度研究与试点推广

国际经验表明，没有一个国家能够承担得起缺乏系统性长期照护的后果。德国、日本、英国等较早进入人口老龄化阶段的发达国家，在20世纪至21世纪初纷纷立法制定了相关保障制度或保险计划等。

上海虽然早在1979年就进入老龄化城市行列（户籍人口老龄化），但得益于每年都有大量的外来劳动力（年轻型人口结构）流入，在一定程度上缓解了人口老龄化对社会经济造成的负面影响。进入21世纪，随着人口红利的消失，人口高龄化加速，叠加家庭结构小型化等各种因素，老年护理难题成为城市发展中难以逾越的一个坎。上海市发改委（社会处）、上海市民政局（老龄科研中心）、上海社会科学院人口所（老年人口研究所）等有关机构和专家学者长期聚焦这个难题，通过各种比较研究和方法探索，积极开展试点，终于付诸实践。

2013年实施"高龄老人医疗护理计划"，并在三个区县（浦东、杨浦、闵行）的6个街镇进行试点；2014年增加3个区（徐汇、普陀、长宁），共计在6个区的28个街镇开展试点。

2016年，国家人社部发布指导意见，要求在全国15个城市开展试点；2017年，上海发布《上海市长期护理保险试点办法》，之后明确在徐汇、普陀、金山正式推行长护险试点，2018年全面推广。

上海在全国率先推出了继"养老、医疗、工伤、失业、生育"之后的第六大保险，构建了适应人口老龄化需求的六支柱社会保障体系。

（二）2018年以来的长护险推行及现状

上海的长期护理保险（按费用来源）分两大类：一类是本市职工医保的参保人员，另一类是居民医保参保人员，即居保人员，第二类执行标准比第一类略低。政策享受人群暂定为年满60岁以上老人中,自觉有长期护理需求的,均可向基层机构提出申请,经老年照护统一需求评估且失能程度达到评估等级的,可以享受相应的长护险服务并享受服务补贴。

长护险服务项目清单共42项,包括27项基本生活照料项目,15项常用临床护理项目(如鼻饲、药物喂服、导尿、皮下注射等),整合了目前已有的居家照料、高龄老人护理计划、养老机构照护以及护理院常用临床护理项目。其费用分别从两大类医保基金中按季度调剂,由人社局医保办和财政局一起商定,报市政府批准后执行。

对于申请长护险的老人,需要预付评定费,如果评估定级为2~6级的,均可享受对应的长护险服务及补贴,并退还评定费;如果条件还不具备的,评定费自理,也可以申请复评。同时,评定在4级护理以上的老人,还可以优先申请进入养老机构,长护险补贴实行"费随人转",转移支付到机构。这将会在一定程度上促使养老院实现其收治生活不能自理老人的主要功能,提高资源利用率。

如果能够通过科学评估、有效监督、严格审查等手段,确保生活完全不能自理的老人能够优先获得社会照护,那将是比较高效的解决之道,而上海现阶段通过长护险的推行,使其慢慢变成社会实践,并积累了可复制、可推广的经验。

2018年全年支付的社区居家护理和养老机构护理费用合计10.2亿元(另有医疗护理费用54.9亿元),2019年上半年,社区居家护理和养老机构护理费用合计支付12.7亿元。而该项费用的转移支付是否可持续,需要有关部门做进一步的科学核算和论证。2021年1~9月,长护险基金共支付39.2亿元,其中支付养老机构照护费用5.2亿元,支付社区居家照护34.0亿元。

通过推行长护险,相当于把提供老年人护理服务的压力从医院释放出来,缓解各类医院的"压床"现象,让部分老年人护理服务的功能由社区、机构、家庭来分担,对于上海提高医疗病床使用率、缓解医疗资源紧缺问题,有所帮助。

上海人口老龄化加速，对长护险的需求是很大的，经过前期的推行，也已基本得到释放。同期对护理队伍的需求增长很快，应千方百计地扩充力量，发挥政策优势、地缘优势，通过媒体宣传、机构宣传乃至口口相传，从护士、医院护工到育婴师、幼教保育员，再到住家保姆、钟点工，从各个渠道汇聚，护理队伍在短短的三年内从试点初期的1万多人扩充到2020年的5万多人，2021年纳入长护险登记的各类养老护理服务人员达6.68万人。上海现有长护险定点评估机构43家，评估人员0.99万人，长护险定点护理服务机构达1179家，均呈稳步增长趋势。

随着长护险的推行，在护理人员数量扩张的同时，对护理人员的培养和培训力度增加，经过轮岗培训、岗前培训等，目前护理人员持证率超过96%，其中，持有国家职业技能等级证书的占比70%，而五年前占比不到30%。[1]

（三）长护险的护理人员队伍扩容问题以及未来趋势

随着长护险的推行，护理人员全部有服务人员ID码，数量也实现了跨越式增长，基本满足了当前长护险对人力资源的数量需求。

但也出现了一些新问题。通过媒体报道和走访调研可以发现，护理队伍的快速扩容，在不同程度上影响了其他服务领域的人力资源，这引发了更深层次的问题。长护险推行以来，养老护理人员的收入待遇、职业规划、社会地位等均有所改观，对于从事其他护理工作的服务人员来说有较强的吸引力。

鉴于长护险具有一定的医疗护理功能，对于护理人员的资质要求会高一些，比如，必须持有医疗护理证。因此，就把医院的中青年护工和护士给吸引过来了。

现在上海各个街镇都纷纷开设了护理站，护理站没有夜班需求且人员收入相对也高。因此，就把养老院的中青年护理员吸引过来了。

---

[1] 顾杰：《破题"大城养老"，助护理员走通职业化之路》，《解放日报》2020年11月12日。

同时护理站和养老院总体工作压力相对医院要小，以前医院护工待遇相对较高的优势，随着长护险护理人员收入福利和待遇的提高而有所削弱。

上海的护理人员分布方面，原来是"三分天下"，医院一块，养老院一块，社区一块，医院有很明显的优势。而长护险的推行，"三分天下"的局面有所变化。面对未来，长护险是否还需要保持这样的发展速度，是否能够保持这样的发展速度，也需要进一步反思。

近期需要护理老人的总数增长相对缓慢，近五年基本在40万~50万人，按照"1:4"的理想配比要求，即1个护理人员照护4名老人，对应的护理人员总量基本在10万~12万人，即使按照1个护理人员照护6名老人的实际配比来推算，未来的护理人员总量为7万~8万人。

面对未来，有研究显示上海的老年照护压力最大的时期是2025~2040年，据保守估计，需要护理的老人数量超过50万人，护理人员数量超过10万人。

因此，近期长护险的护理人员数量实现了跨越式增长，基本能满足需求，但未来还需要继续扩容，同时，要把工作重心从数量扩张转移到质量提升上来。

三　上海长护险护理人员队伍建设的对策与思考

得益于长护险的推行，政策利好，操作科学，老年人及其家庭享受到政府实事工程的福利，体会到老龄社会中和谐共享的大气候。享受长护险的老人，绝大多数是满意的，也是感恩的，对于护理人员的服务也是满意的，一方面是大多数护理人员服务是到位的，另一方面是老年人要求并不高，尤其是在收费很低的情况下，很难说不满意。但即使这样，依然还有一些问题，其根源在于护理人员和管理人员的服务意识不强和服务能力不强。因此，近期上海在长护险护理队伍建设中应聚焦以下几个方面。

（一）确保各系统之间护理人员队伍相对稳定、护理人员安居乐业

当前，上海对长护险的护理队伍建设高度重视，在薪酬福利、职业规划上

有好的保障，甚至在户籍制度上，也有可能给予"居转户"的倾斜政策，各种政策利好，使得护理人员向长护险队伍聚合，这在短期内解决了长护险推行中人力资源短板难题，但应注意有条件地吸纳，不盲目追求数量扩张。不同系统的护理人员在服务理念和服务重心上是不同的，不一定能适合新的岗位。因此，"跳槽"和"挖墙脚"的行为是一种临时性的，不应该鼓励，而应该杜绝。

（二）加强"订单式"培养，加强对护理专业人才的入职引导，尽快实现队伍的年轻化和专业化

上海高校设有护工专业，每年培养3000~4000人，未来应进一步加大培养力度。要尽快改变护理专业毕业生不愿意选择本专业对口工种就业的现象，一定要在长护险推行的大背景下，因势利导，扩大学校招生数量，并积极帮助他们进入这个朝阳产业。新鲜血液进入长护险的护理队伍，不仅能最大限度地发挥教育资源的社会功效，还可以在护理队伍中产生鲶鱼效应，提升队伍的综合素质。因此，通过高等院校培养护理人才是一个长久之计，急需有关部门联合行动起来。

长护险的护理人员，不仅包括养老护理员，也包括护士。我们不仅要重视对护理人员的培养，也要重视对护士的培养。长护险必须走专业化、高质量发展道路，这样才能真正实现制度设计的初衷。护士的角色将会越来越重要，必须完善其业务能力培养和职业晋升通道，以吸引年轻的中高端人才进入，促进长护险的护理队伍建设从数量上的跨越向质量上的跨越转变，确保长护险的服务能级的跨越式发展。

（三）培养"又红又专"护理人员队伍，通过业务培训和思想引导，确保长护险的无差错推广

现有长护险的护理队伍中，很大一部分人依然是文化素质相对不高的，需要开展多形式的在岗培训，使护理服务的态度规范、服务到位、效果达标，杜绝服务过程的蜻蜓点水，不断提升各项能力。尤其是针对短期内从其他系统吸引而来的护理人员，更需要加强培训，并不是具备医学知识就必然能做

好老年护理工作，还需要具备一些老年心理学和老年社会学的知识。加强护理人员之间的交流学习，取长补短，共同提升。同时，通过培训和引导，使得护理人员成为长护险作为新生事物的实践者和推广者。只有持续开展培训，才能消除护理人员的职业懈怠，使其拥有更多的正能量和更高的职业能力。

（四）实行"全过程监管"服务，强化持证上岗—亮码服务—满意度回访，提升护理人员综合素质

在整个服务过程中，一定要强调护理人员持证上岗，杜绝人证不符，给予老人及其家庭安全感，也从侧面当好政府政策的形象代言人。严格按照服务时间、保质保量提供规定的服务项目和内容，即使按照老人需要置换的服务内容和项目也要在力所能及的范围内。不得无故更换服务家庭和服务对象，更不能跟其他护理人员相互之间自由互换和调配时间等。监管人员与护理人员是相互印证，应共同提升服务质量，而不是相互包庇护短。老人满意度调查也要实事求是，而不是走过场。通过对护理工作的有效监管，实行"源头+过程+绩效"全程管理，倒逼护理人员和护理管理人员的素质提升。同时，建议这样的监管可以两区对调，不定期抽查，适应长护险作为新生事物的新要求，从而确保取得良好的社会效果。并且，应当适时建立严重违反职业道德的护理人员黑名单制度，以增强对其的约束力。

（五）抓住"时间窗口"，用好"地缘优势"，尽快从长三角周边地区吸纳中高端护理人员和护理管理人员等人才

现阶段，全国15个试点长护险的城市和地区，有4个是长三角的城市（南通、苏州、宁波、安庆），其推出的还是商业保险形式，长护险的推行速度比较缓慢。因此可以说，上海目前在全国是"一枝独秀"，从地缘相熟的周边地区寻觅中高端护理人才和护理管理人才，作为紧缺人才引进上海，为我所用，既是充实人才队伍的捷径，也是老年人所喜闻乐见的，老年人跟护理员之间出现的语言交流困难、生活习惯差异大等问题就会迎刃而解。事实上，护理队伍中有很多外来务工人员和外地媳妇，她们长期从事艰苦的劳

动,应该在政策上对其有所倾斜。很多国家对护工人才十分重视,甚至给予优先入籍待遇,上海也要尽快考虑对中高端护理人才开放类似政策,实实在在的留住特需人才,示范引领,才能吸引到更多的优秀人才投入养老服务事业。

按照2020年5月上海市发布的《关于加强养老护理员队伍建设 提高养老护理水平的实施意见》,到2022年,实现养老护理队伍规模适应发展、质量满足需求、薪酬合理增长、管理有效到位的阶段性目标;到2035年,实现养老护理员人才储备充足、专业素养过硬、收入水平合理、职业受人尊重的总体目标。对照规划目标,上海长护险的护理队伍建设任务依然十分艰巨。从数量上看,距离目标很近,从质量上看,距离目标很远。上海不仅要引导好现有的护理队伍发展,还要加大力度培育后续的新生力量,形成生力军。因势利导,不断创新,乘着长护险推广的东风,把长护险的护理队伍建设起来、武装起来,更好地迎接人口老龄化和老年人口高龄化的挑战。

参考文献

施巍巍:《发达国家老年人长期照护制度研究》,知识产权出版社,2012。

刘爱萍等:《立足"五个层面"加强养老护理员队伍建设》,《社会福利》2012年第5期。

张恺悌、郭平主编《中国人口老龄化与老年人状况蓝皮书》,中国社会出版社,2010。

陈卓颐等:《我国养老护理员队伍建设现状与对策》,《长沙民政职业技术学院学报》2009年第4期。

施永兴主编《上海市老年护理医院服务现状与政策研究》,复旦大学出版社,2008。

《上海今年将在3个区6街镇试点推进老年护理保障制度》,《解放日报》2013年9月24日。

党俊武:《长期照护服务体系是应对未来失能老年人危机的根本出路》,《人口与发展》2009年第4期。

上海市医疗保险办公室:《关于探索建立本市老年护理保障制度综合调研报告》,2010。

B.7
困境儿童生存状况及其服务需求

程福财 何芳[*]

摘　要： 本文通过对N区困境儿童的问卷调查，分析了困境儿童及其父母的基本情况、监护情况、学习和心理健康情况等等，针对困境儿童发展中存在的一些问题，提出了健全困境儿童保障制度、加强基层儿童福利工作者队伍建设、推动专业社会工作介入、支持社会力量参与等对策建议。

关键词： 困境儿童　社工　服务需求　儿童保护

一　背景与方法

工业化进程开启之后，社会急剧变迁，新技术给传统的生产方式与生活秩序带来诸多变化。孩童为了有效参与社会生产生活，需要接受更系统的教育和更有效的保护。因此，儿童对成人社会依赖的广度和深度都显著提升，家庭在人口与社会的再生产方面需要扮演更重要的角色。当家庭因故缺乏必要的经济、照顾、教育等方面的资源而缺乏为孩童提供适当监护的能力，或缺乏承担监护责任的意愿时，儿童的生活就会陷入困难境地，其作为未成年人依法应该享有的生存权、受保护权、发展权和参与权都可能失去保障，生存、安全与健康会面临严重威胁。除去因得不到家庭适当监护而陷入困境的孩童外，战争与冲突、地震等自然灾害、传染病引发的公共卫生危机等也可

---

[*] 程福财，上海社会科学院社会学研究所研究员，主要研究方向为儿童福利与社会政策；何芳，上海社会科学院社会学研究所副研究员，主要研究方向为儿童福利与教育。

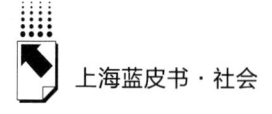

能在客观上摧毁儿童及其家庭赖以生存的环境，并制造难民，包括儿童难民。

2016年印发的《国务院关于加强困境儿童保障工作的意见》（国发〔2016〕36号）中，将困境儿童界定为"因家庭贫困导致生活、就医、就学等困难的儿童，因自身残疾导致康复、照料、护理和社会融入等困难的儿童，以及因家庭监护缺失或监护不当遭受虐待、遗弃、意外伤害、不法侵害等导致人身安全受到威胁或侵害的儿童"等三类。这对我国困境儿童保护、相关儿童福利工作开展具有深切而长远的影响。各级政府围绕这个操作性定义制定并执行政策、推进服务、开展困境儿童保护工作。

官方目前公布的困境儿童统计数据包括：①2019年，父母双方不能正常履行抚养和监护责任的儿童，全国大约50万名，包括父母双方重病和重残的22万名儿童和父母因服刑在押、强制戒毒或者其他的强制执行措施而限制人身自由的儿童28万名。②2018年，全国各级救助管理机构共计救助流浪儿童2.2万人次。除官方公布的这两类数据之外，我国还有相当数量的儿童遭遇父母的忽视和虐待。尽管没有官方公布的相关统计数据，但国内学者所做的抽样调查表明，我国遭遇虐待的儿童比例应该在3%～10%。从媒体报道的情况看，一些地区发生了严重暴力对待孩童的极端案件，并引起了社会广泛关注。

关爱保护困境儿童是新时期我国儿童保护与福利工作的重要议题。一段时间以来，人们对于国家应该如何介入家庭育儿过程、建立以监护干预为核心的现代儿童保护制度这个问题有诸多讨论与探索实践。在理论与实践中，对于应该建立什么样的困境儿童保护政策与服务体系、应该如何提供困境儿童保护服务等问题，人们存在明显的分歧。从国际儿童福利制度发展的普遍经验看，儿童保护服务是证据为本的专业服务，是强调对儿童及其家庭需求回应的专业服务。困境儿童保护政策发展的逻辑起点在于这些儿童及其家庭的实际生存状况与需求。为此，本研究尝试通过问卷调查的形式来探索分析困境儿童的生存境况及其需求。

2020年，在N区有关部门的支持下，我们对当地在册困境儿童进行了问卷调查。调查的主要内容包括困境儿童及其家庭的基本状况，以及困境儿童的实际监护状况、生活状况、学习状况和健康状况等。调查使用的问卷由课题组自编完成。问卷的填答方式主要包括三种：10岁以上儿童，自主完成问卷填写；7~10岁儿童，在其监护人的指导下完成问卷填写，7岁以下儿童，由其监护人代替填写问卷。本次调查实际回收有效问卷286份。现将调查的主要结果报告如下。

二 困境儿童及其父母的基本情况

（一）困境儿童及其父母的年龄分布

本次调查对象平均年龄为10.4岁，男生占比56.2%，女生占比43.8%。按照学龄阶段划分，学龄前儿童（1~6岁）、小学阶段（7~12岁）、初中阶段（13~15岁）、高中阶段（16~18岁）的比例分别为30.1%、25.4%、21.1%、23.3%。困境儿童父亲的年龄较长，平均47.2岁，其中，30岁及以下的仅占2%，31~45岁的占40.2%，46~60岁的占52.9%，60岁以上的占4.9%；母亲平均年龄40.7岁，其中，30岁及以下的占7.6%，31~45岁的占71.9%，46~60岁的占20.5%。

（二）困境儿童父母的文化程度与就业状况总体较差

困境儿童父母的文化程度总体较低，就业状况较差。统计显示，困境儿童父母的文化程度大多为中学。其中，父亲文化程度为初、高中的占45.1%，母亲文化程度为初、高中的占43.7%。就业状况方面，受访困境儿童父亲为"失业或未就业"者高达143人，占比55.9%；母亲处于"失业或未就业"状态的人数亦高达155人，占比56.6%。表示"不清楚"父亲和母亲就业状况的分别有55人（20.8%）与57人（21.5%）。父母已经就业者中，多数为个体户或自由职业（见图1）。可见，至少有一半的困境儿童的父母没有就业，其家庭缺乏稳定而必要的收入。

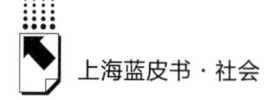

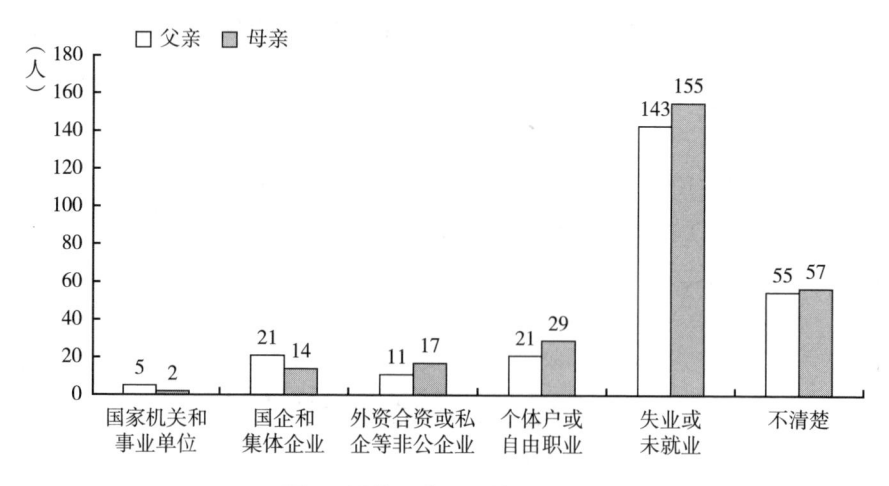

图1 困境儿童父母的就业状况

（三）少部分困境儿童父母因残疾、服刑等原因客观上缺乏必要监护能力

统计显示，困境儿童的父亲残疾比例达8.1%，母亲残疾比例达5.6%，分别为23人和16人。父母双方都存在残疾问题的有6个家庭，且5名儿童的父母都是二级以上的重度残疾。从理论上说，重残人员独立行为能力与监护儿童的能力严重受限。如表1所示，在现实中，至少有3名儿童依然（主要）由其重残父母监护：1名儿童由皆为听力一级残疾的父母监护（家庭4），1名儿童由皆为精神二级残疾的父母监护（家庭2），1名儿童白天由祖父母照顾、晚上由皆全盲的父母照顾（家庭6）。这些自身严重残疾的父母，实际上缺乏必要的监护能力。如果没有必要的政策与服务干预，他们的孩子可能得不到必要养育，甚至可能因此出现生命安全事故。

表1 困境儿童父母的残疾情况

父母	家庭1	家庭2	家庭3	家庭4	家庭5	家庭6
父亲	聋哑一级	精神二级	精神二级	听力一级	视力三级	视力一级
母亲	聋哑一级	精神二级	精神二级	听力一级	肢体二级	视力一级
实际监护人	（外）祖父母	父母双方	（外）祖父母	父母双方	父母一方	父母与（外）祖父母

除身体残疾外,还有一部分困境儿童父母存在其他身体失能(重病卧床不起、吸毒、酗酒、赌博等)。其中,父亲吸毒的2例(均持续两年),母亲吸毒的1例;父亲大重病的2例,均持续两年以上。

调查发现,有4名困境儿童的父母正在服刑、强制戒毒,且刑期(强戒期)较长。其中,在强制戒毒的,还有20个月的强戒期;在服刑的,服刑期分别尚余12个月、2.5年和11年。困境儿童的母亲中无服刑和戒毒人员。

此外,有1名困境儿童被父亲弃养,时间长达7年。有两名儿童被母亲弃养,时长分别达6年和10年。父亲去世的23人,母亲去世的4人。

三 困境儿童实际监护状况

(一)约65%的困境儿童生活在"非正常"家庭环境之中

统计显示,由父母双方共同监护的儿童比例仅为35.1%,其他六成五的困境孩童生活在"非正常"家庭环境中。其中,由父母中一方实际监护(单亲家庭)的比例为51.2%,由(外)祖父母监护儿童的比例为11.6%。此外,有6名困境儿童目前是由父母和祖父母之外的其他人员、机构照顾:由其他亲属照顾的2人,由居委会照顾的1人,由福利院(救助站)照顾的1人,由其他朋友等无血缘关系者照顾的2人。可见,尽管绝大多数困境儿童仍然生活在家庭、大家庭之中,但有近六成五的受访儿童生活在"非正常"家庭环境中。需要注意的是,即使是由(外)祖父母监护的儿童,亦值得高度关注。部分祖父母实际监护孩子的能力特别是科学养育孩子的能力,值得高度重视。

(二)困境儿童实际监护人的年龄与健康状况

困境儿童实际监护人的年龄主要集中在"31~35岁",占比65%;其次是"51~65岁",占比23.7%;"65岁以上"和"30岁以下"占比较小,分别为8.5%和2.8%。数据显示,实际监护人以中壮年为主,监护人年龄构成总体状况良好。但有33名困境儿童系由祖辈监护,其中24名监护人的实际年龄超过65岁。

根据受访者的陈述,相当一部分困境儿童实际监护人的健康状况存在一定的问题。统计发现,监护人中"健康"的只占67.5%,患有慢性病等疾病的占比达到了32.5%。具体地说,患"慢性病"的比例为22.3%,患"大重病"的比例为4.2%,得"精神疾病"的比例为2.5%,有"肢体残疾"的比例为3.5%(见图2)。生活在这些家庭的困境儿童,可能得不到充分适当的监护,值得高度关注。

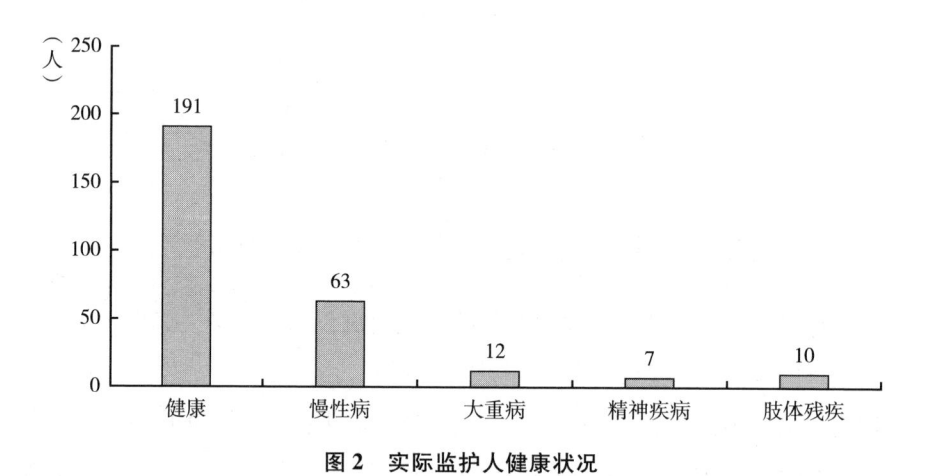

图2 实际监护人健康状况

(三)绝大多数困境儿童家庭缺乏育儿的必要条件或能力

必要的经济能力、适当的生活照顾和科学的育儿方法是养育儿童的必要条件,三者缺其一都可能导致儿童得不到适当的养育。从调查的结果看,超过八成的困境儿童主观感受到自家在育儿方面面临的压力,经济困境是主要问题:认为监护人"缺乏科学育儿的知识、方法和能力"的占比15.8%,"没时间精力照顾教育孩子"的占比27.5%,"家庭经济条件不好"的占比55.3%,"其他"的占比1.1%(其他的回答包括电子产品与教育冲突、我越大父母越力不从心、看病难),只有16.2%的家庭表示没有压力。随着孩子年龄增长,他们对家庭经济窘境会越来越敏感。高中阶段困境儿童认为家庭经济条件不好的比例达到63.1%,而在学龄前与小学阶段困境儿童该比例分别只有51.2%和53.1%(见表2)。

表2 不同学龄段儿童家庭育儿压力情况

单位:%

育儿压力情况	学龄前(<7岁)	小学(7~12岁)	初中(13~15岁)	高中(16~18岁)
缺乏科学育儿的知识、方法和能力	16.7	17.4	12.1	7.7
没时间精力照顾教育孩子	11.9	10.0	10.3	13.8
家庭经济条件不好	51.2	53.1	55.2	63.1
其他	1.2	1.4	0.0	1.5
没什么问题	19.0	10.0	22.4	13.8

(四)困境儿童与监护人关系总体良好,但部分家庭亲子关系紧张

良好的家庭关系是儿童健康成长的必要条件。调查发现,55.3%的受访对象表示自己与监护人的关系"非常好",35.6%的受访对象表示"好",8.1%的受访对象表示"一般",只有1.1%的儿童表示"差"或"非常差"。可见,大多数受访儿童与监护人保持着良好的互动关系,只有极少数家庭亲子关系紧张。对于此,可以从亲子的具体互动状况得到印证。调查显示,困境儿童与监护人"经常聊天"和"偶尔聊天"的比例分别为63.3%和27%,"没有聊天"和"不记得"分别占8.9%和0.7%。此外,有31.9%的困境儿童家庭偶尔会发生家人摔东西、打架等暴力事件,"经常"发生此类暴力事件的占2.2%。可见,部分困境儿童家庭存在明显的亲子关系紧张问题。

进一步分析发现,困境儿童家庭存在明显的关系紧张问题。调查显示,34.1%的困境儿童家庭内"经常"吵架和"偶尔"吵架的比例则高达63.4%。这显著高于一般家庭。现有研究表明,我国每年出现精神暴力、身

体暴力等暴力问题的家庭占20%~30%，流动人口家庭中的精神暴力发生率为34%。困境儿童家庭关系的紧张与严重冲突，可能与他们家庭面临的较为沉重的经济压力、照顾压力、精神压力密切相关。个体与家庭遭遇重压时，更可能使用不合乎既定规则的行为方式与表达方式，引发关系紧张与行为偏差。调查发现，困境儿童的家庭关系好坏对儿童的快乐感与孤独感有显著的影响。有吵架行为家庭的孩子（包括偶尔和经常）表示"非常快乐"的比例（18.9）显著低于无吵架行为家庭的孩子（30.1%）。出现吵架行为家庭的孩子表示"从不孤独"的比例（32.6%）也远低于无吵架行为家庭的孩子（53.7%）（见表3）。可见，家庭关系越紧张，困境儿童的孤独感越强、幸福感越低。

表3 父母吵架行为与儿童的快乐感、幸福感

单位：%

类目	快乐感					孤独感			
	非常快乐	比较快乐	说不清楚	不太快乐	很不快乐	总是孤独	经常孤独	偶尔孤独	从不孤独
有吵架行为	18.9	52.6	25.3	3.2	0.0	1.1	4.2	62.1	32.6
无吵架行为	30.1	54.0	13.6	1.7	0.6	0.6	1.1	44.6	53.7

（五）部分困境儿童生活方式明显不健康

由于得不到适当照顾与科学养育，部分困境儿童日常生活方式存有明显的不科学倾向。这一点，可以从其每天早餐进食情况及周末与假期生活安排情况得到印证。调查显示，92.3%的困境儿童能够按时正常进食早餐，但是也有7.7%的儿童早餐进食不规律：有4.6%的受访儿童表示"一周有一到两天没有早餐吃"，2.1%的受访儿童表示"一周有三到四天没有早餐吃"，1.1%的受访儿童表示"一周5天以上没有早饭吃"。进一步分析发现，学龄阶段高的孩子早餐进食相对更不规律。如图3所示，读高中的困境儿童每天

吃早餐的比例只有87.7%。此外，本调查数据显示困境儿童早餐进食情况与其户籍、监护人学历等均无显著相关关系。

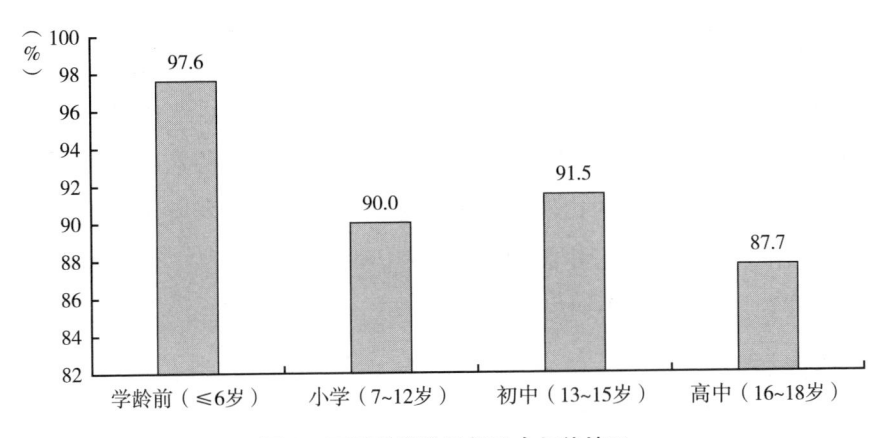

图3 不同学龄段早餐进食规律情况

关于困境儿童周末与寒暑假生活安排情况的调查发现，有近四成的孩子在假日主要是选择看电视，与中等收入群体家庭的孩子在假日需要大量参加补习班、辅导班、兴趣班等的安排出现明显的差别。一般家庭的父母大多十分关注孩子的教育与课外学习，各种补习班、兴趣班、课外作业会占满孩子的课外时间。① 调查显示，对于"周末和寒暑假如何度过"问题，自陈是"看电视"的占比38.9%，其次是选择"学习"（23.1%）。其他的选择依次是"网络聊天"（7.4%）、"上课外兴趣班和补习班"（7.4%）、"帮父母做事"（3.1%）。进一步分析发现，这一分布并无年龄差异。看电视在各个学龄段中都占最大比例，到高中阶段该比重稍微下降，但是仍然达到了29.2%，学龄前、小学、初中学龄段儿童在假日"看电视"的分别占64.5%、40%、34.5%（见图4）。孩子看电视的习惯与实际监护人的学历存

---

① 在现有的文献中，我们尚未发现关于普通中小学生假日生活内容的调查报告。不过，有研究者在个案研究的基础上发现，不少中等收入群体家庭的孩子在周末、寒暑假期间需要参加各类辅导班、补习班、兴趣班，家长会安排诸多学习任务，因此出现了所谓"假日生活的学校化、教育化"问题。

在一定相关，监护人文化程度越低，孩子看电视的概率越大。实际监护人的学历为小学和初中的家庭，孩子在假日看电视的比例分别为66.7%和61.5%，大专和本科以上家庭的孩子在假日看电视的比例分别为38.1%和25%。孩子假日时间安排与家庭经济条件同样存在关联。数据显示，性别不同的困境儿童假日时间安排有显著差异：女生（43.6%）选择看电视的比例高于男生（36.6%），但是男生（13.7%）选择打游戏的比例显著高于女生（5.3%），其他选择的比例则基本接近。鉴于此，在困境儿童关爱保护的实际工作中，特别是在引导他们养成健康科学生活方式上，要保持性别意识，对男孩与女孩采用不同的服务方式。

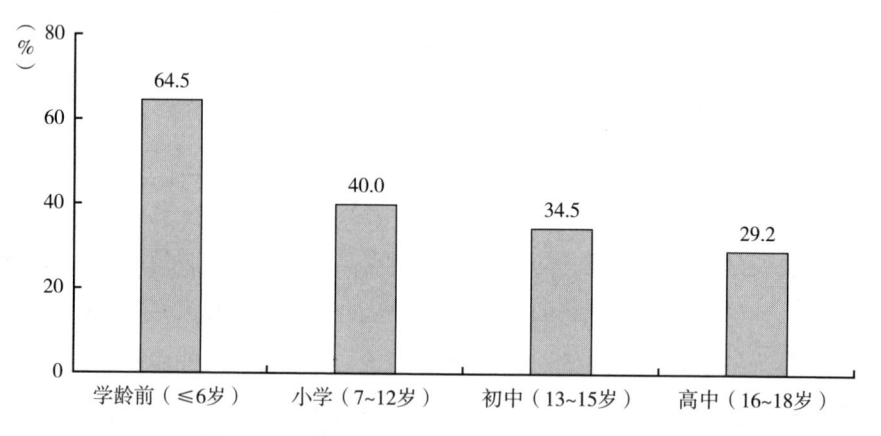

图4 不同学龄段困境儿童在假日看电视情况

（六）少数困境儿童表示遭遇监护人虐待或被忽视

身处困境，儿童及其监护人通常会面临更多的压力，并因此诱发暴力事件。调查发现，在困境儿童家庭中，体罚儿童的现象并不鲜见。在回答在过去一年是否"被父母或其他家庭成员体罚（包括罚站、打手掌、拳打脚踢等未造成明显身体伤害的行为）"时，自述经常被体罚的有1人，偶尔被体罚的有36人（占比12.9%）。此外，自述在家庭范围内遭遇身体虐待和精神虐待的困境儿童各有2人，占比1.4%。进一步分析，体罚行为更易发生在低学龄段儿童身上。被体罚行为中，学龄前和小学阶段的困境儿童占比达到66.6%，初中阶段的困境儿童占比25%，高中阶段的困境儿童占比8.3%（见图5）。

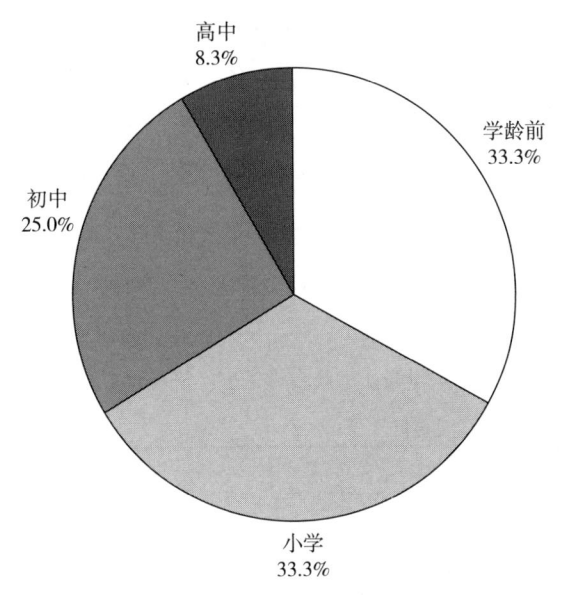

图5 不同学龄段家长体罚儿童行为的情况

除虐待外，部分困境儿童在家中曾遭遇短时无人监护问题。在被问及"2019年，你是否曾经被独自留在家里、没人陪伴"，1.1%的困境儿童表示总是被单独留在家里，2.8%的困境儿童表示经常被单独留在家里，10%的困境儿童表示有时被单独留在家里，30.6%的困境儿童表示偶尔被单独留在家里，55.5%的困境儿童表示从未被单独留在家里。

五 困境儿童的学习与心理健康状况

（一）四成困境儿童面临较大学习压力

和一般家庭儿童一样，不少困境儿童亦遭遇较大的学业压力。调查发现，有40%的受访困境儿童表示"学习压力非常大"和"学习压力大"。其中，表示"学习压力非常大"的占比7.4%。这部分儿童的学业负担和心理健康问题值得关注。进一步分析显示，学龄阶段与学习压力呈现正向相关，初、高中阶段的困境儿童学习压力明显大于低学龄段的。其中初中阶段的困境儿童表示学习压力大和非常大的占比45.4%，高中阶段的困境儿童表示学习压力大和非常大的占比47.4%，高于小学阶段（37.3%）。此外，困境儿童学习压力和家庭经济条件存在显著的负相关。家庭经济条件越差，困境儿童遭遇的学习压力越大（见表4）。经济条件差与学习压力大两个负面因素交互强化，使得困境儿童之困境带有明显的综合性。

表4 困境儿童学习压力与自评家庭经济条件交叉分析情况

单位：%

学习压力＼家庭条件	非常好	好	一般	差	非常差
非常大	0.0	11.1	3.1	4.8	34.8
大	0.0	11.1	27.8	40.5	30.4
一般	50.0	55.6	53.6	47.6	30.4
不大	0.0	22.2	14.4	6.0	4.3
一点都不大	50.0	0.0	1.0	1.2	0.0

（二）多数困境儿童心理健康，少部分孩子出现明显的心理问题

总体上看，受访困境儿童快乐指数较高。78.6%的困境儿童表示"经常快乐"或"总是快乐"，20.7%的困境儿童表示"有时、偶尔快乐"，但有1名困境儿童表示"从不快乐"。数据显示，困境儿童的快乐程度与他们的学龄段存在显著关联，低学龄段的困境儿童自我感觉"经常快乐"的比例要高于高学龄段的。学龄前的困境儿童中有46.4%的表示"经常快乐"，而小学、初中、高中阶段的困境儿童该比例分别为21.4%、18.6%和7.7%，呈现明显的递减趋势（见图6）。困境儿童的快乐指数与其自评的家庭经济条件亦显著相关，家庭经济条件非常好的困境儿童中有50%的表示"经常快

乐",家庭经济条件分段"好""一般""差""非常差"的占比分别是42.9%、27.5%、22.7%、18.5%（见图7）。

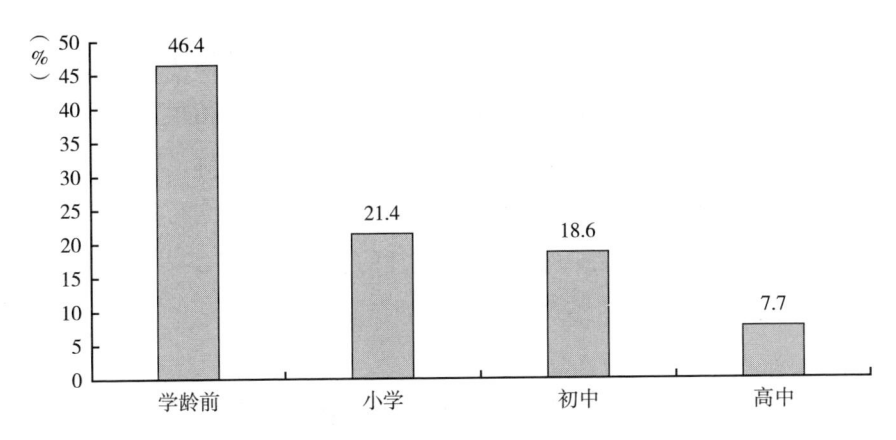

图6 各学龄段困境儿童表示"非常快乐"的比例差异

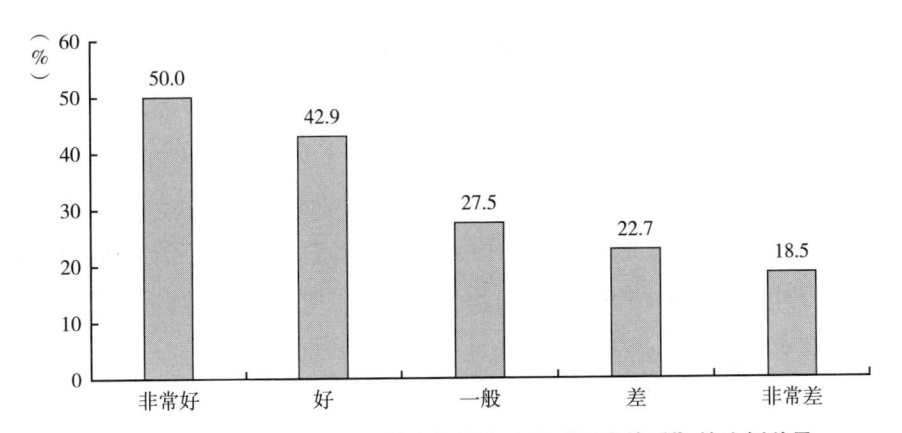

图7 自评家庭经济条件不同的困境儿童表示"经常快乐"的比例差异

与快乐指数分布相类似，尽管有五成的困境儿童有过孤独情绪，但是经常为孤独困扰的困境儿童比例很低。统计显示，46.5%的困境儿童表示"从不孤独"，"总是孤独"的占比0.7%，"经常孤独"的占比2.1%，"有时孤独"的占比50.7%。进一步分析发现，困境儿童的孤独情绪与实际监护人的年龄存在显著关联。孤独指数与实际监护人年龄的交叉分析显示，表示

"从不孤独"困境儿童的占比随着实际监护人年龄增长而递减,监护人年龄30岁以下,表示"从不孤独"的困境儿童占比75%,监护人年龄31~50岁、51~65岁、65岁以上该比例分别为49.5%、40.3%和33.3%,呈逐步下降趋势。实际监护人年龄越大,困境儿童出现孤独情绪的比例显著增加。在工作实务中,由年龄较大的监护人监护的困境儿童更加值得关注。

总体上看,绝大多数困境儿童目前的心理健康状况良好,与人交往的意愿强烈(90.9%的受访儿童均表示愿意与人交往)。不过,也有少部分困境儿童的主观幸福感弱、孤独感强、与人交往的意愿弱,甚至有7名困境儿童出现过严重的心理问题。

六 困境儿童及其家庭的服务需求

需求是政策服务发展的立足点。从调查结果看,"经济支持"是受访困境儿童及其家庭的最普遍需求,有59.5%的困境儿童表示最需要的是经济支持。选择需要"学习辅导"的占比17.6%,选择"父母陪伴"的占比11.6%,选择"心理、情感方面的倾诉与咨询"的占比4.2%。可以发现,经济支持、学习辅导和父母陪伴是困境儿童反映最强烈的三大需求(见图8)。因此,在困境儿童保障工作中,除了重点关注儿童面临的监护缺失问题外,也应关注那些虽然和父母居住在一起,但得不到父母适当监护与教育的孩子。要着重关注家庭经济困难、父母缺乏辅导孩子学业与功课的能力或因故不能陪伴孩子的家庭,支持并协助相关监护人适当育儿。

进一步分析,受访儿童的需求与性别、学龄段、家庭经济条件情况存在显著关联。对受访儿童的需求与性别进行交叉分析发现,女生需求"经济支持"的比例高于男生,两者分别为63.6%和57%。男生寻求"心理、情感方面的倾诉和咨询"的比例高于女生,两者分别为5.7%和2.5%。这种差异反映女生对家庭经济困难更加敏感,却不愿意敞开心扉寻求心理、情感方面的支持。与男生比,她们对困境的感受更加强烈,因此更容易为"困境"所困,是典型的高风险人群。

困境儿童生存状况及其服务需求

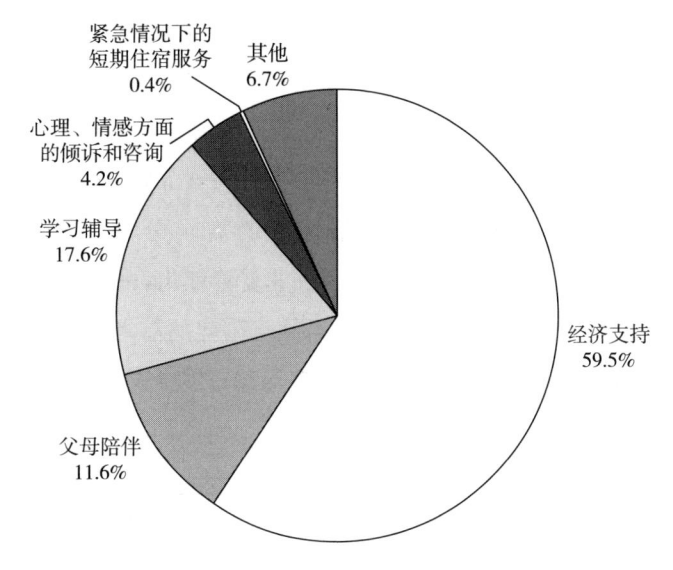

图8 受访儿童需求分布情况

不同学龄段的孩子服务需求存在差异。学龄段越高，对"经济支持"的需求越大。高中阶段受访儿童对"经济支持"的需求占比达到了69.2%，显著高于其他年龄段。所以如此，既与大龄儿童对家庭经济困境的感知能力有关，也与非义务教育阶段高中学习开支加大有关。同时，随着学龄段增加，受访儿童对"父母陪伴"的需求逐渐降低，从学龄前到高中的四个阶段分别占比15.9%、14.1%、8.5%和4.6%。学习辅导方面，初中学龄段困境儿童的需求最大（28.8%），其次为小学（21.1%），学龄前困境儿童与高中阶段困境儿童有学习辅导需求的比例分别只有11%和13.8%。可见，义务教育阶段困境儿童的学习辅导问题值得关注。

受访儿童的需求与家庭经济条件有明显关联。受访儿童自评的家庭经济条件为"非常好""好""一般""差""非常差"五个阶段，其对"经济支持"的需求分别占比0%、28.6%、44.6%、75.5%和88.9%。这显示儿童的需求是建立在其理性判断的基础之上的。对于学习辅导，家庭经济条件不同的困境儿童都有较为明显的需求。但是，自评家庭经济条件较好的孩子，其学习辅导方面的需求更加强烈。例如，自评家庭经济条件"好"的

177

困境儿童中,有学习辅导需求的比例为21.4%,自评家庭经济条件"差"的困境儿童该比例只有15.5%。受访儿童对"父母陪伴"的需求与其自评的家庭经济条件呈正相关:自评家庭经济条件越好的儿童,对"父母陪伴"的需求越强烈。如图9所示,自评家庭经济条件"非常好""好""一般""差""非常差"的儿童对"父母陪伴"的需求分别为100%、35.7%、15.4%、5.5%和0。可见,家庭经济条件并非妥善育儿的充分条件。相对较好的家庭经济条件,并无法抵消困境儿童对父母陪伴的需求。来自父母和家庭的必要经济资源与教育、照顾与陪伴,是确保儿童健康成长的前提与基础。

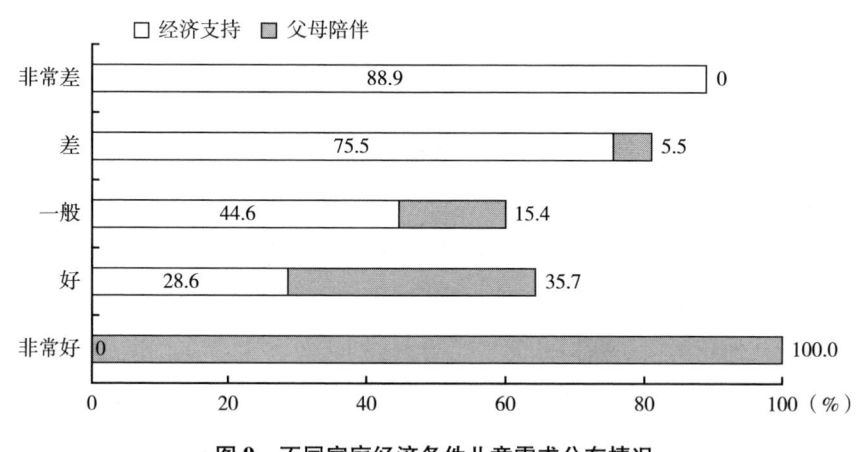

图9 不同家庭经济条件儿童需求分布情况

七 结论与政策建议

有效保障困境儿童的切身利益和健康成长是儿童福利工作的立足点和出发点。从调查结果看,N区困境儿童成长的总体状况良好。绝大多数家庭氛围良好,实际监护人尽心尽责,困境儿童能够得到良好的家庭教育和学校教育。困境儿童也基本能有积极良好的心态,愿意与人交往,日常情绪稳定。但是调查中也发现了一些问题亟须解决,包括受访儿童父母及家庭的困境和受访儿童的自身规划、个人需求与生活压力问题。近五成困境儿童的父母没有就业,其家庭缺乏稳定而必要的收入。此外，调查中也发现个别困境儿童遭遇忽视与虐待、亲子关系紧张、家庭育儿压力较大、困境儿童心理问题突出等问题。

  儿童是国家的未来和家庭的幸福所系。依法保障每一名儿童的生存权、受保护权、发展权等合法权益，采取一切措施确保其健康成长，是民众的普遍诉求，也是现代政府的普遍选择。党的十八大之后，党中央、国务院出台了一系列政策措施，不断加强和改进困境儿童关爱保护工作，明确了困境儿童关爱保护的方向。按照国家有关文件的要求，用系统专业的政策与服务积极解决困境儿童面临的上述生存与发展问题，是新时期儿童福利工作的重要任务和要求。民政部门等要积极发挥在关爱保障困境儿童工作方面的牵头作用，更加系统地关注困境儿童，并为每一名困境儿童提供适当的干预和服务。

  一是要健全困境儿童保障制度，切实保障儿童基本生存权利。要落实困境儿童的发现报告机制、应急处置机制、评估帮扶机制和监护干预机制。监督、支持家庭妥善养育儿童，通过职业培训与指导、就业援助等方式协助困境儿童父母进入劳动力市场从而实现就业，助其自助，提升困境儿童家庭育儿的经济能力。全面落实困境儿童基本生活保障制度，确保每一名困境儿童的基本生活都有充分保障。完善对困境儿童家庭监护意识与监护能力的调查评估办法与机制，对不适合由家庭监护的儿童适时做家外安置。调查发现，个别困境儿童的实际监护人与困境儿童之间关系紧张，这些家庭的监护状况，需要受到制度化的、定期的监督和支持。对经过评估确定需要长期家外安置的困境儿童，可通过机构养育、亲属寄养、一般家庭寄养等方式为其提供家庭寄养等替代性养育服务。推动未成年人救助保护机构的专业化发展，对遭受监护侵害、暂时无人监护等未成年人实施救助，有效推进困境儿童保障工作。

  二是要加强基层儿童福利工作者队伍建设，强化儿童福利服务。优化居民委员会儿童福利主任、街道办事处儿童督导员的岗位设置与人员配备，完善其岗位职责要求，充分发挥其在心理咨询、亲职教育、儿童照顾、家庭辅导等方面的积极作用，为有需要的儿童和家庭提供专业化服务。制定并实施基层儿童福利工作者社工专业培训计划，切实提升其专业服务能力。建立健全基层儿童福利工作者队伍的准入、聘用、培训、考核与奖惩制度，将基层儿童福利工作者队伍建设情况纳入相关部门的综合考评体系。

三是推动专业社会工作者介入，开展困境儿童个案管理工作。从调查的结果看，个别困境儿童因父母重度残疾、服刑等而得不到适当监护。例如，有的困境儿童父母均为二级残疾却依然只能依靠父母的照顾监护，有的困境儿童时常被单独留在家中，有的困境儿童甚至遭遇身体与精神虐待，还有的困境儿童与实际监护人之间关系紧张等。这些问题的解决需要有专业人员采用专业的方法。建议培养一批儿童社会工作者，用个案管理的方法，对急需帮助的困境儿童及其家庭予以必要的干预。建立健全困境儿童基本生活保障制度，同时对困境儿童的关爱保障工作可拓展至关注他们的亲子与家庭关系、心理健康与社会性发展。要通过专业的社会服务，协助儿童及其家庭更有尊严地生活，并获得更好的成长机会。

四是要支持社会力量参与，构建政府与社会共同推动儿童福利事业发展的治理架构。鼓励社会力量参与困境儿童救助，为有需要的儿童及其家庭提供必要的经济资助、照顾服务与亲职教育指导。从登记注册、专业扶持、经济资助、监管规范等层面推动儿童福利服务类社会组织的规范化发展，实现专门开展儿童福利服务的社会组织数量与发展水平的同步提升。扶持示范性儿童福利社会组织的发展，带动相关机构健康有序发展。

参考文献

程福财：《拯救儿童——流浪儿童社会融合问题研究》，上海人民出版社，2014。

丁捷：《忽视儿童也属虐待 中国冷暴力为何高发？》，财新网，2019年5月31日。

邱天敏：《童年的"结构化"：基于对32名上海小学生的个案研究》，上海社会科学院硕士学位论文，2019。

杨雄：《关于社会工作视野下的儿童福利政策思考》，上海社会科学院青少年研究所工作论文，2013年10月。

Ocampo, P. D. S., "Children in Especially Difficult Circumstances: The Global and Philippine Situation," *Pediatrics International*, 2007, Vol. 40 (1).

B.8 基于多要素的上海市中长期人口容量研究[*]

周海旺　韦陆星[**]

摘　要： 城市人口承载力与城市发展息息相关。本文通过对上海近10年来的常住人口进行分析，总结人口发展中存在的问题。同时，从资源、环境、经济、公共服务、城市建设五个方面构建指标体系，对上海人口承载力进行测算，结果显示到2035年上海人口还有一定的增长空间，人口承载力的短板集中在供水量、电力消费、绿地面积、住房面积、道路面积等方面。因此，可以通过调控人口数量、优化各类人口结构、加强节能减排、重视城市交通和住房建设、拓展生态空间、发展郊区新城等路径实现上海人口合理容量。

关键词： 上海　人口容量　人口承载力

一　研究背景

中央要求加快中心城市和城市群发展。2018年中共中央、国务院发布《关于建立更加有效的区域协调发展新机制的意见》，提出建立以中心城市引领城市群发展、城市群带动区域发展新模式，推动区域板块之间

---

[*] 本文是上海市统计局第七次人口普查数据分析报告《上海市人口合理规模与城市容量研究》的部分成果。
[**] 周海旺，上海社会科学院城市与人口发展研究所研究员，主要研究方向为人口社会学、人口经济学；韦陆星，上海市青少年研究中心研究实习员，主要研究方向为青年发展。

融合互动发展。2019年3月，国家发改委印发《2019年新型城镇化建设重点任务》，进一步明确我国城市发展方向的新变化，鼓励向中心城市和城市群集中。2019年10月，党的十九届四中全会明确指出要提高中心城市和城市群的综合承载和资源优化配置能力。上海作为我国最大的城市，作为长三角城市群的龙头城市，要认真贯彻执行中央要求，深入研究城市人口承载能力，更好地引领带动我国社会经济全面转型升级和可持续发展。

上海提出要增强城市综合竞争力和可持续发展能力。上海作为全国改革开放排头兵、创新发展先行者，肩负着应对全球竞争、推动长三角高质量一体化发展和助推上海自身服务能级提升的重要使命。在2021年1月召开的上海两会上，"五大新城建设"首次被写进上海市政府工作报告。上海提出加快建设嘉定、青浦、松江、奉贤和南汇五大郊区新城，到2035年，五大新城各集聚100万左右常住人口，总人口规模达到500万左右，基本建成长三角地区具有辐射带动作用的综合性节点城市。2021年11月修改的《上海市人口与计划生育条例》提出，市人民政府要根据经济、社会发展水平和资源、环境的承载能力，确定人口发展规模，调控常住人口总量。上海的进一步发展需要吸引更多的人口特别是各类人才，而在人口和各类人才不断聚集的过程中，上海也面临着城市资源配置问题，加强对人口合理规模与城市容量的研究对于增强城市可持续发展能力、提高城市综合竞争力而言具有重要意义。

本研究采用可能—满意度法对上海经济承载力、社会承载力、资源环境承载力及基础设施承载力进行评价，有利于上海市合理调配自然资源、提高经济发展水平、提升社会服务水平、改善生态环境质量、提高基础设施便利化程度、促使经济—社会—资源—环境—基础设施协调发展。通过构建综合指标体系，对上海市城综合承载力进行主客观相结合的评价，分析城市综合承载力实际情况，发现综合承载力方面的突出短板，以期助力于政府部门认识上海市综合承载力现状及未来发展趋势，从而制定具有针对性的政策。

二 上海人口发展进程和特点

（一）常住人口

1. 常住人口总量

（1）全市常住人口变化

2020年常住人口明显增加。自2014年实行人口调控政策以来，上海人口得到了有效控制。分时间段看，2010~2014年上海常住人口逐年增加，其间增加了123.02万人。2014~2020年上海常住人口经历了先减少而后波动增长的过程，2019年达到2428.14万人，较2018年增加4.36万人。2020年常住人口为2487.09万人，较2019年增加了58.95万人。2020年人口的大幅增加与七普调查增加了人口普查的准确性相关（见图1）。

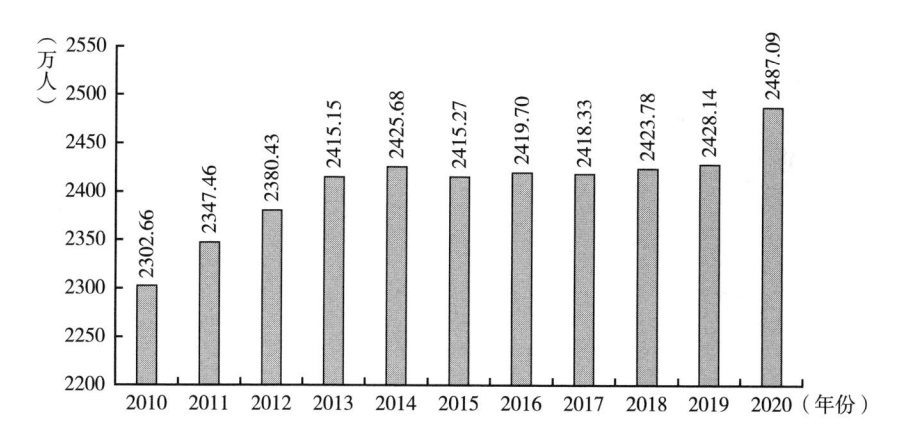

图1　2010~2020年上海常住人口数量变化

资料来源：历年《上海统计年鉴》、第七次全国人口普查。

（2）各区常住人口变化

中心城区常住人口总量减少，郊区人口增加。2020年各区常住人口中，浦东新区、闵行区、宝山区、松江区和嘉定区人口总量位居全市前五，分别为568.15万人、265.35万人、223.52万人、190.97万人和183.43万人。2010~2020年,常住人口减少的地区有静安区、虹口区、杨浦区、崇明区、普陀区和黄浦区,分别减少了10.16万人、9.50万人、7.07万人、6.58万人、4.91万人和1.67万人。在人口增加的地区中,浦东新区、嘉定区、宝山区和松江区的常住人口增加较多,分别增加了63.71万人、36.31万人、33.03万人和32.73万人。由此可知,2010年以来,中心城区人口集聚现象有所缓解,中心城区人口逐渐向郊区疏散(见表1)。

表1 2010年、2020年上海市各区常住人口总量变化

单位:万人

地区	2010年 人数	2010年 排序	2020年 人数	2020年 排序	2010~2020年 人口变化
全市	2301.92	—	2487.09	—	185.17
黄浦	67.87	16	66.20	15	-1.67
徐汇	108.51	8	111.31	10	2.80
长宁	69.06	15	69.31	14	0.25
静安	107.73	11	97.57	11	-10.16
普陀	128.89	7	123.98	8	-4.91
虹口	85.25	12	75.75	13	-9.50
杨浦	131.32	6	124.25	7	-7.07
闵行	242.94	2	265.35	2	22.41
宝山	190.49	3	223.52	3	33.03
嘉定	147.12	5	183.43	5	36.31
浦东	504.44	1	568.15	1	63.71
金山	73.24	13	82.28	12	9.04
松江	158.24	4	190.97	4	32.73
青浦	108.1	10	127.14	6	19.04
奉贤	108.35	9	114.09	9	5.74
崇明	70.37	14	63.79	16	-6.58

注:自第五次、第六次、第七次人口普查,由于行政区划调整,不同年份的行政区划略有不同,为了方便对比,将2010年和2000年的部分行政区进行了合并,下同。

（3）五大新城常住人口

松江新城常住人口总量最多，外来人口占比也最高。在五大新城中，松江新城常住人口最多，为81.22万人；排第二的是嘉定新城，有69.65万人；排第三的是青浦新城，有40.27万人；排第四的是奉贤新城，有40.12万人；排第五的是南汇新城，有36.75万人。从外来人口占比看，嘉定新城和松江新城外来人口占比相对较高，分别为52.16%和52.20%；奉贤新城外来人口占比最小，为35.64%（见表2）。

表2　2020年上海市五大新城各类常住人口总量

单位：万人，%

分类	常住人口	户籍人口	外来人口	外来人口占比
非五大新城	2219.07	1299.36	919.71	41.45
嘉定新城	69.65	33.32	36.33	52.16
松江新城	81.22	38.83	42.40	52.20
青浦新城	40.27	23.25	17.02	42.26
奉贤新城	40.12	25.83	14.30	35.64
南汇新城	36.75	18.55	18.20	49.52

资料来源：上海市统计局。

2.常住人口结构

（1）常住人口年龄结构

在年龄结构方面，2010年上海常住人口的年龄结构呈现两头小中间大，其中人口较多的年龄段集中于15~49岁，50岁以上人口和14岁以下人口数量较小。2020年上海常住人口的年龄结构有所改变，人口较多的年龄段集中于20~39岁年龄段，60岁及以上人口数量较2010年大幅增加。由此可知，2020年上海常住人口老龄化不断深化。从性别看，2020年常住人口中，60岁及以上女性老年人口数量明显大于男性。由于女性平均预期寿命要长于男性，在老年群体中女性的比例要大于男性，尤其是在高龄老人中女性人数远远大于男性（见图2、图3）。

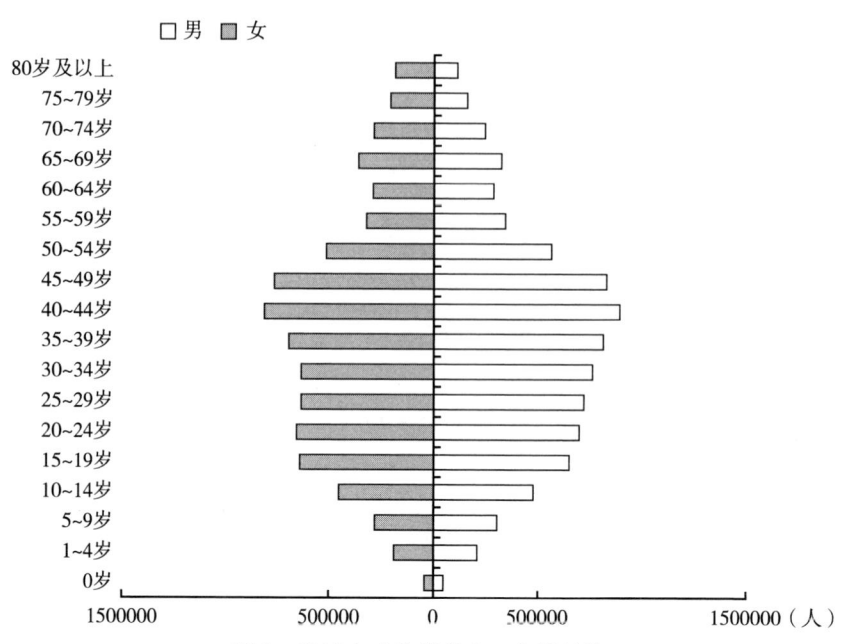

图 2　2010年上海常住人口年龄结构

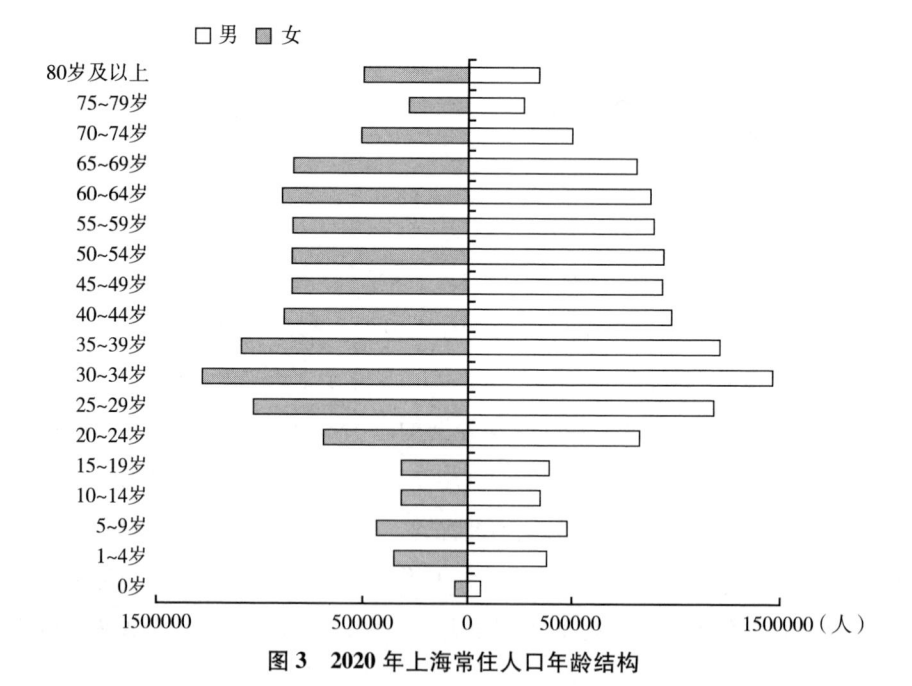

图 3　2020年上海常住人口年龄结构

资料来源：全国第六次、第七次人口普查。

（2）常住人口抚养比

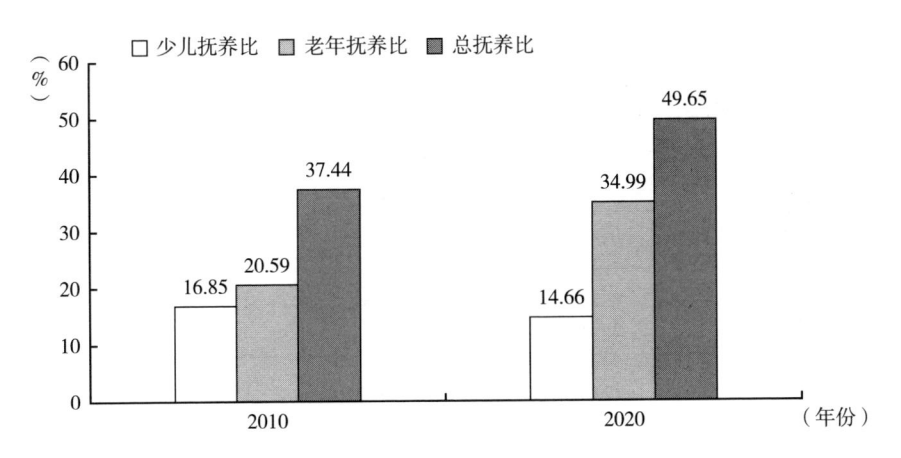

2020年上海常住人口抚养比大幅增长，接近人口红利上限。从总抚养比看，2020年上海常住人口的总抚养比为49.65%，较2010年增长了12.21个百分点。这意味着每100位常住劳动年龄人口要抚养将近50位非劳动年龄人口。从少儿抚养比看，2020年上海常住人口少儿抚养比略有降低，从2010年的16.85%降低到2020年的14.66%。从老年抚养比看，2020年上海常住人口老年抚养比大幅增长，从2010年的20.59%增长至2020年的34.99%，增长了14.40个百分点。由此可知，2020年较2010年常住人口的总抚养比增长主要源于老年人口的快速增加，这意味中上海常住劳动年龄人口的老年抚养压力越来越大。学界普遍认为，当一个国家或者地区人口总抚养比低于50%时，处于人口红利期，有利于经济发展，而上海市常住人口总抚养比略低于50%的红线，人口红利期即将结束（见图4）。

图4 2020年上海常住人口抚养比

注：少儿抚养比=（0~14岁少年儿童人口/15~59岁劳动年龄人口数量）×100%，老年抚养比=60岁及以上人口/15~59岁劳动年龄人口数量×100%，总抚养比=（0~14岁少年儿童人口+60岁及以上人口）/15~59岁劳动年龄人口数量×100%。

资料来源：上海统计局。

3. 常住人口空间分布

2020年上海市中心城区人口密度远高于其他区域。2020年上海市常住人口密度为0.39万人/公里^2。在中心城区中，黄浦区和虹口区的人口密度相对较高，分别为3.24万人/公里^{2}和3.23万人/公里^2。中心城区中，常住人口密度最低的是长宁区，为1.81万人/公里^2。中心城区集聚了大量的人口，因此人口密度居高不下。相较于中心城区的高人口密度，郊区的人口密度则较低。在郊区中，宝山区、闵行区和嘉定区的人口密度相对较高，分别为0.82万人/公里^2、0.72万人/公里^{2}和0.40万人/公里^2，但仍远低于中心城区的人口密度。

2010~2020年，中心城区常住人口密度下降。中心城区中，虹口区、静安区、杨浦区和黄浦区的常住人口密度有所减少，每平方公里分别减少0.40万人、0.27万人、0.11万人和0.08万人；徐汇区和长宁区常住人口密度略有增加，每平方公里分别增加0.05万人和0.01万人。在常住人口密度增加的地区中，宝山区、嘉定区、闵行区和松江区常住人口密度增加相对较多，每平方公里分别增加0.12万人、0.08万人、0.06万人和0.06万人（见表3）。

表3 2010年和2020年上海市各区常住人口密度变化

单位：万人/公里^2

地区	2010年	2020年	2010~2020年变化
全市	0.36	0.39	0.03
黄浦	3.32	3.24	-0.08
虹口	3.63	3.23	-0.40
静安	2.92	2.65	-0.27
普陀	2.35	2.26	-0.09
杨浦	2.16	2.05	-0.11
徐汇	1.98	2.03	0.05
长宁	1.80	1.81	0.01
宝山	0.70	0.82	0.12
闵行	0.66	0.72	0.06
浦东	0.42	0.47	0.05
嘉定	0.32	0.40	0.08
松江	0.26	0.32	0.06
青浦	0.16	0.19	0.03
奉贤	0.16	0.17	0.01
金山	0.12	0.14	0.02
崇明	0.06	0.05	-0.01

资料来源：全国第六次、第七次人口普查。

（二）常住户籍人口

常住户籍人口老龄化程度达到36.04%。2020年上海常住户籍人口有1439.12万人，占全市常住人口57.46%。在常住户籍人口中，0~14岁的人口有158.11万人，占总常住户籍人口的10.99%；15~59岁的劳动年龄人口数量有762.29万人，占总常住户籍人口的52.97%，60岁及以上的老年人口有518.73万人，占总常住户籍人口的36.04%（见表4）。

表4　2020年上海常住户籍人口年龄分布及占比

单位：万人，%

年龄	男性 人数	男性 比例	女性 人数	女性 比例	总计 人数	总计 比例
0~14岁	81.50	11.50	76.61	10.49	158.11	10.99
15~59岁	378.64	53.43	383.65	52.52	762.29	52.97
60岁及以上	248.47	35.06	270.25	37.00	518.73	36.04

资料来源：上海市统计局。

（三）常住外来人口

相较于中心城区，郊区常住人口中外来人口占比较高。从各区常住外来人口数量看，浦东新区、闵行区、松江区、嘉定区和宝山区的常住外来人口数量相对较多，分别有242.00万人、124.29万人、111.46万人、103.69万人和90.58万人。从各区常住外来人口占比看，松江区、青浦区、嘉定区、奉贤区和闵行区的占比相对较高，分别为58.37%、56.95%、56.53%、51.65%和46.84%。常住外来人口占比较低的城区是崇明区、杨浦区、静安区和虹口区，分别为22.97%、25.05%、26.28%和27.03%（见图5）。

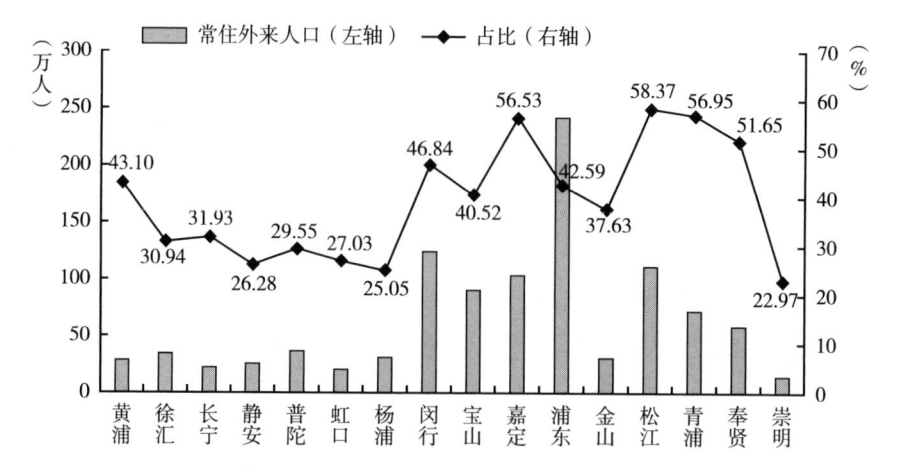

图 5　2020 年上海市常住外来人口总量及占比

资料来源：上海市统计局。

三　当前上海人口发展中存在的突出问题

（一）人口深度老龄化，人口年龄结构失衡严重

常住人口中，老年人比重不断提高，劳动人口比重有所降低。2020 年全市常住人口中，0~14 岁少年儿童年龄人口 243.63 万人，占比 9.80%；15~59 岁劳动年龄人口 1661.91 万人，占比 66.82%；60 岁及以上老年人口 581.55 万人，占比 23.38%。从不同年龄段人口的变化趋势看，2000~2010 年，0~14 岁少年儿童人数减少了 2.80 万人，其占常住人口比例也从 12.26% 降低至 8.61%；2020 年 0~14 岁年龄人口较 2010 年增加了 45.34 万人，但其占比仅增长了 1.19 个百分点。在 15~59 岁劳动年龄人口中，2010 年有 1756.66 万人，占比 76.31%，而 2020 年大幅减少，减少了 94.75 万人，占比也降低了 9.49 个百分点。在 60 岁及以上老年人口中，2000 年以来老年人口数量持续增加，2020 年相较于 2000 年增加了 335.79 万人，占比也从 2000 年的 14.97% 增长到 2020 年的 23.38%。

2010年以来,15~59岁劳动年龄人口持续减少,而60岁及以上老年人口数量不断增加,再加上0~14岁少年儿童人口变化不大,上海常住人口老龄化不断加深(见表5)。

表5 2000年、2010年、2020年上海常住人口年龄结构变化

单位:万人,%

年份	0~14岁 人口数	比例	15~59岁 人口数	比例	60岁及以上 人口数	比例
2000	201.09	12.26	1193.92	72.77	245.76	14.97
2010	198.29	8.61	1756.66	76.31	346.97	15.08
2020	243.63	9.80	1661.91	66.82	581.55	23.38

资料来源:国家统计局、上海市统计局。

(二)出生人口逐步减少,劳动力后备不足

2010~2016年上海户籍出生人口、出生率呈波动上升趋势,但上升幅度不大。2016年全面二孩政策实施,出生人口达到了户籍出生人口的高峰,为13.07万人,出生率为9.04‰。2017~2019年户籍出生人口和出生率有所下降,2019年户籍出生人口创十年来新低,为9.14万人,出生率为6.30‰(见图6)。截至2019年底,上海市户籍出生人口比"十一五"期末减少0.88万人,比"十二五"期末减少1.45万人。近年来,上海市的人口生育水平较为低迷,人们的生育意愿也不高,出生人口的减少势必会导致未来劳动年龄人口减少,劳动力后备不足。

(三)外来人口比例高,与本地人口融合发展问题多

常住外来人口总量快速增长。2020年上海常住外来人口总量为1047.97万人,占全市常住人口的比重为42.14%。早在2000年,常住外来人口仅有313.26万人,占全市常住人口的比重为19.09%。2010年,上海常住外来人口增加至897.70万人,较2000年增加了584.44万人,占全市常住人口的

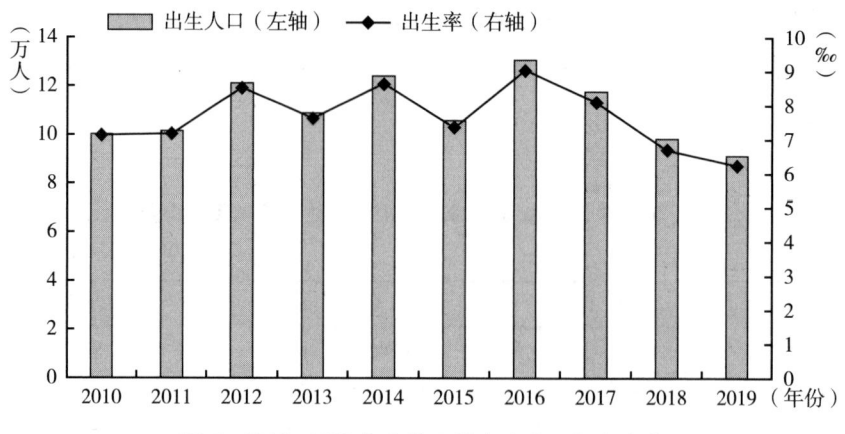

图 6 2010~2019年上海户籍出生人口和出生率

资料来源：2010~2019年《上海统计年鉴》。

比重也增长了19.91个百分点。相较于2010年，2020年常住外来人口增加了150.27万人。在上海发展的过程中，外来人口不断增加，而外来人口的大量流入给城市的公共服务以及整体的就业环境造成了较大的压力，加大了公共管理难度。不仅如此，外来人口与本地人口由于地域文化的不同，在城市融合方面也存在一定的困难，因此在外来人口大量流入的同时存在本地人口与外来人口融合发展的诸多问题（见表6）。

表6 2000年、2010年、2020年上海常住外来人口变化趋势

单位：万人，%

年份	数量	占全市常住人口比重
2000	313.26	19.09
2010	897.70	39.00
2020	1047.97	42.14

资料来源：全国第五次、第六次、第七次人口普查。

（四）中心城区人口密度大，人口空间分布不合理

从常住人口总量看，中心城区常住人口小幅减少，郊区常住人口和浦东

新区人口大幅增加。2020年中心城区人口为668.37万人，占比26.87%，较2010年减少了30.25万人，降幅为4.33%，占比也减少了3.48个百分点。浦东新区人口2020年为568.15万人，较2010年增加了63.71万人，增加12.63%。郊区常住人口2020年较2010年增加了151.72万人，增幅为13.81%。虽然郊区的人口数量及占比均相对较大，但从人口密度来看，郊区的人口集聚程度远远低于中心城区。2020年郊区常住人口密度为2583人/米^2，较2010年每平方米增加了313人；中心城区常住人口密度为23092人/米^2，较2010年每平方米减少了1045人，虽然中心城区人口密度有所降低，但还是仍远高于郊区。由此可知，上海中心城区聚集了较多的人口，人口密度极高，而郊区虽然人口数量多，但人口的集聚程度不高且集聚速度相对缓慢。中心城区和郊区人口分布不均导致了各类公共资源、公共管理问题（见表7）。

表7 2010年和2020年上海市不同地区常住人口总量及比例

地区	2020年 人口总量（万人）	2020年 比例（%）	2020年 人口密度（人/米^2）	2010年 人口总量（万人）	2010年 比例（%）	2010年 人口密度（人/米^2）
中心城区	668.37	26.87	23092	698.62	30.35	24137
浦东新区	568.15	22.84	4694	504.44	21.91	4168
郊区	1250.57	50.28	2583	1098.85	47.74	2270
全市	2487.09	100.00	3923	2301.92	100.00	3631

注：中心城区包括黄浦区、徐汇区、长宁区、静安区、虹口区、普陀区和杨浦区。郊区包括闵行区、宝山区、嘉定区、金山区、松江区、青浦区、奉贤区和崇明区。

（五）人口文化水平总体较低，人才数量有待提高

从各学历阶段人口占常住人口的比例看，上海市常住人口总体文化水平低于北京市。2020年上海常住人口中，初中及以下学历占比40.86%，高中学历占比19.02%，大专及以上学历占比33.87%。相较于2010年，2020年大专及以上人才占比有所增加，高中及以下学历人口占比有所降低。但与北京市相比，上海的总体学历水平存在一定差距。在初中及以下学历人口占比方面，2020年北京市初中及以下学历人口占比33.79%，比上海低7.07个

百分点；在大专及以上学历人口占比方面，2020年北京大专及以上学历人口占比41.98%，较上海高8.11个百分点（见表8）。

表8 2010年和2020年上海市、北京市人口各学历占比

单位：%

学历	上海 2010年	上海 2020年	北京 2010年	北京 2020年
初中及以下	50.00	40.86	41.35	33.79
高中	20.97	19.02	21.22	17.59
大专及以上	21.95	33.87	31.50	41.98

资料来源：上海市、北京市第六次、第七次人口普查公报。

从全国四个直辖市人才数量情况看，上海人才拥有量高于天津市和重庆市，但与北京相比仍存在显著差距。对比北京与上海每十万人口中大专及以上学历人口数量，2020年北京市为41980人，而上海仅为33872人，相差8108人。从每十万人中大专及以上学历人口数量的增长速度看，2000~2020年北京、上海、天津、重庆四个直辖市均呈增长趋势。由此可知，2000年以来，上海大专及以上学历人口持续增加，但与北京市相比仍有一定差距，还有待提高（见图7）。

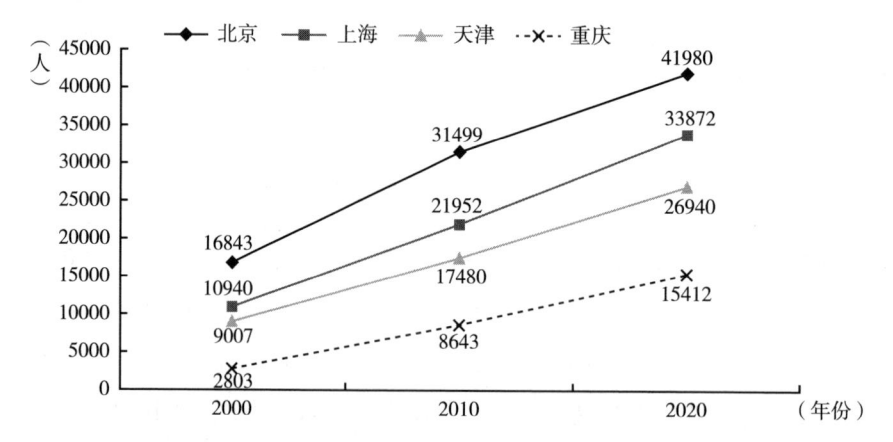

图7 2000~2020年各直辖市每十万人口中大专及以上学历人口数量

资料来源：全国第七次人口普查公报，北京、上海、重庆、天津第五次人口普查公报。

四 影响上海人口容量的主要指标变动趋势及前景

(一)上海人口适度规模研究指标构建

上海要实现人口可持续发展,就要科学测算基于资源、环境和社会经济各项条件的人口承载力。本研究从城市资源、生态环境、经济发展、公共服务、城市建设五个方面对上海的人口承载力进行研究,既对单项指标进行人口承载力评价,也对综合承载力进行研究。

1. 城市资源

(1) 水资源

水资源是人类社会赖以生存和发展的不可替代的宝贵资源。随着各行各业的水资源需求量不断增加,经济社会发展与水资源承载能力之间的矛盾逐渐凸显。2016年以来,上海供水总量总体呈减少趋势。从2016年的32.04亿立方米减少到2020年的28.86亿立方米。根据《上海市城市总体规划(2017—2035年)》,年用水总量控制在38亿立方米内。近年来全市年用水量减少,2000年以来,最高供水量为2016年的32亿立方米。因此,假设到2035年上海供水总量达到38亿立方米的可能度为0,达到35亿立方米的可能度为1。将人均日生活用水量作为满意度指标,2010年以来人均日生活用水量均在110升以上(见表9),参考上海设定的居民生活用水标准[不超过135升/(人·日)],因此满意度区间设定为110~130升。

表9 2000~2020年上海供水总量及人均生活用水量

单位:亿立方米,升

年份	供水总量	人均生活用水量
2000	24.00	114
2010	30.90	117
2011	31.13	113

续表

年份	供水总量	人均生活用水量
2012	30.97	115
2013	31.91	116
2014	31.73	113
2015	31.22	112
2016	32.04	118
2017	31.01	119
2018	30.55	120
2019	29.79	123
2020	28.86	—

资料来源：历年《上海市国民经济和社会发展统计公报》《上海统计年鉴》。

（2）建设用地

《上海市城市总体规划（2017—2035年）》提出到2035年城市建设用地面积控制在3200平方公里以内。未来上海按照规划引领城市发展转型，以土地利用方式转变倒逼经济社会发展方式转型。2015年上海市建设用地面积为3071平方公里。由城市建设统计年鉴数据可知，2019年城市建设用地面积为1944.96平方公里，由于五大新城正在发展中，建设用地会有所增加，假设到2035年上海建设用地面积达到3200平方公里的可能度为0，建设用地面积到达3100平方公里的可能度为1。将人均建设用地面积作为满意度指标，根据2019年城市建设统计年鉴数据可计算出，上海2019年人均建设用地面积为80平方米。由于未来用地规模有限，同时根据国家对于城市建设用地的规划标准，将人均建设用地面积90平方米作为满意度的最高水平，115平方米作为满意度的最低水平。

（3）能源消费

在双碳目标下，居民日益增长的用电需求与电厂供应能力不足之间的矛盾凸显，用全社会用电量指标衡量可能度。随着经济社会发展，上海电力消费总体呈现上升趋势，但近年来增速有所放缓。全社会用电量由2010年的1295.87亿千瓦时增长至2020年的1575.96亿千瓦时，年均增长率2.20%。

因此将每年将2.5%的增速作为其最低可能度,每年将1.5%的增速作为最高可能度。假设到2035年上海用电量为1970亿千瓦时的可能度为1,2282亿千瓦时的可能度为0。按常住人口计算,2020年上海人均电力消费为6337千瓦时(见表10),2010~2020年人均电力消费的年均增长率为1.32%。参考发达国家的人均消费量,日本2019年人均电力消费为8111千瓦时。因此将人均电力消费7500千瓦时作为满意度的最高水平,将6500千瓦时作为满意度的最低水平。

表10　2010~2020年上海全社会用电量及人均用电量

单位:亿千瓦时,千瓦时

年份	全社会用电量	人均用电量
2010	1295.87	5628
2011	1339.62	5707
2012	1353.45	5686
2013	1410.60	5841
2014	1369.03	5644
2015	1405.55	5819
2016	1486.02	6141
2017	1526.77	6313
2018	1566.66	6464
2019	1568.58	6460
2020	1575.96	6337

注:人均用电量用常住人口计算。
资料来源:历年《上海市国民经济和社会发展统计公报》《上海统计年鉴》。

2. 生态环境

(1)绿化

绿化面积可以反映一个城市的环境情况,用公园绿地面积作为衡量指标。上海的公园绿地面积不断增长,但由于土地供给日益紧张,绿地面积的增幅也会受到一定限制。2019年上海公园绿地面积21425公顷,2010~2019年的年均增长率为3.67%。假设将每年4%的增长率作为最低可能度,上海到2035年上海公园绿地面积达到39000公顷的可能度为1;将每年3%的增长率作为最高可能度,则最高值34000公顷。将人均公园绿地面积作为可能度指标,上海人均公园绿地面积仅为8.6平方米(见表11),2010~2020年年均增长率为2.36%,2035年人均公园绿地面积力争达到13平方米以上。因此,将每年1%的增长率作为可能度最高值,将13平方米作为可能度最低值,得到可能度区间为10~13平方米。

表11 2010~2020年上海公园绿地面积情况

单位:公顷,平方米

年份	公园绿地面积	人均公园绿地面积
2010	16053	6.97
2015	18395	7.60
2016	18957	7.82
2017	19805	8.02
2018	20578	8.20
2019	21425	8.40
2020	—	8.60

资料来源:历年《上海市国民经济和社会发展统计公报》《上海统计年鉴》。

(2)污染治理

生活垃圾处理是一个城市污染治理的重要方面。就垃圾处理而言,城市是一个封闭系统,将生活垃圾处置量作为衡量指标。随着经济生活水平提高,上海生活垃圾处置量总体呈增加趋势,2010年为732万吨,2019年增加至1038万吨,由于2020年的统计口径不同,将2019年的数据作为依据。2010~2019年生活垃圾处置量年均增长率为4.46%,将每年增长6%作为最高可能度,年均增长4.5%作为最低可能度,假设上海到2035年上海生活垃圾处置量区间为2099万~2637万吨。按常住人口计算,2019年上海人均垃圾处置量为0.43吨(见表12),2010~2020年年均增长率为3.77%,假设以每年增长3%作为最低满意度值,每年增长5%作为最高满意度值,人均生活垃圾处置量区间为0.69万~0.93万吨。

表12　2010~2019年上海生活垃圾处置情况

单位：万吨，吨

年份	生活垃圾处置量	人均生活垃圾处置量
2010	732	0.32
2011	704	0.30
2012	716	0.30
2013	736	0.30
2014	735	0.30
2015	743	0.31
2016	880	0.36
2017	900	0.37
2018	984	0.41
2019	1038	0.43

资料来源：历年《上海市国民经济和社会发展统计公报》。

3. 经济发展

（1）GDP

2020年上海市生产总值为38700.58亿元。2010年以来，上海经济增速放缓，始终处于6%~8%。受新冠肺炎疫情影响，2020年经济增速骤降到1.7%。《上海市国民经济和社会发展第十四个五年规划和二〇三五年远景目标纲要》中提出到2025年全市生产总值年均增长率目标为5%。假设全市生产总值到2025年以每年5%的速度增长，2026~2030年后以每年3%的速度增长，得到最高可能度；到2025年以每年5%的速度增长，2026~2030年后以每年6%的速度增长，得到最低可能度，可能度区间为66380亿~88455亿元。按常住人口计算，上海人均GDP由2010年的7.33万元增长至2020年15.56万元（见表13），同年美国人均GDP为6.4万美元。参考发达国家标准并结合实际情况，将人均GDP 20万元设为满意度的最低水平，将30万元设为满意度的最高水平。

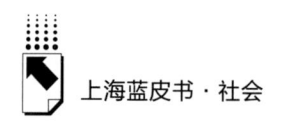

表13　2010~2020年上海GDP情况

单位：亿元，万元

年份	GDP	人均GDP
2010	16872.42	7.33
2011	19195.69	8.18
2012	20101.33	8.44
2013	21602.12	8.94
2014	23560.94	9.71
2015	24964.99	10.34
2016	27466.15	11.35
2017	30133.86	12.46
2018	32679.87	13.48
2019	38155.32	15.71
2020	38700.58	15.56

资料来源：历年《上海市国民经济和社会发展统计公报》。

（2）就业

人口实际上是由劳动力来供养的，一个区域的劳动力需求量构成了区域人口承载力最重要的基础。选取就业人口作为可能度指标，选择就业人口与常住人口比值作为满意度指标。上海就业人口自2014年以来增速放缓，2019年为1376.20万人，2010~2019年就业人口年均增速为2.95%。假设将每年2%的增长率作为最高可能度，每年3.5%的增长率作为最低可能度，上海到2035年就业人口达到1889万人的可能度为1，达到2208万人的可能度为0。

由于难以测算未来人口中劳动年龄人口比重，以就业人口与常住人口比值作为衡量就业率的指标。2010年以来，上海就业人口占总常住人口的比重维持在46%~57%（见表14），受人口流动和老龄化的影响，该比值近年来变化不大，维持在56%左右，因此设定满意度区间为60%~75%。

表14　2010~2019年上海就业人口情况

单位：万人，%

年份	就业人口	就业人口与常住人口比值
2010	1090.76	47.37
2011	1104.33	47.04
2012	1115.50	46.86
2013	1368.91	56.68
2014	1365.63	56.30
2015	1361.51	56.37
2016	1365.24	56.42
2017	1372.65	56.76
2018	1375.66	56.76
2019	1376.20	56.68

资料来源：历年《上海统计年鉴》。

（3）固定资产投资

固定资产投资能够影响一个地区的就业、基础设施及经济发展情况，因此将其作为一个约束因素，并将全社会固定资产投资总额作为衡量指标。上海全社会固定资产投资总额由2010年的5317.67亿元增加至2020年的8837.48亿元，年均增长率5.81%。因此将年均增速4%作为可能度最高值，年均增速6%作为可能度最低值，上海到2035年全社会固定资产投资总额达到15915亿元的可能度为1，达到21180亿元的可能度为0。将人均全社会固定资产投资额作为满意度指标，按常住人口计算，上海人均全社会固定资产投资总额也呈现上升趋势（见表15），年均增长率为4.90%。因此将每年增长5%作为满意度最高值，2%作为满意度最低值，满意度区间为4.78万~7.39万元。

表15　2010~2020年上海全社会固定资产投资情况

单位：亿元，元

年份	全社会固定资产投资总额	人均全社会固定资产投资额
2010	5317.67	23094
2011	5067.09	21585

续表

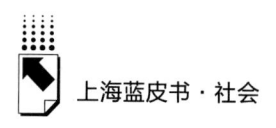

年份	全社会固定资产投资总额	人均全社会固定资产投资额
2012	5254.38	22073
2013	5647.79	23385
2014	6016.43	24803
2015	6352.70	26302
2016	6755.88	27920
2017	7246.60	29965
2018	7623.42	31453
2019	8012.22	32997
2020	8837.48	35533

资料来源：历年《上海市国民经济和社会发展统计公报》。

4. 城市建设

（1）道路面积

道路面积可用于衡量城市道路状况，反映城市基础设施的完备性。上海市道路面积2010年为25607万平方米，2019年上海人均道路面积为12.7平方米，根据常住人口数量推算出2019年道路面积为30837万平方米，年均增速2.35%。将年增长率2%作为可能度最高值，年增长率3%作为可能度最低值，假设到2035年上海道路面积达到42332万平方米的可能度为1，达到49484万平方米的可能度为0。

发达国家人均道路面积的标准为15~23平方米，我国是7~15平方米；[1] 按常住人口计算，2010年上海人均道路面积为11.2平方米，2019年为12.7平方米。因此将人均道路面积为18平方米作为满意度的最高水平，12平方米作为满意度的最低水平。

（2）住宅建筑面积

居住条件也是影响城市人口承载力的重要因素之一。2010年人口普查中

---

[1] 关海玲、杜薇：《基于可能—满意度方法的城市人口承载力研究》，《统计与决策》2016年第14期。

全市人均住宅建筑面积为27.25平方米,根据当年的常住人口数据得到全市住宅建筑面积,同时假定农村住房建筑面积为1亿平方米,以此为基数结合每年新增的城镇住房建筑面积,得到2018年全市住宅建筑面积为7.87亿平方米,估计2035年全市城镇住宅建筑面积约9亿平方米。因此到2035年住宅建筑面积达到10亿平方米的可能度为1,达到12亿平方米的可能度为0。2010年末,城镇居民人均住房建筑面积达到34.6平方米,2019年达到37.2平方米,因此将人均住宅建筑面积30平方米作为满意度的最低水平,45平方米作为满意度的最高水平。

5. 公共服务

(1) 教育

优质教育是吸引人口流入的重要指标,用财政教育支出来衡量教育公共服务能力。2010年以来,上海财政教育支出占GDP比重一直在3%上下浮动,且近年略有下降;而发达国家该比例一般都大于4%。假设上海2035年财政教育支出与GDP同趋势变化,占GDP比重为3%,将财政教育支出的最高可能度定为1991亿元,将占GDP比重4%作为最低可能度,为3096亿元。上海人均财政教育支出不断上升,按常住人口计算,2010年人均财政教育支出为1812元,2019年人均财政教育支出为4117元。因此,可将2035年的人均财政教育支出增长1.5倍作为满意度最低值,将增长3倍作为满意度最高值,区间为0.60万~1.02万元(见表16)。

表16 2010~2019年上海财政教育支出情况

年份	财政教育支出(亿元)	财政教育支出占GDP比重(%)	人均财政教育支出(元)
2010	417.28	2.47	1812
2013	679.54	3.15	2814
2014	695.53	2.95	2867
2015	467.32	3.07	3177
2016	840.97	3.06	3476
2017	874.10	2.90	3614
2018	917.99	2.81	3787
2019	995.70	2.62	4117

资料来源:历年《上海统计年鉴》。

（2）医疗

医疗机构能够提供的服务总量是衡量人口承载力的重要指标之一，选取卫生机构床位数来衡量医疗公共服务能力。上海卫生机构床位数由2010年的10.51万张增长至2019年的15.46万张，年均增长率为4.94%，假设以每年6%增长率计算出可能度为0的值，以4.5%的增长率计算可能性为1的值。假设到2035年卫生机构床位数达到31.27万张的可能度为1，达到39.27万张的可能度为0。将卫生机构床位数作为衡量医疗承载力可能度的指标，按常住人口计算，上海市2019年每万人床位数为64张，2010~2019年年均增长率为4.25%，假设以每年5%增长率计算最高满意度值，以每年3%增长率计算最低满意度值，区间为每万人102~139张（见表17）。

表17 2010~2019年上海卫生机构床位数量情况

单位：张

年份	床位数	每万人床位数
2010	105083	46
2011	107130	46
2012	109600	46
2013	114300	47
2014	117500	48
2015	122800	51
2016	129200	53
2017	134600	56
2018	147200	61
2019	154600	64

资料来源：历年《上海统计年鉴》。

（3）养老

人口老龄化是上海人口年龄结构的突出问题。伴随人口老龄化不断加深，社会养老服务需求不断增加。将养老保险参保人数作为衡量养老服务的可能度指标，2010年养老保险参保人数为894.89万人，2020年增加至1616.67万人。近年来养老保险参保人数增速均为2%，将每年2.5%的增速计算值作为可能度为0的值，得到2360万人，将每年1.5%的增速计算值作为可能度为1的值，则可能度区间为2017万~2360万人。将养老保险参保人数与总人口比值作为满意度指标。2011~2020年，上海基本养老保险参保人数与总人口比值在0.55~0.65，考虑到人口老龄化趋势导致社会养老压力增大，将养老满意度区间设定为0.60~0.85（见表18）。

表18 2010~2020年上海养老保险情况

单位：万人，%

年份	养老保险参保人数	养老保险参保人数与总人口比值
2010	894.89	39
2011	1290.88	55
2012	1326.38	56
2013	1342.98	56
2014	—	—
2015	1411.44	58
2016	1446.85	60
2017	1548.22	64
2018	1573.37	65
2019	1589.57	65
2020	1616.67	65

资料来源：历年《上海市国民经济和社会发展统计公报》。

综上所述，得到5个方面、13个指标的可能度与满意度的约束值，2035年上海人口规模的约束指标如表19所示。

表19　2035年上海人口规模的约束指标

分类	可能度指标	可能度低	可能度高	满意度指标	满意度低	满意度高	指标选取依据
城市资源	可供水量（亿立方米）	38	35	人均日生活用水量（升）	110	130	《上海市城市总体规划（2017—2035年）》：年用水总量控制在38亿立方米内
	城市建设用地面积（平方公里）	3200	3100	人均建设用地面积（平方米）	90	115	《上海市城市总体规划（2017—2035年）》：建设用地面积不超过3200平方公里
	全社会用电量（亿千瓦时）	2282	1970	人均电力消费（千瓦时/年）	6500	7500	参考发达国家标准、年均增速
生态环境	公园绿地面积（公顷）	39000	34000	人均公园绿地面积（平方米）	10	13	《上海市城市总体规划（2017—2035年）》：人均公园绿地面积力争达到13平方米以上
	生活垃圾处置量（万吨）	2637	2099	人均生活垃圾产生（吨）	0.69	0.93	参考2010年以来的年均增速
经济发展	GDP（亿元）	88455	66380	人均GDP（万元）	20	30	参考发达国家标准及2010年以来的年均增速
	就业人口（万人）	2208	1889	就业人口与常住人口比值（%）	60	75	参考2014年以来的年均增速
	全社会固定资产投资总额（亿元）	21180	15915	人均全社会固定资产投资额（万元）	4.78	7.39	参考2010年以来的年均增速
城市建设	道路面积（万平方米）	49484	42332	人均道路面积（平方米）	12	18	参考国家我国及发达国家标准
	住宅建筑面积（亿平方米）	12	10	人均住宅建筑面积（平方米）	30	45	《上海市城市总体规划（2017—2035年）》：全市城镇住宅建筑面积规模约9亿平方米；参考历年数据

续表

分类	可能度指标	可能度低	可能度高	满意度指标	满意度低	满意度高	指标选取依据
公共服务	财政教育支出(亿元)	3096	1991	人均财政教育支出(万元)	0.60	1.02	参考发达国家标准
	卫生机构床位数(张)	392738	312658	每万人卫生机构床位数(张)	102	139	参考2010年以来的年均增速
	养老保险参保人数(万人)	2360	2017	养老保险参保人数与总人口比值(%)	60	85	参考2010年以来的年均增速

（二）上海2035年适度人口规模测算

1. 单因子的人口承载力分析

将上述约束指标代入公式，得到2035年上海市各类因子在不同可能—满意度下的人口承载力结果，如表20所示。

表20　2035年上海市在不同可能—满意度下的人口承载力

单位：万人

分类		可能—满意度			
		0.9	0.8	0.7	0.6
城市资源	可供水量	2758	2825	2895	2967
	城市建设用地面积	2764	2836	2912	2990
	用电量	2704	2784	2866	2950
生态环境	绿地面积	2717	2823	2934	3051
	生活垃圾处置量	2851	2868	2885	2904
经济发展	GDP	2974	3001	3031	3063
	就业人口	2961	2978	2996	3015
	全社会固定资产投资总额	2897	2931	2967	3006

续表

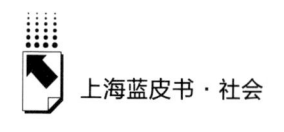

分类		可能—满意度			
		0.9	0.8	0.7	0.6
城市建设	道路面积	2767	2787	2808	2830
	住宅建筑面积	2713	2762	2815	2872
公共服务	财政教育支出	2872	2893	2916	2943
	卫生机构床位数	2844	2863	2883	2904
	养老保险参保人数	2819	2864	2912	2964

通过单因子的分析，在0.9的可能—满意度下，用电量、住宅建筑面积、绿地面积的承载力是上海资源环境承载力的短板。用电量所能承载的人口规模最小（2704万人），是上海市人口承载力的最主要限制因素，其次是住宅建筑面积（2713万人）、绿地面积（2717万人）；经济发展承载力具有一定的优势，在0.9的可能—满意度下，GDP（2974万人）、就业人口（2961万人）和全社会固定资产投资总额（2897万人）的人口承载力相对较高。在0.6的可能—满意度下，道路面积（2830万人）、住宅建筑面积（2872万人）是主要的限制性因子。对于集聚了大量外来人口的上海来说，住宅建筑面积和道路面积是容纳更多人口的关键因素，住宅建筑面积决定了可以容纳人口数量，道路面积则会影响到人们的生活质量。城市建设用地面积对于可以容纳的人口数量具有明显的约束性。

2. 多因子组合下的人口承载力分析

多因子组合一般有三种方式，一是满足所有因子限制下的人口承载力，即对各种因子的承载力进行弱合并取最小值；二是多因子平等补偿，即取所有因子限制下人口的平均数；三是多因子赋权补偿，根据经验对不同的因子赋予不同权重。城市资源（水资源、建设用地、能源消费）是制约城市人口的基本条件，权重设为30%，三个因子各占10%；经济发展（GDP、就业、固定资产投资）是维持城市人口的经济条件，权重也设为30%，三个因子各占10%；城市建设（道路面积、住宅建筑面积）和环境生态（绿化、污染治理）是影响城市人口生活的重要条件，分别赋予15%和10%的权重；

公共服务（教育、医疗、养老）从某些特定的角度影响城市人口规模，权重设为15%，三个因子各占5%。三种方案的具体计算方法及人口承载力估计结果见表21。

表21 三种方案下2035年上海市人口承载力

单位：万人

方案	方法	0.6	0.9
弱合并	取所有因子限制下人口的最小值	2830	2704
平等补偿	取所有因子限制下人口的平均数	2958	2819
赋权补偿	城市资源30%，城市建设15%，公共服务15%，经济发展30%，环境生态10%；各因素内部因子平均赋权	2965	2822

弱合并满足所有的因子限制，在0.6的可能—满意度下，道路面积承载力在各项承载力中最小，为2830万人；在0.9的可能—满意度下，道路面积的人口承载力最小，为2704万人。在平等补偿下，满足0.6和0.9的可能—满意度时的人口承载力分别为2958万人和2819万人；赋权补偿下，满足0.6和0.9的可能—满意度时的人口承载力分别为2965万人和2822万人。综上所述，上海在2035年较为合理的人口规模在2700万~2970万人。在经济发展的条件限制下，上海具有较好的人口承载能力，未来应该注重在城市资源和城市建设方面补齐短板。

五 上海人口合理容量实现路径探讨

（一）2035年上海人口合理容量

由上述的人口承载力计算可知，相对于目前的人口数量，到2035年上海的人口数量还有一定的增长空间，为220万~490万人。在城市资源、生态环境、经济发展、城市建设、公共服务五个方面，上海人口承载力的短板主要集中表现在可供水量、全社会用电量、公园绿地面积、住宅建筑面积、道路面积等方面。上海虽然濒临江海，但限于开发利用条件、环境污染和地面沉降等多种因素，是中国36个典型的水质型缺水城市之一，淡水资源匮乏对于人口承载力有着极大的约束；在合理的人口数量下，上海的电力资源是够用的，但人口快速增长，人均用电量大幅提升对于上海电力资源会造成一定的负担，导致电力资源紧缺；上海作为一座千万级人口的大城市，由于土地面积有限，人口数量又十分庞大，道路面积、住房建筑面积以及公园绿地面积等指标水平一直以来都不高，人均指标水平更是低于其他城市，其对人口承载力的限制也较大。因此，若要提升上海市的人口承载力，就要着重提升这些方面的人口承载力。

（二）实现上海人口合理容量的路径

1. 合理调控人口数量，优化各类人口结构

在多年来的人口调控下，全市常住人口数量始终未突破2500万人，但就当前人口深度老龄化、少子化以及经济社会发展情况看，上海市的经济发展还是需要大量的人才。近年来，全市常住人口总量有所增长，上海对于外来人口而言还是具有较强吸引力的，但不断扩大的人口规模与有限的资源环境存在一定的矛盾，因此相较于扩大人口规模，优化人口结构对于未来上海的经济发展而言更具意义。未来人口工作的重点要从以控制人口数量为主向实现人口结构优质均衡转变。未来需要适度引进一些年轻的劳动年龄人口和各类青年人才，解决人口年龄结构过度失衡问题以及人才占比小等问题。要聚焦现代服务业和高新技术产业的发展，完善城市综合服务功能，提高存量土地资源利用效率，在优化人口结构、提高人口整体素质的基础上，保持人口总量适当增加，实现人口规模与产业、环境和公共服务等资源的基本平衡。

2. 加强节能减排，建设绿色低碳城市

城市的能源资源是相对有限的，尤其是上海这样的千万级人口城市，能源消耗量是非常大的，尤其是电力资源的承载力相对较低。因此，加强节能减排，促进能源结构优化十分必要性。首先，推动可再生能源和新能源的开发和利用，推动重大电源项目建设和现有电厂清洁化改造，积极发展海上风电，持续扩大光伏发电规模，加大市外水电、风电、光伏等非化石能源消纳力度。其次，优化产业结构，推动重点区域和落后产业转型升级，对于高污染、高耗能的产业要进行优化升级或淘汰，积极发展低碳化、绿色化产业。最后，发展循环经济，提高资源的利用效率，减少能源消耗，加强环保产品开发，构建和谐的生态经济网络。

3. 重视城市交通、住房建设，促进城市扩容提质

城市道路建设是城市扩容提质的基础工程，是完善城市功能和城市路网体系、建设生态文明城市的必然要求，道路建设有利于城市环境改善和承载能力的提升。上海的土地资源十分有限，针对道路面积方面的短板不能一味地通过建设新的道路来解决，需要从多方入手，共同致力于打造完善的交通体系。首先，进一步完善高（快）速路网、市域干线网络、城市次支路网等道路网络，优化城市道路路网结构和服务功能；其次，积极发展轨道交通，加快郊区新城的轨道交通建设，注重中心城、新城和重点地区的连接，进一步完善城市轨道交通网络规划。

针对上海住宅建筑面积方面的短板，首先要优化住宅用地供应管理，统筹安排住房建设用地，聚焦新城和重点区域居住需求，注重产城融合、职住平衡，完善住宅用地布局；其次要结合城市更新，在符合条件的前提下加快低效存量用地转型和再开发，促进存量土地资源的优化配置。

4. 积极拓展生态空间，增加绿地面积

绿地是生态空间的主要组成部分，也是与市民生活联系最为紧密的生态要素，绿地面积与城市高质量发展、市民的高品质生活息息相关。上海聚集了大量人口，土地资源与城市空间较为紧张，而绿地面积也远远低于其他城市，相应的人口承载能力也相对较低。因此，未来应持续探索如何在有限空间资源条件下进一步增加上海绿地面积，尤其应重点关注城市更新区的建绿问题，同时更加强调均衡布局，强调生态功能、环境功能和景观功能的复合。持续推进公园城市体系、森林和湿地城市体系的建设，打造"生态之城"。不仅如此，针对老城区的绿化问题，要加强老城居住区的托底改造，

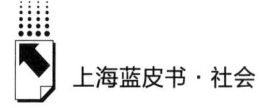

把居住区绿化问题予以全面考虑，深入调研居住区居民的诉求，还绿于民。

5. 着力推进城市更新，发展郊区新城，实现人口空间合理布局

对于中心城区人口密度高而郊区人口密度低的问题，中心城区老旧住宅小区多，居住品质低，为大量来沪人口提供了比较低廉的住所，这是人口密度高的一个重要原因。郊区由于各方面与中心城区存在一定差距，其对人口的吸引力相对不高，因此郊区的人口集聚速度缓慢。实现人口空间分布要通过推进城市更新和发展郊区新城来实现。首先，未来要继续推进老旧住宅小区的拆迁改造，逐步降低人口密度，打造与现代化中心城区相匹配的城市面貌和居住环境，实现城市功能形态再造，实现人口置换，改善人口结构，提高人口素质。其次，完善郊区新城的交通、教育、医疗、养老等公共服务设施，在推动郊区新城经济发展的同时，通过完备的基础设施、宜居宜业的生态环境来吸引人口集聚。

案 例 篇
Case Studies

B.9
上海市黄浦区豫园街道适老化改造试点方案研究

周海旺　高　慧　谷帅文　张　茜*

摘　要： 本研究基于上海市适老化改造的总体要求，对豫园街道适老化改造的现状、需求和改造模式等进行了深入研究，利用入户问卷调查数据，建立了社区居民家庭适老化改造的指标体系，针对适老化改造参与性不强、吸引力不大、落实工作难度大、供给匹配性不足等问题，提出了宣传推广、多渠道集资、构建街道层面方案、提供个性化服务包、建立三方合作机制、探索适老化标准等社区适老化改造的一系列对策建议。

关键词： 豫园街道　老年居住环境　适老化改造

---

* 周海旺，上海社会科学院城市与人口发展研究所研究员，主要研究方向为人口社会学、人口经济学；高慧，上海社会科学院城市与人口发展研究所助理研究员，主要研究方向为养老问题；谷帅文，上海市黄浦区豫园街道工作委员会，主要研究方向为社区治理；张茜，上海市老龄事业发展研究中心研究实习员，主要研究方向为养老服务。

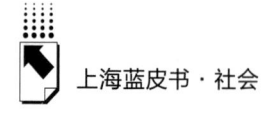

随着人口老龄化、高龄化的加快发展，养老服务作为基本公共服务的重要组成部分，越来越受到重视。改进养老服务工作要以人为本，着力解决老年人最迫切的困难和问题，让广大老年人有更多的获得感，共享社会经济发展成果。根据上海的市情和老年人的养老意愿，"9073"的养老服务格局将长期存在，97%的老年人都将长期居住在家庭，因此，对老年人居住环境进行适老化改造具有重要的现实意义。《上海市国民经济和社会发展第十四个五年规划和二〇三五年远景目标纲要》提出"推进适老化改造，持续提升老年人生活品质和生命质量"。2021年3月20日施行的《上海市养老服务条例》的第二十五条规定"本市支持为老年人提供家庭适老化改造、适老性产品安装、康复辅助器具配备和使用指导、智慧养老相关硬件和软件安装使用等服务"。"十四五"时期，居家环境适老化改造将是上海居家养老方面的一个重点工作方向，市政府工作报告提出，2021年要完成5000户居家环境适老化改造。

近年来，上海市民政局积极推动老年人居住环境的适老化工作，黄浦区是2019年首批5个试点区之一。从2020年秋季开始，老年人居住环境的适老化改造步伐明显加快，市里出台了专门的推进方案，试点范围也推广到了全市16个区。豫园街道是全市第二批45个扩大试点街道之一。

为了顺利推进试点工作，豫园街道联合上海社会科学院城市与人口发展研究所组成课题组，通过开展大型抽样问卷调查、召开座谈会等方式，分析老人适老化改造需求，研究适老化改造面临的突出问题，借鉴南东街道适老化改造经验，在此基础上，提出推进豫园街道适老化改造试点的对策建议。

一 上海适老化改造试点和豫园街道的基本情况

（一）上海适老化改造试点的基本情况

1. 适老化改造试点的政策文件

自2012年起，每年由上海市级福彩金出资2000万元，完成1000户低保困难老年人家庭居室适老化改造。截至2019年底，上海已为符合条件的困难老年人家庭实施适老化改造8000户，有效改善了困难老年人家庭的居住条件和生活质量。

但与上海的老龄化程度和庞大的适老化改造需求相比，政府资金托底的适老化改造覆盖人群始终有限。为了扩大受益面，上海市民政局于2019年12月31日下发《关于本市开展老年人居家环境适老化改造试点的通知》（沪民养老发〔2019〕31号），决定在5个区的6个街道率先试点，以市场化方式开展面向老年人家庭的居室环境适老化改造（简称"适老化改造"），这也是全国首个市场化适老化改造项目，其中黄浦区的南京东路街道是6个首批试点街道之一。

通过首批街道的探索试点，上海基本形成了全市统一的工作平台和机制，取得了良好的社会效益。为进一步贯彻落实国家有关工作要求和《上海市深化养老服务实施方案（2019-2022年）》，提升广大老年人的幸福感、获得感、安全感，上海市民政局于2020年12月24号又下发了《关于本市居家环境适老化改造扩大试点工作的通知》（沪民养老发〔2020〕31号），决定在全市16个区45个街道扩大试点，其中黄浦区有3个，分别是豫园街道、瑞金二路街道和小东门街道。

2.适老化改造试点的政策内容

与《关于本市开展老年人居家环境适老化改造试点的通知》相比，《关于本市居家环境适老化改造扩大试点工作的通知》的政策内容有6个明显的变化。一是总体要求更加具体，提出了"六化"：运作方式社会化、资金分摊多元化、工作流程标准化、服务平台智能化、改造清单精细化和补贴标准梯队化。二是改造内容更加明确，规定了"三个服务包"：基础产品服务包、专项产品服务包和个性化产品服务包。三是申办方式更加灵活，老年人除了在"上海市养老服务平台（www.shweilao.cn）——适老化改造专项模块"提出申请，还可以通过微信公众号"上海市居家环境适老改造服务平台"申请。四是每户家庭最高补贴额度由3000元提高到3500元。五是允许其他有改造意愿的老年人自费进行改造。六是鼓励多渠道筹资支持适老化改造项目。

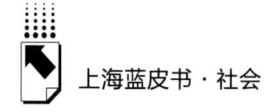

《关于本市居家环境适老化改造扩大试点工作的通知》也详细提出了在资金支持和补贴对象两个方面的政策支持。在资金支持方面，给予市区每个街道29万元补贴。在补贴对象方面，最低生活保障家庭的老年人、低收入家庭的老年人、年满80周岁且本人月收入低于上年度城镇企业月平均养老金的老年人，分别按照实际改造费用的100%、80%、50%进行补贴；经上海市老年照护统一需求评估，2级及以上照护等级的老年人，以及经街镇审核认定的无子女的老年人、高龄独居或者纯老家庭的老年人，按40%补贴。三年内已享受过"低保困难老年人家庭适老化改造项目"资助的不纳入补贴范围。

（二）豫园街道的基本情况

1.街道区位及街道人口特征

豫园街道位于黄浦区中部，东起人民路、四牌楼路与小东门街道相连，南至复兴东路与老西门街道为邻，西达西藏南路与淮海中路街道交界，北沿淮海东路、人民路与外滩街道接壤，辖区面积1.19平方公里，辖17个居委会，具有700多年的发展历史，是上海的政治、经济和文化中心，被称为"上海的根"。由于历史悠久，街道老旧住宅众多，辖区80%左右房屋为二级以下旧里；老年人口规模大、比重高，街道60岁以上户籍老年人口数为32156人，占总户籍人数的近41.68%，对居住环境的适老化改造有迫切的需求。由于旧改征收，人户分离情况严重，现辖区内60岁以上人在户在老人有5307人，去掉动迁全覆盖居委的1698位老人，适老化改造覆盖老人3609人，他们是下一步适老化改造的主要服务对象人群。

2.街道探索适老化改造情况

（1）调研深入了解需求

2019年豫园街道以独居老年群体需求为视角，开展了"有效回应群众期盼，努力推动老城厢社区养老服务从'有'到'优'"的课题调研。调研发现，大部分老年人传统的原居养老意愿强，但老城厢地区房屋结构简陋，居住在旧里的老人居住条件差，没有独立的厨卫，即便是居住在成套的老式公房的老人，居住面积也相当狭小。尤其是一些高龄独居老人，往往由于生活缺乏照料、经济条件受限等因素,居家安全指数不高,许多功能有待健全。

(2) 选择代表性家庭试点

2020年街道试点推出20户公益性的适老化改造项目。试点选择了淮海东路89弄桃源新村,该小区属售后老公房,建于20世纪50年代,高龄独居、空巢老人较多。项目实施前期,由居委会对试点小区开展了人员排摸,根据前期走访调研,将目标人群锁定为80岁及以上高龄独居,或70岁及以上失能独居,且月经济收入低于本市企业退休人员月平均养老金的老人。

(3) 评估后微改造

街道专门成立了由街道居家养老服务中心、居委会、项目实施方组成的三方工作组,对每一户服务对象的身体状况、自理能力、居家环境逐一进行入户评估,形成一户一策一档的服务方案,以提升老人居家生活的安全性、便捷性、舒适性为目标,从环境改善、辅具配置、智能化居家医养服务三方面实施功能化、精准化的微改造。

街道20户适老化改造试点取得了很好的成效,得到了受益老年人的广泛好评,这也为本次推进全市适老化试点工作提供了很好的基础。

二 豫园街道老年人适老化改造意愿和支付意愿

为了深入了解豫园街道老年人家庭的基本情况和适老化改造意愿,为街道制订适老化改造方案提供参考依据,本项目调研组在豫园街道党工委的组织安排下,于2021年1~3月,开展了老年人家庭的适老化改造专题调研活动。此次调研采用典型抽样调查的方式,按照需要适老化改造区域的各居委老年人的人数以及老年人的年龄结构,抽取了1000位老年人开展入户调查,由街道干部、项目组成员、各居委干部参与实地调查,最终获得917份合格的调查问卷,达到了调研的计划要求。本次调查采用问卷星的方式,由调查人员询问老人有关情况,并录入调查程序中,可以即时获得有关调查数据。在对调查数据进行整理的基础上,利用SPSS程序进行数据的分析工作。

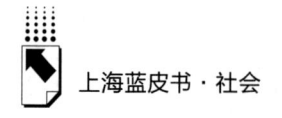

（一）老年人基本情况

1. 个人特征

本次调查的60岁及以上老年人口中，绝大多数为本市户籍，有892人，占97.27%。其中，户口在本街道且在当前居住的房子里的有792人，占调查样本总量的86.37%。此处将具体从性别、年龄构成、子女数、居住方式等方面来介绍所调查老年人口基本情况。

从性别来看，本次调查对象中，男性老人有431人，占47.00%；女性老人有486人，占53.00%。

从年龄来看，917名对象均为60岁及以上的老年人口，60～69岁低龄老人有377人，占样本总量的41.11%；70～79岁中低龄老人有290人，占31.62%；80岁及以上高龄老人有250人，占27.26%。

从子女数量来看，此次调查中有4.36%的老人无子女，66.96%的老人有一个子女，17.23%的老人有2个子女，11.45%的老人子女数在3个及以上。

从居住方式来看，近一半的老人与配偶居住，占45.26%；与子女居住或与配偶、子女共同居住比例相近，分别占17.01%和17.99%；再次是独居老人占16.68%，有153人；与保姆共同居住的有11人，占1.20%；其他占1.85%（见表1）。

表1　调查对象个人特征

单位：人，%

类目	个人情况	样本数	百分比
性别	男	431	47.00
	女	486	53.00
年龄	60～69岁	377	41.11
	70～79岁	290	31.62
	80岁及以上	250	27.26
子女数	无子女	40	4.36
	1个	614	66.96
	2个	158	17.23
	3个及以上	105	11.45

续表

个人情况		样本数	百分比
居住方式	独居	153	16.68
	与配偶居住	415	45.26
	与子女居住	156	17.01
	与配偶、子女共同居住	165	17.99
	与保姆共同居住	11	1.20
	其他	17	1.85

2. 身体状况

绝大部分老年人可以完全自理。在917名调查对象中，有758名老人可以完全自理，占82.66%；130名老人可以部分自理，占14.18%；29名老人完全不能自理，占3.16%（见图1）。

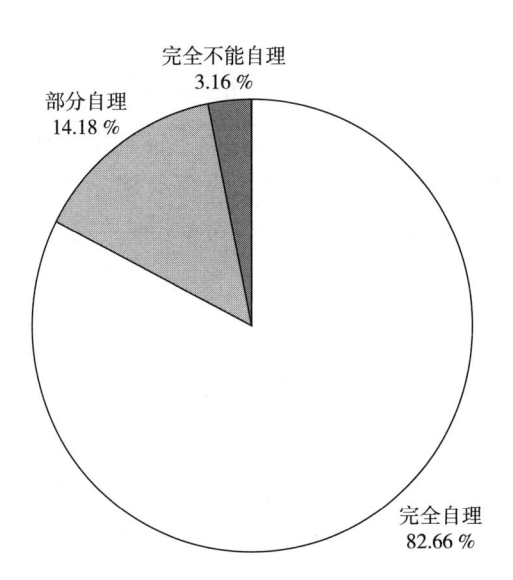

图1 豫园街道老年人口自理能力

少部分老年人参加过长护险，绝大多数达到3级及以上。在所有调查者中，参加过长期护理保险的老年人有97人，占10.58%。从长护险等级来看，多数老人达到3级及以上，3级比例最高占37.11%，4级、5级、6级分别占10.31%、16.49%、16.49%，3级及以上的合计占参加老人的80.4%（见表2）。

表2 调查对象长护险评定和等级情况

单位：人，%

长护险评定和等级情况		样本数	百分比
参加长护险评级	参加过	97	10.58
	没有	820	89.42
长护险评估等级	0级	10	10.31
	1级	2	2.06
	2级	7	7.22
	3级	36	37.11
	4级	10	10.31
	5级	16	16.49
	6级	16	16.49

3. 经济状况

从整体经济状况来看，具有低保资格的被调查对象仅有22人，约占总人数的2.40%，其余895人均不具备低保资格，也就是说在我们调查的样本中，高达97.60%的人经济条件尚可。根据等级划分，其中经济状况为很困难和较困难的人数占比分别仅为2.18%和6.00%，达到一般条件的人数最多，为680人，约占总人数的74.16%。达到比较宽裕的人数有134人，约占14.61%，相对较多。有28人符合很宽裕标准，仅占3.05%。

从收入详情综合来看，统计样本人群经济状况尚可，未出现较大偏差，整体数据基本符合实际现状，具有一定参考性。

在月退休金方面，有90%以上的人月退休金高于3000元，其中51.25%的人个人月退休金处于3000~4500元区间；4500~6000元的人有293人，约占31.95%；6000元及以上的人约占总人数的10.58%，共97人。月退休金低于2000元的人数最少，只有25人，占比仅为2.73%。2000~3000元的人数次之，约占3.49%。

在家庭年收入方面，数据显示，绝大多数人年收入已超过5万元，5万元及以下的人数有208人，仅占总人数的22.68%。占比最多的人群年收入处于5万~10万元（含）区间，共计432人，占比高达47.11%。10万~15万元（含）的人数占比20.61%，相对较多，为189人。达到15万~20万元（含）的人数相对较少，占比6.22%。而年收入高达20万元以上的高收入人数达到了总人数的3.38%（见表3）。

表3 调查对象经济状况

单位：人，%

经济状况		样本数	百分比
月退休金	2000元以下	25	2.73
	2000~3000元	32	3.49
	3000~4500元	470	51.25
	4500~6000元	293	31.95
	6000元及以上	97	10.58
家庭年收入	5万元及以下	208	22.68
	5万~10万元（含）	432	47.11
	10万~15万元（含）	189	20.61
	15万~20万元（含）	57	6.22
	20万元以上	31	3.38
经济状况	很困难	20	2.18
	比较困难	55	6.00
	一般	680	74.15
	比较宽裕	134	14.61
	很宽裕	28	3.05
低保	是	22	2.40
	不是	895	97.60

（二）老年人居家环境的现状

1. 房屋特征

豫园街道是上海著名的老城厢，多数房屋历史较久，虽有一小部分新建小区，但以老房子为主，尤其是此次适老化改造重点对象为老旧里弄，此处

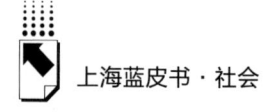

将房屋情况做简要介绍。

从房龄来看，超过一半房屋房龄为20~50年，房龄在20年以下的占18.43%，20~50年的占50.27%，51~70年的占13.31%，70年以上的占17.99%。从居住年数来看，超过一半的老人在此居住了20~50年，占51.80%，其次是51~70年占41.11%，更有2.84%的老人在此居住超过70年。

从总楼层高度来看，六成房屋在7层及以上，占63.47%，这部分小区基本配置了电梯，因此老年人上下楼相对方便；一部分房屋总楼层为2~6层，占35.55%，该类房屋大多为没有电梯的老公房，给老年人的出行带来极大不便；而在我们的调查对象中，居住在2~6层的老人最多，占46.56%，这部分老人面临的养老困境即为上文提到的出行不便，尤其是一些身体状况为部分自理的老人，只能减少出行。居住在7层及以上的也有相当比例，为38.60%。住在1层的有136人，占14.83%，对于老人来说，1层是最方便的。

从产权情况来看，大部分房屋产权都归老人自己或配偶所有，占52.02%；其次是产权归子女，占17.78%；仅有使用权的比例较低，使用权绝大部分都归老人自己或配偶，占12.54%；也有少部分租赁住房，占12.87%（见表4）。

表4 豫园街道房屋特征

单位：人，%

类别		样本数	百分比
房龄	20年以下	169	18.43
	20~50年	461	50.27
	51~70年	122	13.31
	70年以上	165	17.99
居住年数	20年以下	39	4.25
	20~50年	475	51.80
	51~70年	377	41.11
	70年以上	26	2.84

续表

类别		样本数	百分比
总楼层	1层	9	0.98
	2~6层	326	35.55
	7层及以上	582	63.47
居住楼层	1层	136	14.83
	2~6层	427	46.56
	7层及以上	354	38.60
产权	有产权,产权归自己或配偶	477	52.02
	有产权,产权归子女	163	17.78
	有使用权,使用权归自己或配偶	115	12.54
	有使用权,使用权归子女	8	0.87
	租赁房	118	12.87
	其他	36	3.93

侯家、淮海、学院居委老房子比例最高。分居委来看房龄情况，70年以上房龄比例最高的前三个居委分别是侯家、学院和方西居委，其比例分别为100%、92.68%和62.50%；51~70年房龄比例最高的前三个居委分别是淮海、四新和光启居委，其比例分别为100%、46.58%、12.23%；20~50年房龄比例最高的前三个居委分别为光启、果育、太都居委，其比例分别为84.17%、82.48%、59.89%；20年以下的年轻房龄所占比例最高的前三个居委分别是露香、太都和果育，其比例分别为51.33%、39.57%和16.79%（见表5）。

表5 分居委房龄构成情况

单位：%，人

房龄	20年以下	20~50年	51~70年	70年以上	合计	样本数
四新	1.37	47.95	46.58	4.10	100.00	73
光启	0.72	84.17	12.23	2.88	100.00	139
学院	0.00	2.44	4.88	92.68	100.00	82
果育	16.79	82.48	0.73	0.00	100.00	137
侯家	0.00	0.00	0.00	100.00	100.00	16

续表

房龄	20年以下	20~50年	51~70年	70年以上	合计	样本数
太都	39.57	59.89	0.00	0.54	100.00	187
露香	51.33	48.67	0.00	0.00	100.00	113
淮海	0.00	0.00	100.00	0.00	100.00	66
方西	11.54	25.96	0.00	62.50	100.00	104

2. 居住环境

人均住房面积低于本市平均水平。在本次调查中，房屋总建筑面积平均值为74.32平方米，人均住房面积为34.69平方米，与2019年公布的上海市人均住房面积37.2平方米相比略低。平均居住人数为2人，也就是说此次调查老人与配偶居住，或至少与1个子女居住，或至少与保姆居住。

绝大多数老人有独立厨房、厕所和浴室。在本次调查中，由于老公房和自建房居多，因此厨房、厕所和浴室这三个功能性房间是我们重点关注的问题。调查显示，绝大多数老人家中都有独立厨房、厕所和浴室，分别占82.33%、86.26%和86.59%。也有一部分为几家合用，厨房合用比例最高为13.2%，厕所合用比例次之为5.13%，浴室最低为1.74%，至于平均几家合用情况，厨房和厕所基本都为3家合用，浴室则平均为2家合用，根据实地调查所知，多数居民都反映合用存在诸多不便。更值得关注的是，有一部分老人家中无厨房、厕所和浴室，所占比例分别为4.47%、8.62%和11.67%，没有浴室的比例最高，没有厨房的比例最低（见表6）。

表6 调查对象厨房、厕所和浴室配置情况

单位：%，家

设施使用情况	厨房	厕所	浴室
无	4.47	8.62	11.67
有,独家自用	82.33	86.26	86.59

续表

设施使用情况	厨房	厕所	浴室
有,几家合用	13.20	5.13	1.74
平均几家合用	3	3	2

"无紧急呼救设施"是最大顾虑。在本次调查中,问及老人生活中存在哪些不便,大家呼声最高的是"无紧急呼救设施",占 29.12%。当前老人的安全意识越来越高,对于突发事件的应急处置考虑越来越提前。也存在一些其他问题,有14.94%的老人表示房屋内"光线太暗",白天在家里也必须要开灯;14.83%的老人表示"管线破旧",存在一定的安全隐患;14.39%的老人表示缺少扶手,对于一些腿脚行动不便的老人,这个是极为迫切的需求;12.43%的老人表示门道过窄;这些问题仍具有一定的共性。还有少部分的老人表示家里"地面不平整"(占5.45%)或"地面光滑"(占4.69%),这些都是极易造成摔跤的隐患。接近一半的老人表示家里存在其他问题(见图2)。

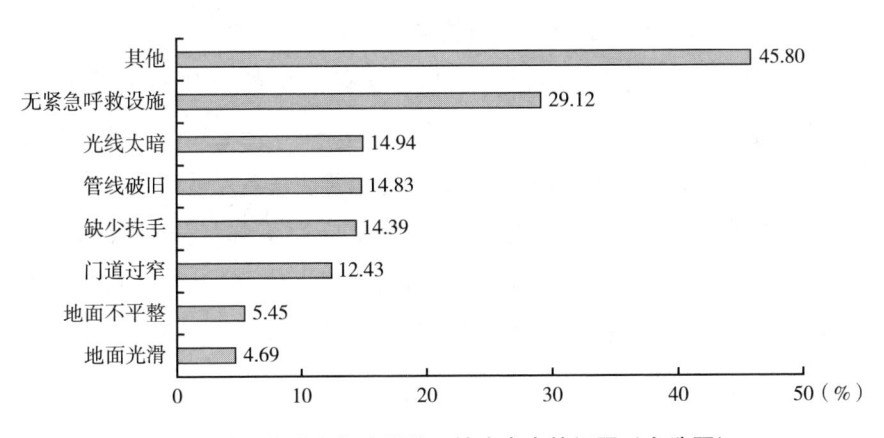

图 2 豫园街道老年人居住环境中存在的问题(多选题)

(三)老年人适老化改造的总体意愿

1. 老年人意愿

有适老化改造意愿的老人比例不是太高。在健康条件允许的情况下,仍

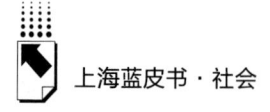

然愿意居住在现有家中的人占大多数，高达90.19%，剩余9.81%的人则不愿意一直生活在现有条件下。愿意对室内居住环境进行适老化改造的人仅占22.25%，而没有改造意愿的人多达77.75%，大多数人对适老化改造需求并不强烈（见表7）。

表7　老年人适老化改造意愿

单位：人，%

类别		样本数	百分比
健康允许是否住家里	是	827	90.19
	否	90	9.81
适老化改造意愿	愿意	204	22.25
	不愿意	713	77.75

进一步分析愿意进行适老化改造的人群特征。低龄老人更愿意进行改造，60~69岁、70~79岁和80岁及以上愿意改造的比例分别为24.67%、21.03%、20.00%，年龄越高改造意愿越低；能部分自理的老人改造意愿最高，占23.08%；能够完全自理的老人也有一定的意愿进行改造，占22.69%；完全不能自理的老人意愿最低，占6.9%，适老化改造可能无法帮助其解决根本问题。只有1个子女的家庭适老化改造意愿最高，占23.29%；有2个子女或3个及以上子女的家庭意愿反而下降，分别为20.89%、19.05%。独生子女家庭养老压力大，所以会提前考虑父母养老问题。户口在本房子的老年人更愿意进行适老化改造，占22.10%；有一部分户口不在本房子的老人也愿意改造，占14.29%（见表8）。

表8　分类别适老化改造意愿

单位：%

类别	改造意愿	愿意	不愿意	合计
年龄	60~69岁	24.67	75.33	100.00
	70~79岁	21.03	78.97	100.00
	80岁及以上	20.00	80.00	100.00

续表

类别	改造意愿	愿意	不愿意	合计
自理能力	完全自理	22.69	77.31	100.00
	部分自理	23.08	76.92	100.00
	完全不能自理	6.90	93.10	100.00
子女数	无子女	20.00	80.00	100.00
	1个	23.29	76.71	100.00
	2个	20.89	79.11	100.00
	3个及以上	19.05	80.95	100.00
户口是否在此	是	22.10	77.90	100.00
	否	14.29	85.71	100.00

露香和淮海居委改造意愿最高。分居委来看，露香居委改造意愿最高，39.82%的老人愿意改造；其次是淮海居委，有31.82%的老人愿意改造；太都和果育居委改造意愿也相对较高，分别占28.88%和21.17%；方西和光启改造意愿相对较低，分别占18.27%和17.27%；侯家和四新居委改造意愿最低，仅有6.25%和5.48%（见表9）。

表9 分居委适老化改造意愿

单位：人，%

居委	愿意 样本数	愿意 百分比	不愿意 样本数	不愿意 百分比	合计
四新	4	5.48	69	94.52	100.00
光启	24	17.27	115	82.73	100.00
学院	7	8.54	75	91.46	100.00
果育	29	21.17	108	78.83	100.00
侯家	1	6.25	15	93.75	100.00
太都	54	28.88	133	71.12	100.00
露香	45	39.82	68	60.18	100.00
淮海	21	31.82	45	68.18	100.00
方西	19	18.27	85	81.73	100.00
合计	204	—	713	—	100.00

四新和露香居委以全屋改造为主，其他均以局部改造为主。分居委来看，本次调查中愿意适老化改造的家庭，只有四新居委和露香居委全屋改造意愿较高，分别为75.00%和51.11%。其他7个居委的老人选择局部改造的意愿较高，选择局部适老化改造依次从高到低分别为侯家、方西、太都、淮海、光启、果育、学院居委，其所占比例分别为100.00%、94.74%、90.74%、90.48%、83.33%、79.31%、71.43%（见表10）。

表10 分居委适老化改造范围

单位：人，%

居委	全屋改造 样本数	全屋改造 百分比	局部改造 样本数	局部改造 百分比	合计 样本数	合计 百分比
四新	3	75.00	1	25.00	4	100.00
光启	4	16.67	20	83.33	24	100.00
学院	2	28.57	5	71.43	7	100.00
果育	6	20.69	23	79.31	29	100.00
侯家	0	0.00	1	100.00	1	100.00
太都	5	9.26	49	90.74	54	100.00
露香	23	51.11	22	48.89	45	100.00
淮海	2	9.52	19	90.48	21	100.00
方西	1	5.26	18	94.74	19	100.00

2.调查员评估结果

调查员评估中非常愿意改造的老年户数比他们自己回答的愿意改造的户数相比要少一些。在本次调查的最后，设置了调查员评价该户老人是不是有改造意愿。根据调查结果，调查员认为有158位（17.23%）老人非常愿意参加本次适老化改造，有203位（占22.14%）老人参与改造意愿一般，有556位（占60.63%）老人不愿意参加本次适老化改造（见图3）。

分居委来看，露香和淮海居委调查员评价分别有34.51%和27.27%的老人非常愿意参加本次适老化改造；太都、果育和方西次之，分别占18.72%、17.52%和17.31%；光启有10.07%的老人非常愿意参加本次适老

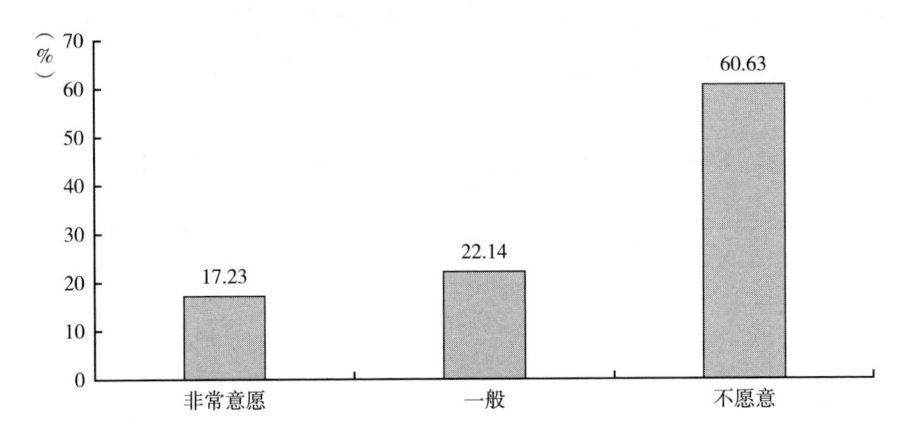

图 3 调查员评价老人参加适老化改造意愿的构成情况

化改造;而学院、侯家和四新居委调查员评估愿意参加本次适老化改造的老人比例极低,分别只占7.32%、6.25%和4.11%(见表11)。

表11 调查员评估的各居委老人适老化改造意愿

单位:人,%

居委	非常意愿		一般		不愿意		合计	
	样本数	占比	样本数	占比	样本数	占比	样本数	占比
四新	3	4.11	13	17.81	57	78.08	73	100.00
光启	14	10.07	17	12.23	108	77.70	139	100.00
学院	6	7.32	4	4.88	72	87.80	82	100.00
果育	24	17.52	67	48.91	46	33.58	137	100.00
侯家	1	6.25	14	87.50	1	6.25	16	100.00
太都	35	18.72	33	17.65	119	63.64	187	100.00
露香	39	34.51	17	15.04	57	50.44	113	100.00
淮海	18	27.27	11	16.67	37	56.06	66	100.00
方西	18	17.31	27	25.96	59	56.73	104	100.00
合计	158		203		556		917	

比较居民适老化改造意愿和调查员评估结果,发现调查员评估结果为"非常意愿"的与居民意愿最为接近。综合来看,参加此次适老化改造意向

最高的前三个居委为太都、露香和果育居委,分别有54人、45人和29人愿意改造,且被调查员认定为"非常愿意"(见表12)。

表12 豫园街道适老化改造居民意愿和调查员评估结果的比较

单位:人

居委	居民意愿 愿意	调查员估计 小计	非常愿意	一般
四新	4	16	3	13
光启	24	31	14	17
学院	7	10	6	4
果育	29	91	24	67
侯家	1	15	1	14
太都	54	68	35	33
露香	45	56	39	17
淮海	21	29	18	11
方西	19	45	18	27
合计	204	361	158	203

(四)老年人适老化改造的项目需求

1. 全屋或局部改造需求

改造意愿以局部适老化改造为主。在愿意进行适老化改造的204个调查样本中,愿意进行全屋改造的仅有46人,占比为22.55%;仅支持局部改造的则占大多数,为77.45%。

"卫生间整体适老化翻新"是最强烈的改造需求。经分析,在适老化改造的产品安装项目中,诸多老人对人身安全的意识较为强烈,便利生活的产品需求也有,但占比较小。在局部适老化改造项目中,想要卫生间整体适老化翻新的人占32.84%,人数最多;对厨房整体适老化翻新和墙面翻新有需求的老人占比相同,为18.63%;占比最少的是对浴缸改淋浴的需求,仅为15.69%(见图4)。

图 4 适老化改造内容需求

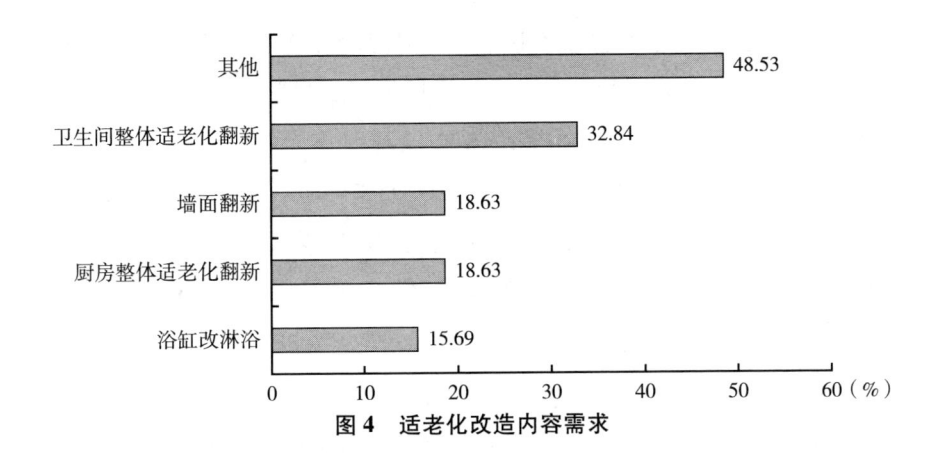

2. 适老化产品需求

保障人身安全的产品需求量最大。想要安装无障碍扶手的老人最多，约有56.37%；其次是防滑地垫，需要此项产品的人为41.18%；而折叠淋浴凳和紧急呼叫产品需要的人数一样，均占36.76%。除此以外，对智能马桶盖的需求也相对较高，占25.00%；而燃气报警器、感应小夜灯、升降晾衣架、防撞条和高差消除斜板的需求依次降低，分别为17.16%、16.67%、13.73%、10.29%和6.37%，剩余23.04%的老人还有其他产品需求（见图5）。

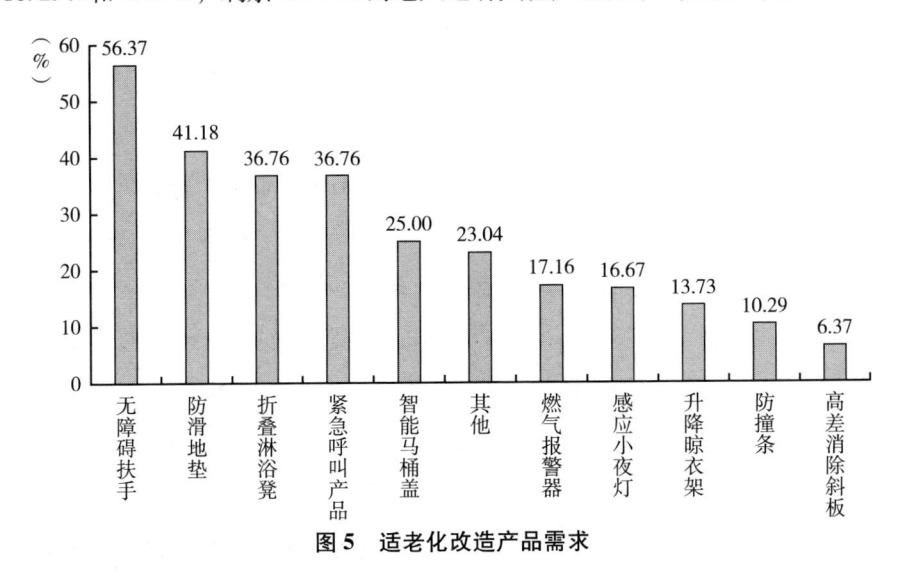

图 5 适老化改造产品需求

老人对"信息报警等通信工具"这一适老化辅具需求量最大。针对适老化改造应运而生的适老化辅具众多,根据我们的调查,对信息报警等通信工具的需求量最大,占19.61%;需要轮椅和老年助行器的人分别占12.25%和9.31%;还有7.84%的人需要适老坐便器。多功能电动护理床、智能床垫、适老性餐具、卧床洗头器和腿足矫形器需求相对较低,其比例分别为4.90%、4.90%、4.41%、2.94%、和0.98%,还有18.63%的人有其他适老化辅具需求(见图6)。

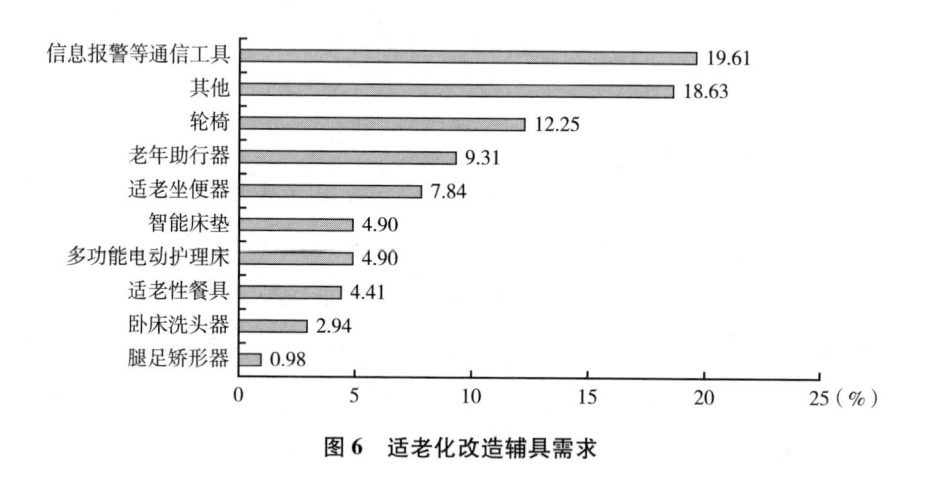

图6 适老化改造辅具需求

(五)老年人适老化改造的支付意愿

绝大多数老人表示愿意承担部分费用。从适老化改造费用方面分析,在有意愿进行适老化改造的老人中,问及是否愿意承担部分改造费用时,80.39%的人表示愿意。问及具体愿意承担多少费用时,一部分老人表示"该承担多少就付多少",也有表示"看比例情况、合适就会接受",另有一部分老人由于经济条件限制认为"越少越好",只有19.61%的人表示不愿意承担费用。随着经济水平的提高,以及老年人生活安全意识的普遍增强,越来越多的老人愿意用部分金钱换取生活便利。

适老化辅具更愿意购买而非租赁。对于适老化辅具的购买意愿,愿意一次性投资购买的人占比较多，约为59.62%；仅愿意租赁使用的人有40.38%。考虑到辅具的实用性以及经济条件和性价比，还是有很大一部分人愿意购买适老化辅具的（见表13）。

表13 适老化改造费用承担情况

单位：人，%

类别		样本数	百分比
是否愿意承担费用	是	164	80.39
	否	40	19.61
租赁或购买适老化辅具	租赁	42	40.83
	购买	62	59.62

三 豫园街道适老化改造面临的突出问题

豫园街道适老化改造试点有利于改善老年人的室内居住环境，让老年人的居家环境更安全、更便利与更舒适，是一项利民的实事项目，但因为还处于探索、摸索阶段，仍面临一些突出问题，增加了街道顺利开展试点工作的难度。

（一）适老化改造政策知晓度不广，参与性不强

全市市场化适老化改造试点工作刚刚起步，再加上宣传不到位，造成适老化改造的政策和项目知晓度不够广，老年人缺乏配合性。课题组入户调研时发现，绝大多数老年人不知道适老化改造的政策和项目。有些老年人误认为是推销产品，而直接拒绝进一步的调研。有些老年人将室内适老化改造与楼道内、小区内适老化改造混淆，提出在楼道内安装扶手、在小区增添停车位等超出试点项目的需求。有些老年人误认为政府免费改造，刚开始改造意愿强烈，等听到要自己出一部分费用时，又赶紧拒绝。

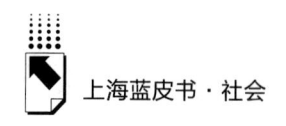

（二）市级补贴标准有严格限制，吸引力不大

市级补贴对补贴的对象、项目和额度都有严格的限制，能享受到市级补贴的老年人家庭户不多，缺乏吸引力。

享受市级补贴标准的老年人有限制，只有三类对象能享受到，另外三年内已享受过"低保困难老年人家庭适老化改造项目"资助的不纳入补贴范围。街道有改造意愿且符合补贴标准的三类对象少（三类对象分别为最低生活保障家庭的老年人、低收入家庭的老年人、年满80周岁且本人月收入低于上年度城镇企业月平均养老金的老年人）。从本次调查情况来看，80岁及以上愿意参加本次适老化改造的家庭只有50户；根据《上海统计年鉴》，2019年上海市离退休、退职人员月平均养老金为2690元，而本次调查中退休金在3000元以下且有改造意愿的只有13户；本次调查到的低保家庭有22户，但是有改造意愿的只有5户。从以三类对象为划分标准的角度来看，符合条件且有改造意愿的人少之甚少（见表14）。

表14 三类对象改造意愿

单位：人，%

类别	改造意愿	愿意		不愿意		合计	样本数
年龄	60~69岁	93	24.67	284	75.33	100.00	377
	70~79岁	61	21.03	229	78.97	100.00	290
	80岁及以上	50	20.00	200	80.00	100.00	250
低保	是	5	22.73	17	77.27	100.00	22
	否	199	22.25	696	77.77	100.00	895
退休金	2000元以下	7	28.00	18	72.00	100.00	25
	2000~3000元	6	18.75	26	81.25	100.00	32
	3000~4500元	100	21.28	370	78.72	100.00	470
	4500~6000元	70	23.89	223	76.11	100.00	293
	6000元及以上	21	21.65	76	78.35	100.00	97

享受市补贴标准的项目有限制。试点主要以基础产品服务包、专项产品服务包、个性化产品服务包这三个服务包的形式提供服务，单独的房屋局部

维修、损坏物件更换、墙壁地砖修补、家电家具配置等物业类、装饰类、代办类服务,均不在适老化改造范围。

市级补贴标准不高,个人需要较多投入。每户家庭市级补贴额度最高不超过 3000 元,按照三类老年人 100%、80%、50%、40% 进行梯度化补贴,且政策不叠加。老人改造需求迫切的浴缸改淋浴费用一般需要 1 万元左右。即使 100% 享有补贴的低保家庭老年人,也需要自己出 7000 元左右,低保家庭老年人可能付不起。B 类、C 类老年人要用足 3000 元的最高补贴额度,总实际改造费用则至少为 7500 元。这样必然会造成许多有改造意愿的老年人,因为市级补贴标准不高、个人需要较多投入而放弃。

(三)适老化改造和支付意愿不够强,落实工作难度较大

因为种种原因,老年人家庭改造的意愿和支付意愿不是很强、参与适老化改造的积极性不足,加大了落实适老化改造工作的难度。

适老化改造意愿不够强。在健康条件允许的情况下,绝大多数老年人(90.19%)仍然愿意在现有家中养老,但愿意对室内居住环境进行适老化改造的人仅占 22.25%,而没有改造意愿的人多达 77.75%。大多数人对适老化改造需求并不强烈,缺乏积极性(见表 15)。

表 15　老年人适老化改造意愿

单位:人,%

改造意愿	样本数	占比
愿意	204	22.25
不愿意	713	77.75
合计	917	100.0

怕折腾和不需要是不愿改造的主要原因。不愿意进行适老化改造的最主要原因是"怕折腾"和"不需要适老化改造",这两项占比最大,分别为 47.97% 和 42.36%;还有 22.3% 的人因为"怕花钱"不愿意进行适老化改

造；而担心适老化改造可能造成的没有地方居住的人则占15.01%；因为"缺乏改造空间"而无意愿的人占9.54%；有4.21%的人表示已经做过适老化改造；剩余8.27%的人则因为其他原因不愿进行改造（见图7）。

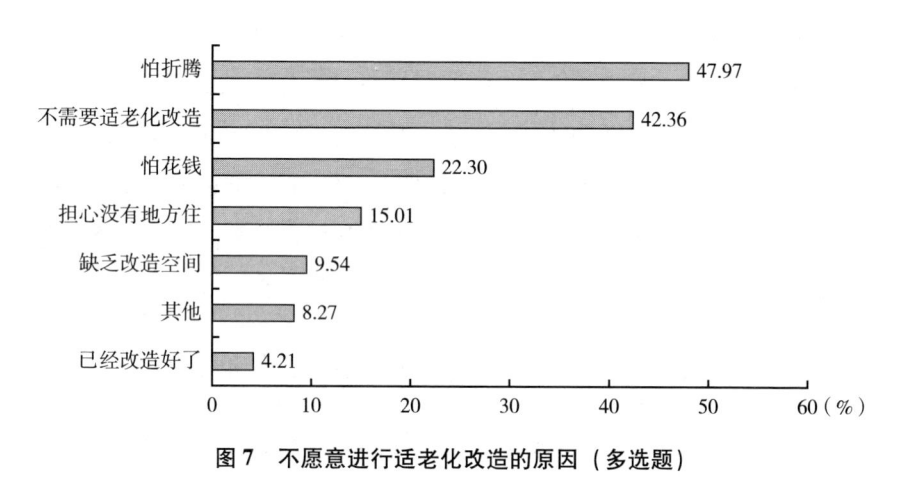

```
怕折腾           47.97
不需要适老化改造  42.36
怕花钱           22.30
担心没有地方住    15.01
缺乏改造空间      9.54
其他             8.27
已经改造好了      4.21
```

图7 不愿意进行适老化改造的原因（多选题）

3. 部分老年人承担费用意愿不高

近1/5（19.61%）老年人家庭不愿意个人承担费用，有一部分老年人由于家庭经济条件限制认为"越少越好"，还有部分老年人需要根据自己承担费用多少再决定是否适进行老化改造。

4. 居家环境条件制约

即使老年人有改造的意愿，也有改造费用支付的意愿，但因为缺乏改造的空间而放弃适老化改造。

（四）适老化改造项目需求多样化，供给匹配性不足

老年人家庭情况千差万别，对适老化改造的需求也各不相同，呈现个性化（多样化）特点，基础产品服务包、专项产品服务包、个性化产品服务包等三类规定服务包并不一定能满足老年人需求。

适老化改造类型需求多样化。老年人有适老化产品安装的需求，也有局部适老化改造的需求，还有全屋适老化改造的需求。

适老化改造产品需求多样化。老年人对很多适老化产品有不同程度的需求，其中"无障碍扶手"需求量最大（56.37%），其次是防滑地垫（41.18%），折叠淋浴凳和紧急呼叫产品也有很大需求（比例都是36.76%）。另外，老年人对智能马桶盖、燃气报警器、感应小夜灯、升降晾衣架、防撞条和高差消除斜板也存在一定的需求。

适老化改造费用起点有限制。老年人家庭可以选择基础服务包类型的安装项目，也可以选择浴缸改淋浴专项改造，或者进行卫生间厨房的整体改造等，但有3000元起点设置。有些老年人家庭尽管有改造的意愿，因为缺乏改造的空间，只能改造几个小产品，总改造费用可能还不超过3000元。

四　促进豫园街道适老化改造试点工作的对策建议

本节根据本街道适老化改造试点中面临的突出问题，借鉴首批试点街道的经验，结合豫园街道的实际，提出促进适老化改造试点工作的对策建议。

（一）开展多种形式的宣传推广活动

线上线下宣传相结合，适老化改造政策和项目宣传与实体化体验相结合，加大全市统一的适老化政策、街道特殊的适老化政策的宣传力度，扩大政策的知晓度、参与度与影响力。

充分运用好线上线下多种方式。通过微信公众号、微信小程序、海报、三折页、上门派发宣传册等多种线上线下方式，加大社区宣传力度。

打造一个适老化智慧养老展示体验中心。借鉴南东街道的做法，与上海地产养老产业投资有限公司合作，选择一个合适的地点，将居家适老场景体验、智慧养老场景展示、社区活动空间、适老化产品展示等多重功能融合在一起，打造一个适老化智慧养老展示体验中心，作为宣传适老化改造政策和项目的阵地。

（二）多渠道筹措适老化改造资金

通过市里、街道、社会力量等多渠道筹措适老化改造资金，支持适老化改造项目，扩大适老化改造受益面。

用好市里资金支持。市级福利彩票公益金安排专项资金支持适老化改造扩大试点工作，对豫园街道按照29万元的标准预拨。街道要协助老年人家庭申请和充分利用好市里的这部分资金。

完善街道资金配套。为了更好地落实推进适老化试点工作，街道结合自身的特点，配套一部分适老化资金，试点进行适度的补贴标准叠加，但每户最高补贴标准仍有限制，暂定为5000元/户。按照改造60户计算，街道需要30万元的配套经费。

引导社会力量捐赠。引导爱心企业、爱心个人、公益慈善组织、宗教组织等社会力量捐赠资金。

这三项资金来源不同，补贴方式和标准也不同，但这三项资金的补贴政策可以叠加。市里29万元的专项资金完全按照市里的政策要求进行补贴。街道配套资金，根据街道自行设计的补贴方式和标准进行补贴。社会力量捐赠资金主要用于补贴特别困难老年人家庭的适老化改造费用。

（三）构建街道层面适老化改造评估方案

构建一个科学合理的街道层面补贴标准评估指标体系，评估并认定每户的补贴等级和补贴比例，可以增强街道配套资金使用的公平性、有效性和规范性。

建立评估指标体系。首先，根据综合性、可量化、层次性和引导性原则，结合市政策文件对补贴标准的规定，以及老年人家庭（以户为评估对象）的基本情况，选择身体健康状况、经济状况、子女及居家方式、社会共献4个一级指标和13个二级指标。其次，根据主观经验法，结合市政策文件对补贴标准的规定，以及老年人家庭的基本情况，对各级指标的权重进行具体设定，其中一级指标的权重合计为1，每个一级指标下的二级指标的权重合计为1。最后，根据二级指标的评分标准，对每个二级指标的各个分组规定具体的评分标准（见表16、表17）。

表16 适老化改造补贴评估一、二级指标的权重

一级指标	权重	二级指标	权重
A. 身体健康状况	0.2	A1. 年龄	0.3
		A2. 自理能力/长护险评估等级	0.3
		A3. 残疾人等级	0.2
		A4. 重大疾病	0.2
B. 经济状况	0.5	B1. 纳保/低保家庭	0.4
		B2. 老年人月退休金	0.4
		B3. 家庭年平均收入	0.2
C. 子女及居家方式	0.2	C1. 子女个数	0.4
		C2. 居住方式	0.6
D. 社会贡献	0.1	D1. 国家级荣誉	0.4
		D2. 市级荣誉	0.3
		D3. 退伍军人、烈属、因公属等	0.2
		D4. 社区志愿者	0.1

表17 适老化改造补贴二级评估指标的评分标准

单位：分

一级指标	二级指标	评分标准	
A. 身体健康状况	A1. 年龄	60~69岁	40
		70~79岁	70
		80岁及以上	100
	A2. 自理能力/长护险评估等级	完全自理/2级以下	40
		部分自理/2~4级	70
		完全不能自理/5~6级	100
	A4. 残疾人等级	无	20
		3~4级	50
		1~2级	80
	A5. 重大疾病	没有	20
		有	80

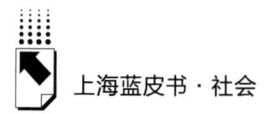

续表

一级指标	二级指标	评分标准	
B. 经济状况	B1. 纳保/低保家庭	否	40
		是	100
	B2. 老年人月退休金	3000元以下	100
		3000~4500元	70
		4500~6000元	40
		6000元及以上	10
	B3. 家庭年平均收入	5万元及以下	100
		5万~10万元(含)	70
		10万~15万元(含)	40
		15万元以上	10
C. 子女及居住方式	C1. 子女个数	无子女	100
		1个	70
		2个及以上	40
	C2. 居住方式	独居	100
		与配偶居住	70
		与子女居住	40
		其他	10
D. 社会贡献	D1. 国家级荣誉	否	40
		是	100
	D2. 市级荣誉	否	20
		是	80
	D3. 退伍军人、烈属、因公属等	否	20
		是	80
	D4. 社区志愿者	否	20
		是	80

确定评估补贴标准。首先，依据每个二级指标的最高分、最低分，根据评估计算公式，计算得到适老化改造补贴评估最高分97.2分，最低分24.6分。其次，根据适老化改造补贴评估最高分和最低分，将适老化改造补贴划分8个档次和8个相应的补贴比例（见表18）。

表18　评估档次和补贴比例

档次	分值范围	补贴比例(%)	最高额度(元/户)
1	30分以下	10	5000
2	30~39分	20	
3	40~49分	30	
4	50~59分	40	
5	60~69分	50	
6	70~79分	60	
7	80~89分	70	
8	90分及以上	80	

审核一户一补贴方案。首先，通过已有的问卷调查数据、统计备案资料、补充调查数据等评估数据，对每户13个二级指标按照具体的得分标准进行打分。其次，根据评估计算公式，计算出每户的适老化改造补贴评估分。最后，根据评估得分，对照评估档次和补贴比例的标准，得出每一户适老化改造的评估档次和相应的补贴标准。

（四）提供多样化个性化服务包

以人为本，需求导向，尽可能地根据老年人的适老化改造需求，提供个性化改造服务包。

不固定服务包。改造内容不一定要以固定服务包的形式进行，老年人可以根据自己的需要选择。可以选择基础服务包类型的安装项目，也可以选择浴缸改淋浴专项改造，或者进行卫生间厨房的整体改造等。2021年的基础服务包考虑增加选择项，让老年人在一定范围内按需选择。

一户一服务包。本次适老化改造试点与以往项目很大的区别在于，之前都是政府统一采购，改造内容和金额基本相同，现在则是以老年人自主申请为主，个性化强，相同的产品在不同的安装条件下也可能产生不同的费用，需要为每一户设定一个服务包及核算相关的费用。

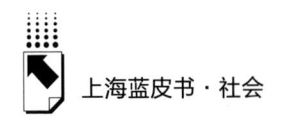

（五）建立三方规范化合作机制

明确街道、服务商、老年人三方的职责，确保适老化改造试点三方合作的规范化。

精选服务商。在市平台公布中标的服务商中，选择口碑好的服务商，优先选择与街道有过成功合作的服务商。

签订三方合同。参照市里有关协议合同的格式、内容等，结合街道的实际情况，签订街道、服务商、老年人三方协议合同，明确各自的权利与义务。

加强全流程监管。街道通过上海市"居家环境适老化改造平台"，按照"申请—评估—设计—施工—验收—结算—售后"的流程进行动态跟踪和监管。

（六）总结工作经验，探索适老化标准

及时总结适老化改造试点的经验，完善评估补贴标准，为全市提供可复制可推广的适老化改造豫园模式和豫园标准。

总结提炼经验。适老化试点工作开始以后，街道要建立经常化的巡防制度，对受益老年人和服务商进行巡访，及时发现适老化改造试点中好的做法、存在的主要问题等，并及时总结经验、解决问题，确保试点工作顺利进行。改造结束以后，要全面总结试点经验，为今后改进适老化工作提供参考。

完善评估标准，建立工作规范。根据适老化改造试点中存在的问题及经验总结，完善街道级的适老化改造补贴评估指标体系，并调整街道级的适老化改造补贴标准，与市质监局合作，争取把豫园街道适老化改造的评估标准、补贴办法和管理流程申请成为上海市街道层面适老化改造评估指标体系和工作规范。

B.10 城市征地补偿安置效果评估

——以LK为例

臧得顺 王会 陈博锋*

摘 要： 本报告以上海某新城区区域供水设施建设征地补偿案例为对象，深入研究了征地带来的影响，对各类征地补偿机制的实施情况和存在的问题进行系统分析，并在此基础上，对项目征地影响、移民安置措施和补偿安置实施效果做出综合评价，针对性提出了完善移民家庭补偿安置的一些对策建议，比如：妥善处置征地人员社保、苗木赔偿、墓穴安置等问题，保持征地补偿政策的前后一致性、关联性和协同性，建立和完善征地过程的外部监测评估机制，等等。

关键词： 基础设施 征地补偿 动迁安置

一 项目概况

（一）项目背景

LK水厂项目是上海某新城重点发展区域供水系统布局建设的重要项目。根据LK地区供水规划（2019-2035年），该供水系统布局规划新建一座设计

---

* 臧得顺，上海社会科学院社会学研究所副研究员，主要研究方向为制度变迁与乡村发展、社会稳定风险评估等；王会，上海社会科学院社会学研究所助理研究员，主要研究方向为社会发展；陈博锋，上海社会科学院社会学研究所硕士研究生，主要研究方向为农村宅基地交易。

规模为20万m³/d的LK水厂。市规划局于2020年2月15日颁发了项目建设用地预审与选址意见书。该项目于2020年3月完成了初步设计和申请报告，并于2020年6月11日取得建设用地规划许可证。工程总投资94325万元，其中征地费用约为3009万元。征地费用已经支付，部分费用使用世界银行贷款。

本项目需征收农用地74620.2平方米、未利用地5622.3平方米，合计征地面积80242.5平方米。征地红线内为集体农田，项目征用P村集体土地111.92亩，涉及N镇P村1组、2组、4组、5组、6组集体土地。本次征地不涉及征地房屋补偿。

这5个村民组中权证土地被征农户共涉及44户122人，为本项目的直接受影响人。5个村民组共438户1037人，为本项目的间接受影响人。项目用地范围内有一些墓地，认领132个，按照700元每穴处置，有主墓地已经全部认领，并赔付、妥善处置。项目沿线涉及一片苗圃地，为一家苗木公司流转当地村民土地所经营，涉及苗木补偿问题。同时，项目建设过程中可能会经过一些无主墓地，建设施工时需注意，这在稳评报告中已经详细说明。征地补偿方式主要有三种，一是土地补偿费，二是青苗补偿费，三是土地附着物补偿费。另外，受影响人中有32人享受出劳安置。针对这些受影响群体的补偿款的赔付标准、付款方式、落实情况以及出劳安置方案、结果等是尽职调查报告的主要内容。本项目征地及出劳安置情况见表1。

表1 项目征地及出劳安置情况

村组	被征地涉及户数(户) 被征承包地(权证地)户数	被征地涉及户数(户) 被征集体机动地涉及户数	被征用土地面积（平方米）	计算出劳安置名额（人）	实际出劳安置人数（人）	备注
1组	16	82	23267.8	8	8	
2组	1	104	16090.1	5	5	
4组	1	72	12814.5	1	0	4组5个农业户口均放弃出劳
5组	14	113	13234.5	12	12	
6组	12	67	9213.3	7	7	
合计	44	438	80242.5	33	32	

该项目用地符合供地政策,目前,项目用地已通过建设项目用地预审,征地范围内土地、青苗和财产已经通过征地补偿登记与复核,并由区规划资源局拟订方案并落实。该项目的征地补偿款、补充耕地费等各项费用已经到位。各项征地手续已完成,移民生产和生活水平已经恢复。

P村已对涉及被征地的5个村民组承包权证土地情况进行人员排摸,对地块进行编号,对涉及征地农户的承包地红线内面积、红线外面积,以及种植养殖情况等进行详细统计登记,并已将此次出劳安置人员名单在村内公告栏公示。

土地补偿费标准,按《上海市征地土地补偿费标准(2017)》执行,标准为75.15元/米^2,补偿费支付给拟征地的农村集体经济组织,支付方式为转账。地上附着物补偿标准按《上海市征地财物补偿标准(2017)》执行,补偿费支付给所有者,支付方式为转账。青苗补偿标准按《上海市征地青苗补偿标准(2017)》执行,标准为粮棉地4.2元/米^2、蔬菜地6.6元/米^2,补偿费支付给受影响人,支付方式为转账。

(二)征地补偿安置尽职调查

1.尽职调查指导思想与工作目标

指导思想:根据S银行对中国贷款项目征地拆迁移民安置的有关要求,规范S银行贷款项目业主、移民安置实施机构等与征地拆迁移民安置活动有关机构的移民内部监测和外部监测评估工作,对移民安置和恢复活动的实施进行详细调查和客观评估;及时了解征地拆迁与移民安置实施情况,发现和纠正征地拆迁与移民实施过程中存在的问题,确保征地拆迁与移民安置活动有序、规范、高效地进行,确保征地拆迁与移民安置活动按照经过批准的征地补偿安置方案顺利实施,确保受项目影响的村民最终能够有效将其受到影响的生计恢复到安置前的水平。

工作目标:跟踪调查并客观评估移民安置的实施情况,重点调查征地移民补偿款的落实情况、移民的生计恢复情况、出劳安置的详细方案和进

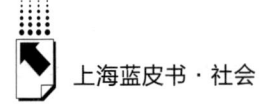

展、墓穴的搬迁问题、项目征地的影响分析、工程实施程序，以及抱怨与申诉、公众参与、信息公开等执行情况，帮助 S 银行、项目业主和移民实施机构更全面地了解移民安置行动的实施进度、质量和资金使用效果。严格遵守 S 银行 OP4.12 条款以及中国的法律和法规，对征地安置的补偿标准和拨付程序、被征地家庭的收入恢复及满意度、征地移民的就业安置情况进行评估，综合评价移民的生计恢复程度和移民目标的实现程度，同时识别、分析征地移民过程中存在的遗留问题，并提出建议，以减少潜在的社会风险。

2. 尽职调查方法/尽职调查的参与过程

尽职调查小组在移民安置机构、N 镇政府和 P 村村民委员会的配合下，对受影响的区域以及征地移民开展实地调查，通过调查获得的信息和资料建立相应的数据库；同时还将对本项目征地安置机构进行走访，了解和收集所需资料；结合对受影响地的现场走访、抽样调查以及针对特定人群开展的焦点组访谈和关键信息人访谈了解实际情况。

项目调查小组采取多种调研方法相结合的方式，以充分保证项目征地移民尽职调查结果的准确性和可靠性。

文献调研法。对与受影响村民有关的各种文献（如业主或移民实施机构的文件、统计资料、专题调研资料等）进行系统而有针对性的收集整理和分析。

问卷调查法。项目征用 P 村集体土地 111.92 亩，涉及 N 镇 P 村 1 组、2 组、4 组、5 组及 6 组集体土地，被征权证土地农户共涉及 44 户 122 人，为本项目的直接受影响人。为了能够保证调查的准确性和代表性，不致出现倾向性误差，对这 44 户采取全面调查的方法。在项目业主单位、各级相关政府工作人员的配合支持下发放问卷。间接受影响的 P 村 1 组、2 组、4 组、5 组、6 组的 438 户村民，对他们的访谈和座谈一起进行。问卷分析将按照调查对象类别进行，最后结合访谈和座谈内容进行总体分析。

3.尽职调查主要内容

项目概况及尽职调查。介绍涉及征地及移民安置的土建工程，尽职调查的目的、过程和范围。

征地的影响分析。实地调查P村的基本情况，考察受项目影响的村组人口情况、受项目影响的土地情况、受项目影响的村组农民人均收入分布、受项目征地影响的明细（包括每个组受影响的户数、人数、征用面积、耕地面积、其他土地面积等）和涉及的出劳人数等具体统计信息。

项目实施单位。通过调查访谈，分析业主与移民实施机构的设置、分工与人员配备情况，移民机构能力建设与培训活动。评估征地实施的程序和过程的规范性、工作效率和履职尽责情况。

移民政策与补偿标准。该项目的征地涉及的补偿方式主要有三种，一是土地补偿费，二是青苗补偿费，三是土地附着物补偿费。调查了解移民实施的主要政策依据，评估其合规性。列出详细的补偿费用汇总表，并核实各类移民损失（尤其是永久征地、房屋等主要损失）的补偿标准实际执行情况、征地资金明细和拨付程序，评估征地补偿的进展及补偿款支付到位的情况。

移民的出劳安置。通过实地考察、问卷调查、座谈和访谈的形式，结合相关的社保政策文件，对移民生产就业安置与收入恢复计划实施情况进行评估，包括出劳安置32人（总共122个村民）的选择标准，具体安排的工作（永久性、临时性、工作地点和部门等），农村移民的农转非及非农业就业（企业安置、自谋职业、养老保险等）安置，少数民族、残疾人、妇女及老人家庭等脆弱群体的生产安置。分析和评估征地移民出劳安置的进展情况及其适宜性。

被征地家庭收入恢复评估及满意度调查。通过征地之前的基底调查和之后的抽样调查，掌握典型移民户收入的来源、数量、结构、稳定性和支出结构、数量，并进行移民搬迁前后经济收支水平的对比分析，评估收入恢复等移民目标实现的程度。进行典型样本户、居住（房屋等）、交通、公共设

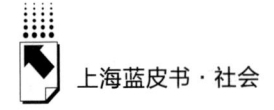

施、社区环境、文化娱乐、经济活动等方面的比较,分析评估移民收入与生活水平恢复目标实现的程度。

公众参与、协商和信息公开。通过搜集与征地相关的政府文件资料、实地查阅P村公告栏内的公示文件、征地相关的走访调查及会议记录,评估移民实施过程中的公众参与、协商活动及其效果,征地信息的透明度,受影响村民对项目工程和安置赔偿方案的了解程度。

抱怨与申诉。通过查阅文件资料和现场典型户调查,调查移民抱怨和申诉的渠道、程序的畅通性、主要抱怨事项、处理情况及其效果。特别考察在征地款的分配和具有重大影响的利益分配的过程中,村民意见及诉求的充分表达。

结论与建议。对征地实施和移民安置落实情况进行归纳总结,得出相应的结论;对潜在的风险遗留问题进行评估并提出建议。

二 项目征地影响分析

尽职调查小组就移民安置情况与实施机构相关工作人员、镇村两级干部、村民代表以及被征地农户等进行了多次座谈,并查阅了移民安置档案、协议等文献资料,在此基础上充分了解了本项目征地影响及移民补偿安置的实施情况。

(一)受影响村组基本情况分析

本项目主要对N镇P村的村组造成影响。P村1组、2组、4组、5组、6组(村组队)为本项目主要受影响村组,不涉及拆迁,主要是征地带来的影响。这5个村民组总户数为438户,总人口为1078人。其中农业人口258人(占24%)、少数民族人口2人、总劳力651人、务工劳力135人、农业劳力187人。项目受影响村组人口情况见表2。

表 2 项目受影响村组人口情况

村组	总户数（户）	人口 总人口（人）	农业人口（人）	农业人口所占比例(%)	少数民族人口(人)	总劳力（人）	务工劳力（人）	农业劳力（人）
1组	82	212	15	7	0	121	40	13
2组	104	274	26	9	0	165	45	26
4组	72	173	5	3	0	114	25	5
5组	113	267	135	51	2	160	15	91
6组	67	152	77	51	0	91	10	52
总计	438	1078	258	24	2	651	135	187

资料来源：现场社会经济调查。

从表2可见，被征地村组中，农业户口所占比例较小，占比为24%，城镇户口所占比例远远超过农业户口。其中1、2、4组村民中农业人口比例均低于10%。项目所影响村组的多数人口已经转为城镇户口，享有镇保，项目征地对多数农户生计不会产生影响。5组和6组农业人口占一半以上，据调查，主要原因是5组和6组人均土地面积较多，且在城镇化进程和历次的土地开发过程中被征地较少。当地农民收入的92%为务工收入和其他收入，农业收入仅占8%。

（二）征地影响分析

1. 土地资源损失

项目征收农用地74620.2平方米、建设用地0平方米、未利用地5622.3平方米，合计拟征地面积80242.5平方米。征地红线内为集体农田，项目征用P村集体土地111.92亩，涉及N镇P村1组、2组、4组、5组、6组集体土地。农户权证土地被征农户总共涉及44户，共计122人，为本项目的直接受影响人。被征地（农用地）村组尽职调查影响量汇总见表3。

表3 项目受影响村失地影响

村组	现有户数（户）	直接受影响户数（户）	影响率（%）	现有人口数（人）	直接受影响人口数（人）	影响率（%）	征地前面积（亩）	失地面积（亩）	影响率（%）
1组	82	16	19.52	212	32	15.09	108.15	34.9	32.27
2组	104	1	0.96	274	4	1.46	149.27	24.13	16.16
4组	72	1	1.39	173	4	2.31	117.78	19.22	16.32
5组	113	14	12.39	267	45	16.85	254.48	19.85	7.80
6组	67	12	17.91	152	37	24.34	199.98	13.82	6.91
总计	438	44	10.05	1078	122	11.31	829.66	111.92	13.49

从受影响户数来看，直接受影响户约占到被征地5个村民组的10.05%。从受影响人口数来看，直接受影响户约占到被征地5个村民组的11.31%。从耕地情况来看，耕地总体受影响率约为13.49%。

由表4可以看出，被征承包地仅占4.5%，被征集体机动地占比为11.1%。1组被征承包地受影响率为9.6%，集体机动地受影响率为29.6%。2组和4组被征承包地分别占0.3%和0.7%。5组和6组原有耕地面积较多，此次被征承包土地占比分别为5.3%和5.8%，被征集体机动地占比均不到3%。

表4 征用耕地影响

单位：亩，%

村组	征地前耕地面积	被征耕地面积	被征承包地面积	承包地受影响率	被征集体机动地面积	集体机动地受影响率
1组	88.97	34.90	8.56	9.6	26.34	29.6
2组	127.47	24.13	0.40	0.3	23.73	18.6
4组	108.08	19.22	0.86	0.7	18.36	17.0
5组	244.48	19.85	13.05	5.3	6.80	2.8
6组	166.75	13.82	9.80	5.8	4.02	2.4
合计	715.75	111.92	32.67	4.5	79.25	11.1

2. 农业收入损失

在征地之前，本地农户多数已经不再种地。被征地的5个村组的土地多数返租给村里，然后统一流转给大户种植。同时，据当地经济社会状况调研和受征地影响人反映，当地处于上海市郊区农村，进厂务工以及各种非正规就业机会较多，因而在征地前，很多农户放弃农地，进厂打工或做小生意等。因此，本次征地给受影响人造成的收入损失较小。

由表5可见，被征地农户的人均承包地面积较少，多数土地为集体机动地。根据村干部访谈和现场入户调研，村里土地约82%流转给外地农民种植。被征土地111.92亩中有60亩流转给一个承包大户，流转协议一年一签。该承包大户在本村另外还有60亩承包地，其对青苗补偿标准及地上附着物补偿标准较为满意，因而本次征地对该承包户的影响不大。本地农民的主要收入来源还是务工收入和各种非正规就业收入。

表5 项目受影响村组土地情况

单位：亩

村组	耕地面积	园地面积	水塘面积	人均承包地面积
1组	88.97	16.5	2.7	0.5
2组	127.47	25.0	16.8	0.4
4组	108.08	1.2	8.5	0.9
5组	244.48	0	10.0	0.8
6组	166.75	1.2	32.0	1.0
合计	715.75	43.9	70.0	—

由表6可以看出，征地后，农业收入受影响较小。其中1组年农业收入损失率为1.3%，2组年农业收入损失率为3.1%，4组年农业收入损失率为0.4%，5组年农业收入损失率为4.4%，6组年农业收入损失率为4.2%，各组年农业收入损失率均低于5%。因此，征地对农民收入带来的影响很小。

表6 征地前后年农业收入损失情况

村组	征地前(2019年) 耕地面积(亩)	征地前(2019年) 年农业收入(万元)	征地后(2020年) 耕地面积(亩)	征地后(2020年) 年农业收入(万元)	年农业收入损失(万元)	年农业收入损失率(%)
1组	108.15	19.46	73.25	19.20	0.26	1.3
2组	149.27	24.82	125.14	24.03	0.79	3.1
4组	117.78	19.29	98.56	19.22	0.07	0.4
5组	254.48	73.44	234.63	70.16	3.28	4.4
6组	199.98	48.55	186.16	46.49	2.06	4.2

三 移民安置政策、补偿标准

本项目移民安置实施过程严格按照国家和上海市的有关法律法规要求进行。

(一)政策依据

本项目征地人员安置严格遵守国家、上海市相关的规定及实施办法以及上海市的相关文件。主要法律和政策依据为:《中华人民共和国土地管理法》《中华人民共和国土地管理法实施条例》《国务院关于深化改革严格土地管理的决定》《上海市实施〈中华人民共和国土地管理法〉办法》《上海市土地储备办法》《上海市被征收农民集体所有土地农业人员就业和社会保障办法》《上海市房屋土地资源管理局关于切实做好征地补偿安置管理工作的通知》《关于落实〈中华人民共和国土地管理法〉完善本市征地工作的若干意见》《上海市征收集体土地财物补偿标准(2020)》《上海市征地土地补偿费标准(2017)》《上海市征地青苗补偿标准(2017)》《上海市征地财物补偿标准(2017)》。

（二）相关法律规定

针对土地征收、房屋拆迁、移民安置和补偿等，中国已经制定了完整的法律框架和政策体系。《中华人民共和国土地管理法》自1986年颁布实施以来，根据中国国情的变化，已经进行了四次修订。在国家法律和政策框架内，各级地方政府分别颁布并实施了符合各地方实际的相关法规和政策，以管理和指导本地的土地征收、房屋拆迁、移民安置和补偿等工作。

① 《中华人民共和国土地管理法》；
② 《国务院关于深化改革严格土地管理的决定》；
③ 《上海市土地储备办法》；
④ 《上海市被征收农民集体所有土地农业人员就业和社会保障办法》。

（三）移民补偿标准与资金拨付

征地补偿标准的制定基于《中华人民共和国土地管理法》《中华人民共和国土地管理法实施条例》《上海市征收集体土地房屋补偿暂行规定》《上海市被征收农民集体所有土地农业人员就业和社会保障办法》《上海市房屋土地资源管理局关于切实做好征地补偿安置管理工作的通知》《关于落实〈中华人民共和国土地管理法〉完善本市征地工作的若干意见》《上海市征收集体土地财物补偿标准（2020）》等相关集体土地征收及房屋搬迁补偿安置的政策性文件。

1. 征地及青苗补偿标准

项目征地为永久性征地，补偿标准为75.15元/米^2，青苗补偿标准为4.2元/米^2。项目征收P村1组土地最多，为24143.5平方米；征收2组土地面积为17329.0平方米；征收4组土地面积为14311.3平方米；征收5组土地面积为13825.5平方米；征收6组土地面积为10633.2平方米。

2. 拨付程序

为了保证项目移民补偿资金按照有关补偿政策和补偿标准及时、足额地支付给受影响人，项目建立了完善的资金支付程序。同时，建立了严格的财

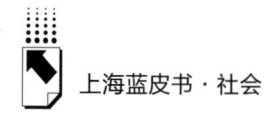

务管理及监督机制，保证所有征地补偿资金安全支付到位。

项目征地费用拨付程序如下。按照上海市及Y区的补偿政策和补偿标准，自然资源局与受影响村签订征用土地协议书。Y区财政局按征地协议规定的补偿费用的内容、数量和时间，通过银行将补偿资金支付给区自然资源局，区自然资源局按征地协议规定的补偿费用的内容、数量和时间，通过银行将补偿资金支付到项目征地专户。再从征地专户支付到乡镇，乡镇将土地补偿费用支付到受影响村组，将青苗补偿费及其他附着物补偿费支付给个人，用于生产生活的恢复。基础设施恢复费用支付给相关产权人，实施基础设施的迁移和恢复重建。

尽职调查小组发现，征地补偿资金、青苗费及地面附着物补偿费都已经全部落实。按照村民队组大会通过的分配方法，青苗费及地面附着物补偿费将直接通过银行转账支付到征地受影响人及产权人账户中。征地补偿费放在集体专用账户，由村组决议如何分配。被征地而未能纳入社保的农户将保留土地权证，按照当前土地流转价格给予补偿。

（四）评估

调查小组认为在本项目征地过程中，所采用的征地安置政策符合国家、上海市及Y区的相关政策规定，也符合世行移民安置政策的要求，合法合规，政策透明度高。同时，征地补偿款、青苗补偿费以及地面附着物补偿费用都已经落实。

四　征地安置措施实施评估

（一）被征地户安置

尽职调查小组就移民安置情况与实施机构相关工作人员进行了多次座谈，并赴N镇P村实地驻点调查一周时间，查阅了移民安置档案、协议等文献资料，充分了解了本项目征地影响及移民补偿安置的实施情况。

1. 货币补偿及分配

P村1组、2组、4组、5组及6组被征地农户均按照相关的征地补偿标准进行集体土地补偿。征地的货币补偿款为土地补偿费、青苗费和地面附着物补偿费的总和,其中土地补偿费已经于2020年7月拨付给N镇政府资金平台,这些补偿款的支付将由村级管理部门与镇政府相关部门协商后支付。青苗费及地上附着物补偿费将于近日发放到村民账户中。出劳社保费用已经支付,进入出劳指标的受影响人达到退休年龄的已经拿到镇保。

(1) P村1组

项目共征收P村1组集体农用地面积34.9亩,其中权证土地面积8.56亩,集体土地面积26.34亩。直接受影响农户为权证土地被征收的家庭,共16户,直接受影响人口26人。项目已完成征地补偿费、青苗补偿费以及地面附着物的统计核算,征地补偿费已拨付至镇资金平台,镇一级正在走审批流程,受影响村民将领取青苗费和地面附着物补偿费。

(2) P村2组

项目征收P村2组集体农用地面积24.13亩,其中权证土地面积0.4亩,集体土地面积23.73亩。直接受影响农户是权证土地被征收的家庭,共1户,该户享受出劳安置。间接受影响的为该组全组村民,总共104户274人,其中共有4人可享受出劳安置。项目已完成征地补偿费、青苗补偿费以及地面附着物补偿费的统计核算,镇一级正在走审批流程,受影响村民将按照每户的征地面积领取青苗费和地面附着物补偿费。

(3) P村4组

项目共征收P村4组集体农用地面积19.22亩,其中权证土地面积0.86亩,集体土地面积18.36亩。直接受影响农户是权证土地被征收的家庭,为1户。间接受影响的农户为全组72户173人。4组全组仅有5个农业户口,多数都已经转为城镇户口。项目已完成征地补偿费、青苗补偿费以及地面附着物补偿费的统计核算,镇一级正在走审批流程,受影响村民将按照相应标准领取青苗费和地面附着物补偿费。

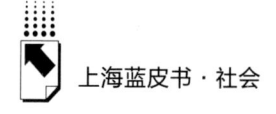

（4）P村5组

项目共征收P村5组集体农用地面积19.85亩，其中权证土地面积13.05亩，集体土地面积6.8亩。直接受影响农户是权证土地被征收的家庭，共14户，受影响人口34人。间接受影响村民为该村全组村民，113户267人。项目已完成征地补偿费、青苗补偿费以及地面附着物补偿费的统计核算，受影响村民将领取青苗费和地面附着物补偿费。

（5）P村6组

项目共征收P村6组集体农用地面积13.82亩，其中权证土地面积9.8亩，集体土地面积4.02亩。直接受影响农户是权证土地被征收的家庭，共12户，受影响人口21人。间接受影响村民为该村全组村民，67户152人。项目已完成征地补偿费、青苗补偿费以及地面附着物补偿费的统计核算，征地补偿费已拨付至镇资金平台，镇一级正在走审批流程，受影响村民将于近日领取到青苗费和地面附着物补偿费。

2.社会保障措施

集体经济组织土地被征收后，依法为需要安置的失地农民办理社会保险，需要安置的被征地农民的人数=征收耕地面积÷征地前被征地集体经济组织人均占有耕地的数量；人均占有耕地的数量=该集体经济组织被征地前耕地和园地所有权面积总数（集体土地所有权确权面积）÷征地时该集体经济组织享有土地承包权的在册农业人口数。土地行政主管部门只下达需要城镇安置人口总指标数，由被征地集体经济组织讨论分配，确定到个人。农村集体经济组织的土地被全部征收的，依法撤销该农村集体经济组织的建制，原农业人口全部转为城镇人口。

征地农转非社保安置人员参加基本养老保险的缴费比例和缴费标准参照Y区的社保缴费标准，缴费所需的资金由征地单位全额承担，项目安置补助费足够缴纳。

超过法定退休年龄的人员，在一次性缴纳15年的基本养老保险费后，自缴费次月由社保经办机构按月发放基本养老金，直至死亡。未超过法定退休年龄的人员，根据征地时的实际年龄，按照从16周岁开始，实际年龄每增加2周岁计算1年缴费年限的办法，一次性缴纳基本养老保险费，缴费年限最多不超过15年。

(1) P村1组

按照土劳比例计算1组有8个出劳安置名额，由农保转为镇保。达到退休年龄的对象农保每月约1300元，镇保每月约2300元。经过1组村民决议，权证土地被征收的村民优先享有出劳安置，并按照权证土地被征用的面积从多到少排序。对于被征地而又未能进行出劳安置的农户，继续保留土地权证，被征收土地由村民组按照土地流转价格每年给予补偿。受影响村民于2020年4月进行了社保安置人员名单审核。

(2) P村2组

2组共有4人可享受出劳安置，这4个名额为集体机动地产生的名额。经过2组村民决议，这4个出劳名额按照年龄进行排序，且每家农户最多可以有1人出劳。2组总共有5人享受出劳安置，由农保转为镇保。受影响村民于2020年4月进行了社保人员安置名单确认。

(3) P村4组

4组全组仅有5个农业户口，多数都已经转为城镇户口。该组中权证土地被征收的1户农户可以优先享受出劳安置，但因年龄较轻，农业户口有孩子上学等优惠政策，且还有土地，其认为以后还有出劳机会，因而主动放弃出劳。另外4名农业人口也因为年龄较轻以及农业户口的一些优惠政策，以及认为有土地以后有机会出劳，因而都不愿转为城镇户口，均自愿放弃出劳。因而，四组最终没有出劳[①]。

(4) P村5组

5组出劳安置12个名额，按照权证土地被征收的面积多少排序，被征收土地多的农户优先出劳。受影响村民于2020年4月进行了社保安置人员名单确认。

---

① 可以看出，当地农民利益诉求十分多元、复杂。如4组农业人口只有5人，这5名农业人口都还不到退休年龄，且4组还有土地，因而，在本项目中，4组农民不想出劳。而5组、6组农业人口较多，年龄偏大的农户较多，因而在本项目中，5组、6组对出劳的需求更大。

(5) P村6组

6组出劳安置7个名额,按照权证地被征收的面积大小排序,被征收土地多的农户优先出劳。对于被征地而未能进入出劳名单的农户,保留土地权证,并且被征土地按照土地流转价格按年支付。受影响村民于2020年3月进行了社保人员名单确认。

(二)墓穴处置安置情况

项目选址及管线敷设涉及范围会经过一些墓地,有主墓地均已告知村民认领,总共认领132个,按照700元每穴处置,另外误工费、搬迁费已补偿给相关农户,总计补偿10.576万元。对于处置结果,村民暂无不满意的情况。项目建设过程中可能会遇及一些无主墓地,施工时须谨慎作业。这在项目稳定风险评估报告中已经详细说明。

(三)苗木公司处置安置情况

项目征地范围涉及一家苗木公司的苗圃,产生苗木补偿问题。该苗圃为外来承包户承包当地农户土地所建,相关补偿问题还在洽谈。这在项目稳定风险评估报告中也已经详细说明。

该种植户为浙江绍兴人,2009年开始承包当地农户14亩土地种植苗木。其对大田苗木搬迁补偿44100元/亩存有异议,要求按棵计算来补偿。该种植户曾在Y区其他征地项目中获得过苗木补偿,标准由评估公司评估后,建设单位与被补偿人签订协议。现该种植户提出本项目征用其种植苗木也需有资质的评估公司评估后确定补偿价格。按照目前政策规定,有苗圃证的才可以按棵评估,而该种植户没有苗圃证。LK建设用地事务中心会同LK管委会生态处、N镇动迁办、P村村委会分别于3月21日、4月10日与该种植户进行沟通及政策解释。

(四)安置进展和安置措施评估

本项目的移民安置措施包含货币安置、被征地农户养老保险安置,以及提供包括就业及培训在内的综合安置措施。相关费用已于2020年8月到达N镇征地专用账户，青苗费和地上附着物补偿费也于9月发放到P村1组、2组、4组、5组以及6组被征地户和产权人账户中。征地补偿费将放入集体账户用于集体经济组织生产、生活及社会保障。被征地户中纳入城镇社保体系的名单已经审核通过，进入出劳安置名单的适龄农户已经于2020年8月开始领取镇保。

从安置措施来看，项目的受影响户可以获取青苗费等现金补偿，并且被纳入城镇社保的农户可以由农保转为镇保，达到退休年龄的对象镇保每月约2300元，农保每月约1300元，镇保比农保平均每月多1000元左右。未被纳入出劳安置的农户，村组将按照土地流转价格每年给予补偿。这部分被征地而未被纳入出劳名单的农户，因为还有权证土地，并且保留土地权证，村民委员会通过村民自治商议决定，这部分农户将在下一次项目中优先享有出劳安置权利。当地农民的收入渠道多元化，农业收入在当地农民收入中占比较低。当地的中青年多数都有务工经商的机会，达到退休年龄的老年人最低有1300元每月的农保，本项目出劳的农户到了退休年龄每月可以有2300元的镇保。同时，当地的社会保障措施和就业引导措施较为完善。因此，本项目被征地农户有长期可持续的经济来源，并不会因征地而对原来的生活水平造成影响。

五　移民家庭收入恢复评估及满意度调查

（一）移民家庭调查方法及内容

本项目涉及直接受征地影响家庭44户122人。根据世行有关移民抽样调查数量的要求，调查小组结合项目影响区实际情况，并在项目业主、N镇政府及P村村委会的配合下，对这44户进行了全面的调查。同时，尽职调查小组对间接受影响的P村1组、2组、4组、5组、6组采取焦点人物访谈、入户访谈、村民小组长访谈等多种方式进行深入调研。

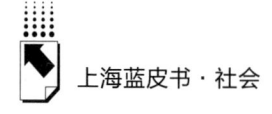

本次受影响人入户调查的主要内容为收集征地前后的基本家庭经济结构、收入支出资料、家庭人口、年龄结构、教育情况、劳动力状况、土地资源状况、家庭年收入、家庭年支出等信息。

（二）被调查家庭基本情况

1. 年龄及受教育情况

所调查的44户被征地直接受影响户，总人口为122人，户均约3人。本次调查在44户中每户抽取一个样本对象，涉及征地人数共44人，其中男性24人，占54.55%；女性20人，占45.45%。在样本的年龄构成方面，被调查者年龄普遍偏高。其中56~65岁年龄段人数最多，有15人，占比为34.09%；36~45岁10人，占比为22.73%；65岁以上8人，占比为18.18%；26~35岁7人，占比为15.91%；18~25岁2人，占比为4.55%；46~55岁2人，占比为4.55%。

2. 婚姻家庭职业及受教育程度

本次调查的44个样本中，已婚群体占绝大多数，占比为84.09%，其他为未婚、离婚、丧偶。在家庭规模方面，以小规模家庭为主，家庭规模在5人以下的占比达95.46%。

在职业方面，被调查者以工人、农民为主，农民共8人，占比为18.18%；工人共12人，占比为27.27%；下岗或退休工人8人，占比为18.18%；学生1人，占比为2.27%；无业的6人，占比为13.64%（见图1）。

被调查者受教育程度普遍偏低，初中学历占比最大。其中文盲半文盲6人，占总调查人数13.64%；小学及以下7人，占总调查人数15.91%；初中17人，占比为38.64%；高中1人，占比为2.27%；中专2人，占比为4.55%；大专8人，占比为18.18%；本科3人，占总调查人数6.82%（见表7）。

城市征地补偿安置效果评估

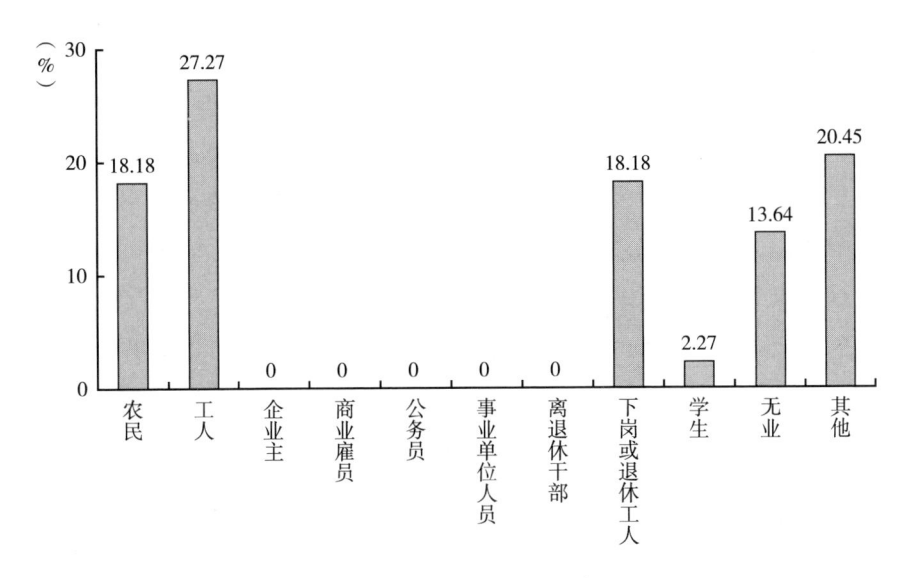

图1 被征地户的职业分布情况

职业分布（%）：农民 18.18，工人 27.27，企业主 0，商业雇员 0，公务员 0，事业单位人员 0，离退休干部 0，下岗或退休工人 18.18，学生 2.27，无业 13.64，其他 20.45

表7 被调查者基本情况统计

单位：人，%

项目		男性	女性	合计 人数	合计 占比
年龄构成	18岁以下	0	0	0	0
	18~25岁	2	0	2	4.55
	26~35岁	5	2	7	15.91
	36~45岁	4	6	10	22.73
	46~55岁	1	1	2	4.55
	56~65岁	8	7	15	34.09
	65岁以上	4	4	8	18.18
	总计	24	20	44	
受教育程度	小学及以下	2	5	13	29.55
	初中	13	4	17	38.64
	高中	0	1	1	2.27
	中专	1	1	2	4.55
	大专	6	2	8	18.18
	本科	1	2	3	6.82

3. 收入情况

调查发现，青壮年被调查者中无论男女，均在附近或市区就业或打工。本地农民仍然种地的非常少，只有极个别农户还在种地。村民土地多数都返租给村里，由村里统一发包流转给外来承包户规模化经营耕种。对于当地多数农户而言，农业收入占比相对较小。当地农保已经普及，每月1300元左右，退休职工以及镇保占比也较高。就被征地的几个村民组的实际情况来看，因为地处特大城市郊区农村，土地开发程度较高，不少农业户口在发展过程中已经转为城镇户口，到一定年龄后享有城镇基本养老保险，每月约2300元，所以，当地农业人口占比不断缩小，至本项目调查期间，1组农业人口仅占7%，2组农业人口仅占9.5%，4组农业人口仅占3%，5组农业人口约占一半，6组农业人口也占一半左右。50岁以下的受影响人多数在附近工厂就业，或者在上海市区工作；50岁以上的受影响人则多通过打零工以及一些非正规就业方式维持生计。

4. 土地资源情况

当地土地性质分为三种，即农户承包地、集体机动地和自留地。每个组的情况都不同，差异十分大。在调查的44户122人中，农户承包地在征地前人均为0.4~1亩。1组和2组离镇区较近，20世纪八九十年代分地时，因为当时农地价值并未显现，农户不要土地，因而1组和2组的集体机动地较多，农户承包地较少。4组在前期的开发过程中，修路、建厂等被征用的个人承包地较多，现在集体机动地也较多。5组和6组情况较为相近，农业人口数较多，人均土地面积相对较多。

被征地面积小，绝大多数小于1亩，被征地占家庭所有土地面积比例大。在涉及征地的被调查者中，征地数小于1亩（包括1亩）的占比达95.5%，1亩以上的仅为4.6%，征地最大值为1.5亩，平均值为0.60亩，总的来说，被征用的土地普遍规模较小。

其中，5组的平均征地面积最大，为0.80亩；其次是6组，为0.76亩；接下来是4组的0.57亩和1组的0.46亩；平均征地亩数最少的是P村2组，仅为0.40亩。

在征地比例方面，我们用被征地面积除以家庭所有土地面积，得出家庭被征地所占比例。征地比例为1的占比最大，达41.9%，也就是说，超过四成的被调查者是被征用了其家庭所有的全部土地，征地比例为0.5的占比次之，为34.9%，其余征地比例均有零散分布。总的来说，征地比例的平均值为0.669，标准差为0.305，由此可以看出，被征地占家庭所有土地面积比例普遍较大。

表8 不同村组征地情况统计分析结果

单位：亩

村组	平均征地面积	标准差
1组	0.46	0.121
2组	0.40	0.000
4组	0.57	0.497
5组	0.80	0.345
6组	0.76	0.304
总计	0.60	0.294

根据对村委班子以及各组小组长的深入访谈，1组总共82户，人均承包地面积为0.5亩。本项目征用1组土地30多亩，涉及8户人家。2组总共104户，人均承包地面积为0.4亩。2组农保仅有20多人，多数都已经转为镇保。本项目征用2组土地25.5亩，涉及权证土地仅1户0.4亩。4组总共72户，只有5户没有镇保，人均承包地面积为0.86亩。5组总共113户，人均耕地面积为0.75亩，多数农户土地已流转出去，仅有5户在种地。6组总共67户，人均承包地面积为1亩，土地多数都流转给外地人规模化种植。

被征的111.92亩土地中有60亩承包给外来大户，该外来户还在附近其他地方承包了60亩左右的土地，其对青苗费和地面附着物补偿费较为满意。因为流转合同是一年一签，承包的流动性较强，其可以到其他地方流转土地，且农业收入只是其收入的一部分，因而征地对该承包户的影响不大。

（三）被调查家庭收入恢复情况

征地使当地居民的务工和其他收入增加，征地后镇保收入的增加是其中的主要方面，近几年的土地开发和企业引进，也给当地农民带来很多就业机会，从而带动了整体收入的增加。表9是征地前后被调查者的各项收入占比情况，从统计数据可以得知，征地前被调查者的家庭总收入平均值为60581.82元，其中务工收入为39895.45元（占比69%）、务农收入4050.00元（占比7%）、其他收入13977.27元（占比24%）。征地后，家庭总收入平均值为72100.07元，其中务工收入为42227.27元（占比59%）、务农收入1720.45元（占比2%）、其他收入28107.09元（占比39%）。

表9 征地前后收入对比

单位：元，%

	收入情况	金额	比例
征地前	务工收入	39895.45	69
	务农收入	4050.00	7
	其他收入	13977.27	24
	总收入	60581.82	100
征地后	务工收入	42227.27	59
	务农收入	1720.45	2
	其他收入	28107.09	39
	总收入	72100.07	100

当地居民年收入以务工收入和其他收入为主，务农收入占比极小。对比征地前后的收入数据可以发现，当地居民的收入得到了大幅提升，主要原因是当地近两年土地开发力度较大，大规模引进企业给当地农民带来了一些新的就业机会，同时土地征收过程中，农保转为镇保后收入也有较大提升。其他收入的增幅最大，占总收入比重上升了15个百分点，而务农收入有所减少。总体收入情况有所改善，据入户访谈，当地农民的收入预期也较好。农

民的支出情况受征地影响不大,当地农民最大的支出是教育、医疗和买房支出,这些受本次征地影响不大。

(四)被调查家庭满意度调查与分析

被调查者对项目各方面的满意度高。表10是各项目的满意度汇总,从表中可以看出,被调查者对各个项目的满意度均很高,尤其是在信息公开和政策宣传、征地补偿标准方面,没有被调查者表示不满意。而在项目安置方案实施和征地前后收入恢复情况上,则有少许人选择了一般和不太满意,主要原因是个别老年人到了退休年龄想进出劳指标而未进以及青苗补偿费还没有发放到户。

表10 移民样本家庭各项满意度情况

单位:%

满意度	信息公开和政策宣传	征地补偿标准	项目安置方案实施	征地前后收入恢复情况
很满意	93.18	90.91	86.36	90.91
比较满意	6.82	9.09	9.09	4.55
一般	0	0	2.27	2.27
不太满意	0	0	2.27	2.27
很不满意	0	0	0	0

通过对样本家庭的满意度情况分析可以看出,本项目征地补偿与安置活动的满意度较高,各项指标的满意度均在90%以上。选择不太满意的农户,经过访谈得知,主要是因为出劳人数有一定的指标,而年龄大的农户想尽早出劳。

根据尽职调查小组在P村的座谈和入户调查得知,其中主要原因是过去的项目征地出劳标准较低,只要被征地,无论面积多少均可以出劳,而现在是按照土劳比例计算出劳人数,个别村民不能理解。因为此次根据土劳比例计算的出劳人数是确定的,到各个村民组分配名额时,会出现异议。调查发现,个别有意见的村民主要集中在人均土地面积比较多的5组和6组。关于这部分村民,村委会已经多次做工作并解释,不满能够及时得到解决。

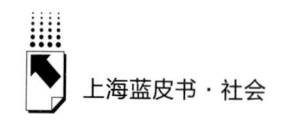

（五）访谈案例

在对受影响人的抽样调查中，调查小组采用了根据受影响人的经济状况进行了分层抽样，并对受影响人中的脆弱人群进行特别的关注和调查。同一种经济收入情况的受影响人的受征地影响情况具有较大的相似性，现将其中具有代表性的案例摘录如下。

1. 脆弱人群

TMF，72岁，家中共有7口人，两个儿子，目前独自一人居住在乡下。此次项目涉及征地0.75亩，获得了1个出劳安置的名额，每月可领取约2300元的镇保，与原本每月1300元左右的农保相比，收入水平得到了显著提高。该受访人同时认为水厂的建成可以提升生活用水的水质，使其收益。

2. 中等收入家庭

YPH，45岁，家中共有3口人。家庭的主要收入来源为务工收入，本人在村委会做了十多年保洁工作，每月约2500元，丈夫开出租车，收入为四五千元每月，一个儿子在LK园林工作。本人在此次征地中办理了镇保，每月1160元，先领取了3个月，待55岁退休后可正常领取镇保。项目征地对其影响不大，且获得了镇保，保障了其退休后的收入，因此成为本项目的受益户。

3. 收入较好家庭

MHH，66岁，家中共有5口人。本人在事业单位开车，月收入约5000元。妻子曾经是教师，现每月的退休金为6500元。母亲已是小城镇户口，每月的镇保为2400元。两个女儿均在外工作。该家庭收入较高，其经济收入主要为非农业收入，项目征地不涉及其权证土地，且能够获得额外的土地补偿款，为本项目的受益户。

（六）评估

通过对比分析被调查家庭征地前后的收入情况可以发现，被调查家庭在征地补偿安置后的家庭收入、人均纯收入较征地前均有所提高，反映了本项目征地补偿安置后,被调查家庭收入及生活水平总体上得到了恢复和改善,家庭的收入结构也有所改善。尤其是被征地后出劳的家庭收入恢复较快较好,其余的农户在青苗费补偿到位以及片区开发的过程中,也会有更多的就业机会,收入会逐渐恢复。承包大户对青苗补偿标准和地上附着物补偿标准都很满意。通过满意度调查发现,90%以上的被调查家庭对本项目征地补偿表示非常满意或比较满意,个别农户对出劳安置方式感到不满,随着政策的深入宣传和解释,以及补偿款的及时发放,上述不满将及时得以消除。

六　信息公开和申述抱怨处理

(一)信息公开和协商

依据国家和上海市相关征地补偿安置政策和法规,为维护移民的合法权益,减少不满和争议,本项目在征地准备和实施阶段,均十分重视信息公开和协商,并广泛听取各社会团体、政府部门、村委会和移民的意见,并向各方公开征地补偿安置工作。

项目所在村在本次征地补偿安置进程中严格执行支部会、村委会、村民代表大会共同商议讨论的程序,并及时将大会结果公开。通过各种会议对此次征地补偿安置方案涉及的政策规定进行解读和宣传,对征地补偿安置涉及的事项进行广泛协商。各组为了征地补偿费用的分配,成立土地补偿费分配小组,对征地涉及的土地补偿费及安置补助费制定详细的备选分配方案,通过广泛充分的村民参与和召开村民大会的方式,由村民自主选择符合其意愿的分配方式。确无争议的分配方案由受影响户及相关村民签字确认,并在村委会公告栏及时予以公示。

(二)申述抱怨处理

在征地和人员安置实施期间,具有完善的申诉抱怨体系,包括村级、乡镇和区国土局、信访局、法院等。详细申诉处理程序如下:

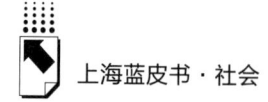

阶段1：如果移民对移民安置计划感到不满，可以向村委会提出口头或书面申诉；如果是口头申诉，则要由村委会做出处理并书面记录。村委会应在2周内解决。

阶段2：移民若对阶段1的处理决定仍不满意，可以在收到决定后向乡镇提出口头或书面申诉；如果是口头申述，则要由乡政府做出处理并书面记录。乡政府应在2周内做出处理决定。

阶段3：移民若对乡的决定仍不满意，可以在收到决定后向区国土局申诉，区国土局应在2周内做出处理决定；区信访局应在1周内做出回复，或转给区国土局具体处理。

阶段4：移民若对区国土局理决定仍不满意，在收到区国土局征地领导小组办公室决定后，可以根据民事诉讼法，向民事法庭起诉。

移民可以针对移民安置的任何方面提出起诉，包括补偿标准等。上述申诉途径，已通过会议和其他方式告知移民，使移民充分了解自己具有申诉的权利。同时利用传媒工具加强宣传报道，并将各方面对移民工作的意见和建议整理成信息条文，由各级移民机构及时研究处理。

在实际实施中，本项目补偿标准符合相关法规政策，补偿资金按照标准已经核实，受影响人口满意度较高，一些具有争议的问题，如实物量测量和登记等，在村一级和实施当时就能够及时得到更正，因此移民对这方面没有明显不满。社保安置方面，个别村民对出劳安置有意见，主要原因是村里过去涉及项目征地，只要征地，无论征地数量多少，都安排出劳。而现在的政策是按照土劳比例来计算出劳人数，有个别村民被征地但未纳入出劳。对于这部分村民，村委已经多次做工作，并让他们保留土地权证，在以后的项目征地中，可以优先出劳。经过沟通、解释，这部分村民也能够理解并接受。

（三）评估

尽职调查小组发现，整个移民安置过程严格执行了公众参与和民主决策制度，在出劳安置方案和征地款的分配等具有重大影响的利益分配过程中，均体现了公众参与和诉求的充分表达。尽职调查小组认为本项目的公众参与及抱怨与申诉机制在移民安置过程中起到了很好的作用。

七 评估结论和建议

（一）综合评价

项目征用 P 村集体土地 111.92 亩，涉及集体土地分为农户承包地（口粮地/权证地）、集体机动地和自留地。征地工作于 2019 年 11 月至 2020 年 7 月实施，征地工作已完成，征地补偿款已核实到位，将发放到集体账户以及受影响户和相关产权人账户。

被征地面积总共 111.92 亩，其中承包地（权证土地）32.67 亩，集体机动地 79.25 亩。直接受影响人是承包地被征农户，承包地被征共涉及农户 44 户 122 人。项目选址及出厂管线敷设范围涉及一些墓地，多数墓地都已经认领、赔付并妥善处置；还经过一家苗木公司的苗圃，苗木补偿还在洽谈。项目建设过程中可能会经过一些无主墓地，这在项目稳评报告中已经予以说明。征地补偿方式主要有三种，一是土地补偿费，二是青苗补偿费，三是土地附着物补偿费。另外，出劳安置总共 32 人。针对这些受影响群体的补偿款的赔付标准、付款方式和落实情况以及出劳安置情况等是尽职调查的主要内容。整个征地安置流程及操作过程符合世行政策，程序合法合规，符合新土地法的相关规定，受影响的 44 户被征地农户中，32 户出劳家庭收入已经恢复，并且收入有明显增加，其余农户在青苗费等补偿到位后，以及 LK 片区开发带来更多的工作机会后，收入也会逐步恢复并有所增加。

1. 安置进展

根据尽职调查小组在征地事务中心、社保部门及镇村的调研，项目的各项程序实施严格按照新土地法的规定，征地事务中心在项目准备阶段开展了拟征收土地现状调查，项目方委托第三方评估单位开展了社会稳定风险评估，对受影响村组的土地、人口详细情况进行排摸统计。N 镇镇政府以及 P

村村民委员会将征收范围、土地现状、征收目的、补偿标准、安置方式和社会保障等在拟征收土地所在的镇和村、村民小组范围内均发布了公告,并且公告时间至少30日,通过公告、开村民大会、党员大会、协调会,入户解释等形式听取了被征地的农村集体经济组织及其成员、村民委员会和其他利害关系人的意见。目前,征地补偿费已经到位,镇一级正在走相关程序,近日征地补偿将直接打入集体账户,用于集体经济组织成员的生产、生活和社会保障。征地受影响户及承包户于2020年9月领取到青苗费以及地面附着物补偿费。社保部门根据相应的政策文件,按照土劳比例计算并列出每个村民组应该出劳的人数。村里针对每个村民组的具体情况多次开村民大会、村民代表会议以及小组会议,设计了对应的出劳方案,并经过每个村民组会议和村民确认。最终,出劳安置共计32人,达到领取镇保年龄的农户已于2020年8月按照标准领到每月的镇保收入。

2. 项目征地对收入影响

项目征地对象P村属于上海市郊区农村,在城市化进程中,P村的多数农业户口已经转为城镇户口,5个组总共有1078口人,其中农业户口只有258人。这部分农业户口享有农保或镇保。本地农民多数都不再耕种土地,主要的收入来源为务工收入以及其他收入,土地多流转给外来户耕种,因而,农业收入在农民的总收入中占比较小。本次项目征地不会对受影响人带来农业收入上较大的损失,被征地44户农户收入受影响较小。被征用的111.92亩耕地中有60亩承包给外来大户耕种,协议为一年一签,流动性较大,该承包大户还可以在附近承包其他土地,并且其在本村还有60亩左右承包地,农业收入只是其收入的一部分,因而,该承包大户受影响也不大。

3. 移民安置措施

本项目的移民安置措施包含货币安置、被征地农户出劳安置以及包括提供就业及培训在内的综合安置,上述措施均得到了执行和落实。

从安置措施来看,项目的征地户不仅可以获取一次性的现金补偿,还可以通过社会保障和就业获取长期可持续的生活来源。这些措施都保障了移民生活水平不低于征地之前,并与世行关于移民安置的总目标相符。

4. 受影响人收入恢复

通过对比分析被调查家庭征地前后的收入及支出情况可以发现，被调查家庭在征地补偿安置后收入较征地前均有所提高，总收入比征地前有较大幅度提高。通过满意度调查获知，90%以上的受调查家庭对本项目征地补偿表示满意。

5. 实施机构

在移民安置实施过程中，项目办公室工作人员及征拆设施机构具有丰富的工作经验；移民安置机构工作人员配备齐全，素质较高，熟悉征地工作业务和政策法律法规，具有丰富的征地和移民安置经验，能准确贯彻征地的各项政策，履行自己的职责与任务。尽职调查小组认为，本项目征地及移民安置组织实施效率较高。

6. 公众参与和抱怨申诉

尽职调查小组发现，整个移民安置过程严格执行了公众参与和民主决策制度，在征地补偿款、青苗补偿费和被征地农民出劳安置等具有重大影响的利益分配的过程中，均体现了公众参与和诉求的充分表达。尽职调查小组认为本项目的公众参与及抱怨与申诉机制在移民安置过程中起到了很好的作用。

7. 移民安置效果评价

征地补偿安置建立了行之有效的工作机制和保障机构。有畅通的群众诉求渠道并能及时研究处理，征地工作较为顺利，安置措施落实较好，移民收入和生活水平总体上恢复较好，移民满意度较高。征地安置过程符合新土地法的规定，与世行政策也相符合。

（二）遗留问题

经过调查了解，征地补偿款、青苗费补偿以及地面附着物补偿费都已基本得到落实，出劳安置方案及相关工作也已经做完。不过，还有以下遗留问题需要继续关注。

征地补偿款、青苗补偿费以及地面附着物补偿款都已经审核并基本落实，但还没有打入村民的账户中，不过这只是一个程序和时间的问题。2020年9月已打入农户账户。后续还需要通过本项目的内部监测和外部监测工作进一步跟踪确认。

本项目总共可出劳33人，这个人数是社保部门根据当前政策按照每个村民组的土劳比例计算得出的。其中4组有1个名额被放弃，最终实际出劳人数为32人。其中1组8人、2组5人、4组0人、5组12人、6组7人。因为在前几年的项目征地中，只要涉及征地，无论面积多少都可以出劳。而当前政策是按照土劳比例计算出劳人数，因而得出的出劳名额有限，少部分被征地农户因未能纳入出劳安置名单而对安置方式有所不满。据尽职调查小组驻点入户调研，主要是5组和6组个别村民。村委会都已经给予解释，5组和6组人均土地面积较多，老年人也较多，因而急着想出劳享受镇保。村一级经过商讨并给予缓解方案，即被征地而未被纳入出劳名单的农户，继续保留土地权证，并在下一次的项目征地中优先享受出劳安置。这需要上级政府在后续的项目建设中充分考虑补偿安置政策的前后协调性。

苗木公司的赔偿问题。种植户对大田苗木搬迁补偿44100元/亩存有异议，该种植户曾在Y区其他征地项目中获得过苗木补偿，按评估公司评估标准，建设单位与被补偿人签订协议。现该种植户提出本项目征用其种植苗木也需有资质的评估公司评估后确定补偿价格。按照目前政策规定，有苗圃证的才可以按棵评估，而该种植户没有苗圃证。

（三）改进建议

对涉及征地但未进入出劳名单的农户需进一步解释社保出劳安置政策，涉及的相关补偿应尽快落实到位。在下一个项目的推进过程中，在安置政策实施方面应注意与此前项目安置政策的前后一致性、关联性和协同性。

进一步关注关于苗木公司的赔偿问题，需要进一步做工作并妥善解决。

项目施工过程中若遇及无主墓地，需谨慎施工作业，妥善处置墓穴。

为监督上述遗留问题得到有效解决，确保本项目移民安置活动顺利完成和工程如期动工建设，应建立完善的外部监测评估机制，通过外部跟踪监测和受影响人的客观评估，帮助S银行、项目业主和征地移民实施机构更全面地了解移民活动的实施进度、质量和资金使用效果，监测移民政策的执行情况、移民机构的运行、移民就业安置、移民生活安置、收入与生产生活水平的恢复、抱怨与申诉、公众参与、协商、信息公开等实施情况。通过监测，评估移民安置政策与移民实施的适宜性，评估移民收入水平恢复程度和移民目标的实现程度，评估移民机构的工作效率，甄别业已存在或可能发生的问题，并就问题提出建议或预警，避免因移民补偿、安置的不完善或实施偏差造成移民生产生活未超过或未达到征地前的水平。

B.11
上海市金山区创新基层社会治理模式

干永飞 陈倩[*]

摘 要： 上海市金山区积极创新探索基层社会治理新模式，本文选取了五个镇（工业区），介绍了他们以不同方式探索基层社会治理创新的模式和成效。枫泾镇做深"两约三会六平台"，实现治理从"独角戏"向"大合唱"转变；漕泾镇以"三张图"推进"贤治理"，探索社会治理新突破；山阳镇深入践行"法治山阳"治理模式，以法制化促进社会治理；吕巷镇推进"非诉社区"创建，打造"非诉和合"品牌；高新区讲"德治"树新风，培育社会治理新动力。

关键词： 上海市 金山区 社会治理

一 枫泾镇做深"两约三会六平台"社会治理模式

（一）案例背景

枫泾镇自2015年开始探索创新社会治理"四治五建"工作法，每年持续深化，基层特色治理品牌如雨后春笋般不断涌现。特别是推出"两约三会六平台"工作机制后，从坚持问题导向补齐工作短板、培育社区认同完善社区治理体系两个方面入手，促进包括村（居）民在内的社会多元力量

---

[*] 干永飞，中共上海市金山区委政法委副书记，主要研究方向为社区治理；陈倩，中共上海市金山区委政法委基层社会治理室主任，主要研究方向为社区治理。

参与社区治理,全面深化了"四治五建"社区治理工作法内涵,党建引领下自治、法治、德治、共治"一体化"格局进一步完善,村(居)民从原本社区建设的"局外人"变为主动献计献策的"主人翁",勾画出"基层有活力、治理出成效、群众得实惠"的生动画卷。

(二)主要做法

1. 以"两约"为抓手,助力基层治理法治化

2022年以来,枫泾镇紧扣新时代农村社区服务管理新变化、新要求,全镇村(居)均已完成村规民约、居民公约的修订工作,并形成新义村"总则+细则+信用积分"可复制、可推广模式,推动乡村治理法治化、规范化,真正成为村居的"小宪法"。一是坚持内容求实,聚焦化解基层治理难题。把村(居)民自治、垃圾分类、美丽家园建设等村(居)现阶段中心工作、重点任务纳入"两约"中,使村(居)事务工作有规可循。二是坚持多方参与,确保基层治理守法守规。依托"村村有顾问 事事依法行"工作机制,村(居)法律顾问全程指导参与修订,审核把关每一个环节、每一条内容,避免与有关法律法规相冲突,确保村规民约、居民公约合法有效。三是坚持考核量化,确保自治规则发挥实效。充分发挥村民主体作用,实施运用村民信用管理新机制。在村规民约具体实施过程中,制定《村民信用管理实施办法》和《村民信用评分明细》,将村规民约的履行情况用村民的信用分值来体现,并将信用分值与每年的以奖代补政策挂钩,切实推动村规民约有效落实。

2. 以"三会"为依托,助力基层治理多元化

以自治为重点,全镇所有村(居)都已建立乡贤理事会、道德评议会和村(居)民议事会三大议事机制,引导村(居)民有序参与村(居)事务。一是依托乡贤力量,实现矛盾就地化解。全面梳理辖区内遵纪守法、品行良好、威望高、口碑好、群众公认的社会贤达人士,成立乡贤理事会,充分发挥乡贤"智囊团"作用,汇聚起助推基层治理的社会力量。2022年上半年全镇各乡贤理事会共受理参与矛盾纠纷调解238件,调解成功234件,

调解成功率达98.3%，把大量矛盾化解在基层、消灭在萌芽状态。二是推行评议引导，强化道德约束机制。按照"为人正直、办事公道、威信较高、说理能力强"的标准，将辖区的老党员、老干部、道德模范等组成道德评议团。定期召开道德评议会，通过登门谈心评、就地现场评、开会集中评等方式，对辖区出现的不良现象进行评议、处理和监督，解决当前法律管不到、行政管不了的事，努力形成良好的道德环境。三是注重协商议事，畅通言路让民做主。针对集体发展和村（居）民利益的焦点问题，进一步畅通言路，经由村（居）民议事会协商，充分发扬民主，增强群众话语权，有效引导村（居）民更好、更多地参与身边事的管理，改变村（居）委大包大揽的治理模式，实现从"为民做主"到"让民做主"的转变。例如：卫星村在"美丽一条埭"的创建工作中，通过广泛征求意见，充分发挥民主，避免了创建工作的一言堂和任务指派。通过听取群众的创建意愿和创建意见建议，召集"三会"成员商议，综合对比各村民小组的创建基础、群众创建意愿等因素，最终确定示范埭并开展创建工作，使创建工作公开、透明。

3. 以平台为载体，助力基层治理精细化

统筹协调各方资源，打造集学习教育、信息收集、服务群众、矛盾调解、文体服务、协商议事等功能的共建、共治服务平台，将管理和服务延伸至群众家门口。一是打造平安驿站，延伸服务触角。以自然村落、埭、楼组为主体，打造具有本村本居特色的一站式综合治理平台。通过平安驿站了解群众实际困难，将邻里纠纷、村务监督、消费维权等各类问题记录在册，最大限度妥善解决，同时开发线上平台畅通居民需求反映渠道、提供各类方便居民生活的服务。例如：枫岸居民区推出"美丽家园自治银行"，将志愿服务时间存入"银行"换取积分，以积分兑换他人志愿服务或生活必需品，并对志愿者个人信息、参与自治活动记录、积分情况、兑换情况等进行专业化信息管理，做到全方位、全流程记录。二是探索联动平台，破解民生短板。古镇景区打造城市运行管理联勤工作站，实行全天候勤务运作模式，集合公安、城管、平安办、居委会等14个部门单位和100余名工作人员、100

余名网格员、60余名平安志愿者等群防群治力量。通过"一线发现、一线处置、一线解决"的工作模式，针对职权交叉、职责模糊等重点疑难问题，通过联勤联动、共商共治逐步消除模糊地带，使得各类矛盾、问题纠纷就地化解，让群众的"烦恼"得到一站式解决。

（三）工作成效

1. 有效推动村（居）管理，提高群众积极性

"两约三会六平台"机制的运行，引导了更多的村（居）民有序参与村（居）事务，潜移默化中改变了村（居）民生活习惯，提升了乡村文明水平，推动了村（居）事务管理。例如：依托"总则+细则+信用积分"模式运行，使得"美丽乡村-幸福家园"创建暨乡村环境大整治等方面的工作起到了事半功倍的效果。助力全镇10485户成功创建美丽示范户，创建率达到95%。通过"三会"机制畅通渠道、汇集民意、促进参与。全镇成功开展了"整治乱停车""楼道乱堆物""整治楼道飞线充电"等议事讨论活动，并取得了显著的治理成果。

2. 预防化解矛盾纠纷，提升群众幸福感

"两约"对无违搭建、村风民俗及邻里关系、道德示范、治安管理、消防安全等方面明确评价标准、考核方式和奖惩措施。对于各类细化标准予以明确规定，在很大程度上约束了部分不和谐的行为发生，让老百姓有据可依，遇到矛盾纠纷村民习惯按照村规民约内容进行前期解决，从而大事化小，小事化了。同时，"三会"畅通了群众参与社会治理渠道，强化了辖区矛盾纠纷属地化解，实现"大事不出村、小事不出埭"。例如，下坊村与浙江交界，通过组建"乡贤边界老娘舅"调解队伍，着力解决涉及两地的矛盾纠纷，特别是在农业种植经营和交通微小事故调解工作中成效显著。再如，新枫居民区以"0033大家帮"工作法，汇聚社区内的"智囊团"力量，解决居民身边"零零散散"的大事小事，更好地满足了居民的需求，实现了社区治理形式和途径的多样化。

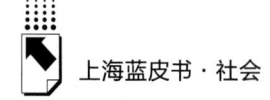

3.有效打通治理末梢,实现治理多样化

2022年以来,全镇行政村实现了"平安驿站"建设的全覆盖,自平安驿站成立以来,全镇已解决矛盾纠纷问题348起,有效化解了村内各类矛盾纠纷。同时,全镇33个村(居)中有23个村(居)实现"零上访",使村级发展更加和谐稳定。联勤联动工作站作为打通治理末梢的共治平台,自2020年9月正式运行以来,共处置事件2001件,成功分流处置非警务类警情1197起,枫泾古镇试点区域报警类110警情同比下降了22%,使得各类矛盾、问题纠纷就地化解,打通了基层治理"最后一公里",让群众"烦恼"得到一站式解决。

(四)创新启示

通过完善"两约"、建立"三会"、打造平台,做实党建引领下的村(居)民自治共治模式,村(居)民由依赖性地"靠社区管"转向"民主自治",从原本不关心社区建设的"局外人",变成为社区建设贡献力量的"主人翁",实现了从"为民做主"到"让民做主"、从被动自治到主动自治、从享受服务到提供服务的转变。下一阶段,枫泾镇将持续深化"两约三会六平台"工作机制,主动作为、善作善成,不断增强基层社会治理的动力和活力,努力破解一批基层社会治理难题,推动基层社会治理能级整体提升。

二 漕泾镇以"三张图"推进"贤治理"探索社会治理新突破

(一)案例背景

近年来,漕泾镇党委、政府深入贯彻落实习近平总书记考察上海重要讲话精神,始终坚持"人民城市人民建、人民城市为人民"重要理念,以党建引领下"四治一体"基层社会治理体系创新建设为抓手,发挥人民群众在基层社会治理中的主体作用,以"漕泾参事"乡贤治理为特色,打造

"一镇一品"特色品牌,全面推进镇域社会治理现代化,不断增强人民群众的获得感、幸福感、安全感。

(二)主要做法

1. 谋篇布局,探索"贤治理"顶层图

漕泾乡贤历来多有善举,位于漕泾镇、闻名上海的"浦南第一桥"济渡桥,就是由清代乡贤筹资兴建的。新时代,漕泾镇注重吸纳乡贤参与基层社会治理,探索基层社会治理新模式,社会效应逐步显现。一是突出制度引领。制定《漕泾镇推进"四治一体"建设提升社会治理水平的实施意见》,明确搭建乡贤议事和引资、引才、引智平台,成立"乡贤工作室""贤士会"等乡贤组织,目前已汇聚80余名乡贤参与乡村建设和基层社会治理。二是拓展参与形式。各村(居)立足自身实际创设多样载体,以会议议事、书面提案等形式收集乡贤建议,并根据实际予以采纳。三是丰富团队建设。经过两年多的培育和实践,漕泾镇各村(居)逐渐形成了各具特色的乡贤团队,有参与公共事务管理、为村(居)提供决策建议的"智囊团",有协调邻里纠纷、促进社会和谐的"老娘舅",有推动村规民约(居民公约)落实、维护公序良俗的"督导组",有着重服务来沪人员的"巷里乡亲"工作室,还有发现纠正居民不文明行为的"啄木鸟"队伍,乡贤团队作用越来越凸显。

2. 多点发力,激发"贤治理"能量图

漕泾镇各村(居)多点发力,乡贤主动作为,涌现了一批优秀的乡贤组织和个人,充分发挥了示范引领作用。一是当好传统美德传承人。乡贤们带动身边的群众遵规守约、尊老爱幼,引导群众崇德向善,涵养文明乡风。金光村连续三年开展"孝星"评比,乡贤苏宝云自身是尊老爱幼的模范,她在调解赡养纠纷时,经常现身说法,晓之以理、动之以情,赡养纠纷大多顺利调解。二是当好乡村治理领头人。乡贤们通过人脉关系、工作经验等在基层治理中充分发挥参谋助手和带动引领作用。营房村的乡贤徐桂荣,原是漕泾镇城建办主任,有着丰富的城乡建设和管理经验,在"美丽宅基"创建中,其提出了将宅基改造与村民公园相结合的建议,不仅提高了村民参与"美丽宅基"创建的积极性,还进一步美化了居住环境。三是当好慈善公益热心人。乡贤们积极投身公益事业,扶贫帮困、乐助善捐。营房村乡贤万辉华不仅帮助残疾困难青年再就业,还通过自己管理的公益服务社推动镇区内的妇女积极参加居家养老服务,目前已帮助186人成功就业。四是当好平安建设守护人。在集中居住、土地流转等重大事项协商议事中,乡贤们又当起"老娘舅""消防员"。水库村以乡贤张雪龙为带头人的"老娘舅"调解队伍,在乡村振兴示范村建设过程中,当起了村民和工地的联络人,平稳调处矛盾纠纷10余起。五是当好政策法规宣讲人。乡贤们在本村(居)往往具有一定的影响力,能够在政府与群众之间架起有效的沟通桥梁。比如,部分群众对异地安置到其他镇的政策不理解,对安置房建设质量有疑问,乡贤王仁利在金山城乡建设工程公司担任经理,他不仅带头签约,还亲自参与房屋质量监督,为推进异地安置工作起到了较好的带头作用。再如,乡贤金瑞贤曾是阮巷村老书记,他对房屋动迁政策掌握得比较透彻,他就不厌其烦地走门串户、摆事实、讲道理,宣传有关政策,给群众释疑解惑,消除群众的顾虑。

3. 守正出新,绘就"贤治理"新蓝图

为推进乡贤组织建设和运行工作不断完善,漕泾镇围绕目标任务、制度机制、方法举措、推进保障、成果展示五个方面系统化开展"一镇一品"建设,于2021年4月出台了《漕泾镇关于加强乡贤工作的实施意见》,建立了漕泾镇乡贤工作领导小组,建立了镇、村(居)两级"乡贤参事"运行机制,形成了镇级指导、镇村联动、协同推进的"贤治理"工作体系,发挥了"乡贤参事"在金色、绿色、红色"三色"漕泾建设中的积极作用。同时,坚持提质增效,全域深化"贤治理"平台机制,分级分类开展工作。镇级综合性活动由镇人大牵头,主要征求乡贤对政府工作的意见和建议。镇级分类性活动,主要按照行业分类和乡贤特长,建立"五类参事"分别开展活动,即服务"金色漕泾"的经济参事,服务"绿色漕泾"的农业参事,服务城镇建设的城建参事,服务社区建设的文卫参事,服务"平安漕泾"

的平安参事。目前首批已有 62 名参事纳入全镇乡贤人才库，其中有中国工程院院士、教育人士、企业家、种养能手等。农业参事方志权是市农业农村委秘书处处长，他在漕泾调研乡村振兴期间指导总结梳理乡村振兴工作中的典型经验，并针对性地提出了对策建议。城建参事张丹作为青年设计师代表，积极参与漕泾郊野公园相关景观及浦卫路两侧停车场设计，并创造性地提出融合江南风貌结合现代风格的设计理念。文卫参事李首民是原交大二附中校长，全程参与了护塘村党群服务站设计创意排版工作，还积极协助村委会筹划护塘村建党 100 周年活动，动员村民们广泛参与。

（三）工作成效

1. 发挥乡贤榜样模范力量，提高村民参与乡村事务的积极性，增强基层群众的向心力和自治能力

疫情期间，各村（居）乡贤主动联系村（居）委，要求做道口执勤志愿者，投身疫情防控第一线；东海村乡贤发现人居环境整治方面问题后，向村委会提交整治方案；花园居委会乡贤参与编制《花园居民委员会居民规约》，内容涵盖遵纪守法、尊老爱幼、环境保护、垃圾分类、防灾防盗防诈骗、严禁"黄赌毒"、丧事简办等 19 条内容。

2. 发挥乡贤道德感召力量，有效化解各类矛盾纠纷，改善干群关系，涵养崇德向善的文明乡风

发挥乡贤们为人公正、做事正派、号召力强的优势，在动迁安置、环境问题方面起到"稳压器"的作用。截至目前，漕泾乡贤各组织调处各类矛盾纠纷 430 起，矛盾化解率达 99.53%。其中，涉及邻里纠纷 133 件，占 31%；家庭矛盾纠纷 162 件，占 38%；其他矛盾纠纷和需求诉求 135 件，占 31%。在沙积村动迁安置工作中，乡贤也发挥了较大作用。沙积村成立了乡贤政策宣讲队及调解小组，他们走街串巷，去搬迁小组的每个宅基地进行政策宣传解释，坚持做到服务群众"零距离"，"面对面"回应群众诉求。同时，乡贤成功调解了几十起因为动迁问题产生的邻里或家庭纠纷，有力助推动迁安置工作顺利开展，使干群关系更融洽。

3. 发挥乡贤公益慈善力量，利用人脉、经验、财富等方面优势，积极帮助困难群体解决实际问题

各村（居）乡贤在培训、就业等方面为村民提供更优、更好的服务资源。面对突如其来的新冠疫情，乡贤纷纷慷慨解囊，积极踊跃捐资捐物；蒋庄村乡贤杨寒观是一名企业家，他每到春节、重阳节时，主动提供自己厂里适合老年人使用的棉被、四件套等床上用品，让老人们能度过一个温暖的节日。截至目前，各村（居）乡贤累计捐助用于疫情防控、重阳节慰问、结对帮扶等的物资和善款达到33.47万元，为社会治理注入新的力量。

4. 发挥乡贤决策咨询能力，提升村务管理效能，在基层治理中起到参谋建议、示范引领、桥梁纽带的作用

各乡贤组织累计提交关于镇、村发展意见建议97条，被采纳81条，采纳率达83.5%。其中阮巷村"贤士会"向村委会提交的关于建设"老街文化展示馆"的建议被采纳，展示馆建成后原原本本地还原了百年老街的历史风貌，深受群众好评。

（四）创新启示

漕泾镇在实践中从顶层设计着手，根据实际情况定义新乡贤参与乡村治理的整体权责内容及方向，以资源整合为抓手，汇聚乡贤智慧和力量，以解决村民实际问题为落脚点，激发村民自治意识。下一步，漕泾镇将继续坚持以人民为中心的发展思想，以"贤治理"为特色，激发自治活力，共谋乡村治理，建设人人有责、人人尽责、人人享有的社会治理共同体，争当推进基层社会治理现代化工作的排头兵，为建设"三色漕泾"提供坚强保障。

三 山阳镇深入践行"法治山阳"治理模式

（一）案例背景

近年来，山阳镇深入贯彻习近平法治思想，全面落实关于全面依法治区的部署,始终坚持以人民为中心的理念,把法治作为最优发展环境、最佳治理方式和最强综合竞争力,积极探索党建引领下的"四治一体"基层社会治理的路径方法,把各项工作纳入法治框架内运作,形成了一套具有山阳特点、符合基层实际的"法治山阳"建设体系。中央依法治国办进行了实地调研,市委依法治市办、区委依法治区办、法治日报社共同举办了"法治山阳"探索与实践研讨会,总结推广"法治山阳"建设的经验和做法,法治在全镇的战略性、基础性、保障性地位进一步确立。

（二）主要做法

1. 坚持党建引领,紧抓"法治山阳"第一责任

法治谋划"一面旗"。强化镇党委的领导和引领作用,在全市率先成立镇党委全面依法治理委员会,每年召开全镇法治建设推进会,统筹协调"法治山阳"建设工作的合力显著增强。强化党内制度建设,印发《山阳镇"三重一大"事项正面清单》《山阳镇党委开展巡检工作实施意见（试行）》等文件,夯实依规治党制度基石。强化创立专题述法制度,印发《山阳镇党委会述法制度》,每半年组织党政分管领导、部门及村（居）党政负责人向镇党委会进行专题述法。推行集体学法制度,把《宪法》、《民法典》、《行政许可法》、习近平法治思想等列入党委中心组年度学习计划,组织集体学法、法治知识能力测试等活动。加强法治建设顶层设计,在全区率先发布《法治山阳建设规划（2021-2025年）》和年度"法治山阳"建设工作要点,明确"法治山阳"建设的蓝图目标与具体任务。

法治文化"一张网"。制定并落实《法治项目清单》,在村（居）和企业中积极开展法律讲堂"月月行"、普法宣传"天天行"、法律服务"社区行"等多种形式的法治宣传。结合山阳故事文化,组织开展法治故事征集活动和"山阳故事说法"巡讲活动。着力推广法治文化阵地建设。镇法治科普公园建成开园,构建"可看、可玩、可学"的沉浸式法治宣传体验环境。将法治元素融入美丽家园建设中,各村（居）建成14个法治微公园和8条法治特色长廊,渔村"法治文化小巷"成为新的网红打卡点。

2. 突出机制创新，构建"法治山阳"制度体系

法治实施"一张图"。"法治山阳"建设，关键在于政府依法执政、依法行政、带头示范。注重法治制度建设，制定了《法治山阳"六张清单"》《山阳镇重大行政执法决定两级法制审核制度》《山阳镇行政规范性文件两级法制审核制度》。强化法治审核和法治保障，设立镇法律服务办公室，明确14项工作职责、8项工作制度，负责镇级机关和镇域范围内的法律服务工作。不断优化法治营商环境，制定并落实《优化营商法治清单》，镇、村居、网格三级公共法律服务网络实现全覆盖，设立上海湾区科创中心与山阳经济小区公共法律服务点。

法治共治"一盘棋"。把小区的事、群众的事办好，需要在法治的原则下创新自治机制和民主协商机制，构建共建共治共享格局。制定法治村（居）、部门创建实施意见与指标体系。2017~2020年，完成了第一轮法治部门、村（居）创建活动全覆盖。2021年启动民主法治示范村（社区）创建工作，进一步提升基层法治化治理水平。探索"四治一体"有效机制，在深入调研和试点的基础上，全面推广宝华、中兴经验，把村规民约（居民公约）的实践成效列为村（居）年度专项考核项目。

3. 坚持法治为民，体现"法治山阳"人本价值

法治信访"一条龙"。信访的关键在于把事实搞清楚，依法按政策把群众诉求解决好。细化了"受理-调查-研判-决策-反馈-终结"五步工作流程，建立领导交叉包案制度，完善律师、法治调查员制度和法律服务办法治审核制度，促进案清事明，依法化解信访矛盾。连续开展"大接访""大约访"行动，坚持新官理旧事，一批多年前的旧案、老案得到了化解缓解，达到遏止增量、削减存量的效果。

法治评议"一把尺"。法治政府的落脚点和出发点都是法治为民，是维护好保障好人民群众的合法权益，让人民群众成为法治建设最大的受益者。每年组织区、镇两级人大代表召开法治评议会，听取"法治山阳"建设汇报，开展工作评议，邀请区司法局等上级部门领导进行指导，总结成功经验，查找薄弱环节，指导优化项目。

（三）工作成效

1. 顶层设计培养法治思维

构建纵向三个层次贯通、横向三个要素拓展的三纵三横"法治山阳"建设体系。纵向三个层次中，中枢领导层统领全局，形成党管法治引领力；中间操作层强化职能，形成司法所牵头协调，各职能部门共同推进的"1+X"工作模式；基础参与层发挥合力，各居民区党组织、业委会、群众共同参与到基层治理的过程中，形成共建共治共享格局。横向三要素中，突出制度要素，强化顶层设计；突出智力要素，成立法治办、法治调查组、律师组、社区顾问团四支工作队伍；突出监督要素，落实人大监督、群众监督、第三方监督，找准法治建设短板问题和发展方向。

2. 法治建设助推社会治理

在党建引领社区治理"1+3"等工作机制引领下，以"总则+细则"模式推动村规民约（居民公约）的修订，全镇所有村居（筹建组除外）全部完成修订工作。海悦居民区366工作法、金湾居民区"三堂会诊"工作法成为党建引领"四治一体"的生动新实践。基层公共法律服务网络更趋完善。全年共受理各类民间纠纷1184件，成功调解1184件，调解成功率100%。全年审核重大行政执法决定7件、行政诉讼二审案件1件，未发生行政执法决定经行政复议被变更或被撤销、行政诉讼败诉案件。

3. 法治实践推动和谐发展

山阳镇作为金山城镇化建设的主战场，矛盾风险多，维稳压力大，通过打造公开、透明、稳定、可预期的法治环境，激活基层动能，推动解决了一大批历史遗留问题和重点突出矛盾。几年来，全镇信访总量、重复信访率持续下降。2021年以来，山阳镇信访办累计收到群众信访事项127件（批）次160人次，同比件（批）次下降25.29%，人次下降34.69%，无到市和到区集访。全年排查矛盾11件，化解10件，化解率91%。全镇共立刑事案件253起，同比下降28.7%；破案175起，同比下降12.3%。电信网络诈骗接报既遂112起，同比下降30%，入室盗窃案件8起。

（四）创新启示

"法治山阳"建设是一个全面的系统性工程。经过几年的探索实践，遇事学法、有事找法、解决问题用法、化解矛盾依法的法治氛围在山阳镇不断形成，用法治思维谋划问题、用法治方式解决问题已经成为干部群众的思想自觉和行动自觉，基层治理法治化水平与治理能力得到有效提升。

1. 领导带头示范是前提

党委、政府主要领导带头示范、常抓不懈，始终将法治思维融入重大决策、社会治理、城市建设、经济发展等各个环节。推行集体学法制度，把宪法法律、党内法规列入党委中心组年度学习计划，通过定期法治培训，培养了一支具有法治思维、法治能力的干部队伍。

2. 法治制度建设是起点

法治的载体，是形成有广泛认同的一系列法治制度。经过五年的探索实践，"法治山阳"基本形成了由法治建设规划、法治政府、法治社会、法治文化、监督考核等五部分构成的法治建设制度体系和框架，形成相关制度共计 37 项。

3. 闭环体系打造是核心

为使"法治山阳"真正取得实效，各部门之间应采取有效联动，及时反应。山阳镇党委在顶层设计上着重打造了一套闭环的管理体系。率先组建了镇级法律服务办公室，搭建实体机构，为重大决策、重大事项把脉问诊、保驾护航。

4. 法治实践创新是动力

山阳镇党委将雷厉风行与久久为功相结合，推进"法治山阳"探索与实践的不断创新，为打破多年连续信访、反复接待的怪圈，在实践中细化了信访办理流程，推行"信访五步工作法"，坚持新官理旧账，在促进解决历史遗留问题、化解信访矛盾方面取得了实实在在的效果。

5. 各界广泛参与是关键

通过原创法宣漫画、石头画、法治故事等形式，打造公共法律服务普法品牌"山阳故事说法",建立法治故事员队伍,主动配送故事说法菜单。挖掘小区景观资源,结合"一村一公园"建设,积极打造村(居)法治宣传阵地,形成了渔村法治文化景区等村(居)法治阵地。

从实践的成效来看,全镇已经形成了党委把方向、管大局、做决策,政府重实干、强执行、抓落实,基层和群众齐参与、强监督、享成果的法治共建局面。

四 吕巷镇推进"非诉社区"创建打造"非诉和合"品牌

(一)案例背景

近年来,基层矛盾纠纷呈现利益主体多元化、形成因素复杂化、表现形式多样化等特点,在基层如何快速、规范、高效化解矛盾纠纷,显得尤为迫切。吕巷镇以习近平法治思想为指导,贯彻落实"把非诉讼纠纷解决机制挺在前面"的重要指示精神,结合金山区推进全国市域社会治理现代化试点工作要求,在探索巷邻坊里和解、出诊一线调解、四访合一化解的基础上,全面推进非诉社区创建工作,将非诉机制挺前,突出源头治理,以预防为主,强化多方参与、联调联动,引导群众通过非诉讼方式解决纠纷,努力将矛盾纠纷化解在萌芽状态,全面提高社会治理能力和水平,构建共建共治共享的社会治理新格局。

(二)主要做法

1.守正创新赋能,让纠纷解决有底蕴讲和合

贯彻落实习近平法治思想。切实把习近平法治思想贯彻落实到非诉社区创建全过程,吕巷镇立足矛盾纠纷的预防和多元化解,紧扣纠纷解决主线,运用习近平法治思想,指导非诉社区创建实践。发掘吕巷历史和合文化。从小白龙文化、胥浦文化、璜溪文化、千年银杏文化、"三个百里"上海后花园文化中,汲取和丰富矛盾纠纷调处的和合理念,融入非诉社区创建,探索

打造"非诉和合"品牌。厘清非诉社区创建思路。提出"非诉挺前,和合吕巷"创建主题,确立"党建引领、源头减争、非诉挺前、和合共商"工作主线,营造"有事好商量、有事大家议、有事我帮你"的社会氛围。

2.搭好组织架构,让纠纷解决有平台有人做

搭好非诉主架构。成立由镇党委书记、镇长任组长的非诉社区创建工作领导小组,制定下发《吕巷镇深入推进"非诉社区"建设实施办法》,下设办公室,组建一个工作专班、三个专项工作组,全力推进创建工作。绘好非诉线路图。将非诉社区创建工作纳入镇"十四五"规划,纳入党委、政府重要议事日程,纳入村居领导班子年度基本指标考核评价体系,强化各项保障和考核机制,加强系统谋划和整体推进,着力绘就非诉社区创建工作线路图。选好非诉调解员。健全镇、村人民调解委员会,通过培养、引入、志愿相结合,组建一支专职调解员、兼职调解员、法官、律师组成的非诉专兼职调解员队伍。与区法院、区司法局等单位合作,对调解员及村居干部进行培训,培养一批"法律明白人""法治带头人"。

3.注重服务排忧,让纠纷解决有温度暖民心

深入一线察民情。深化2055工程、"民警兼任村官"工作机制,赋能"巷邻坊""百千万"工程,落实"三访三联四到位"工作机制,了解民意、反映民意、解决问题。跨前一步暖民心。实行每周三镇领导带班接访,通过一名领导、一名律师、一名心理师、一名专业部门负责人、一名调解员五合一制度,推行"四访四到位"工作机制,通过接访、约访、下访、回访,确保群众诉求合理的解决关心到位、诉求无理的教育引导到位、生活困难的帮扶救助到位、行为违法的依法处置到位。联动一体解民忧。整合法官、公安、律师、调解员、"老娘舅"、心理咨询师等资源力量,推进矛盾纠纷化解访调、公调、诉调、专调、疏调、律调、省际联调、非诉与无讼八个无缝对接,实现矛盾纠纷快速有效解决。

4.多元共建共治,让纠纷解决有威信出水平

在协助司法调解上下功夫。坚持非诉挺前、诉讼断后,与区法院联合做好诉前、诉中、诉后工作协同,成立镇巡回审判工作站、村居诉源治理工作室,通过诉讼审判、司法调解,提高法律的权威性和公信力,实现诉讼判决一个案子、法治教育一个圈子、影响带动一个村子。与区司法局联手,布局全镇公共法律服务站、点,推动"村村有顾问,事事依法行"。在协调行政调解上下功夫。加强对镇有关行政执法单位执法行为的法治审核,与行业调解、专业调解组织联动,实现辖区内矛盾纠纷第一时间掌握、第一时间响应、第一时间联调,减少矛盾发生量、减轻对抗性、缩小波及面。在做实人民调解上下功夫。镇级成立1个非诉讼服务中心,整合综治中心、人民调解、信访服务,实现"一门式受理、一站点服务、一揽子解决",让人民群众少跑腿。12个村居成立非诉讼服务站,通过"一站二约三有四团"("一站"即村居非诉服务站;"二约"即村规民约、埭上公约;"三有"即有事好商量,有事大家议,有事我帮你;"四团"即法律服务团、道德评判团、村民议事团、百事公益团)服务群众;在宅基埭头成立非诉讼服务点和非诉驿站,把公共法律服务力量和"两代表一委员"等调解资源整合起来,通过人民调解出诊法化解矛盾、解决纠纷。

(三)工作成效

通过非诉社区创建,将非诉讼纠纷解决机制挺在前,联动多方力量,将矛盾化解阵地前移、触角延伸,从源头上预防和减少诉讼案件的发生,不断提升基层社会治理能力和治理水平,打造基层社会治理共同体。

1. 非诉挺前,畅通非诉讼纠纷解决机制,多维度提升社会治理水平

在镇党委、政府的积极推动下,多元主体积极行动,深入探索,形成了党组织、村居、社会成员广泛参与的多场景的社会治理格局,目前已形成了较为完善的非诉讼纠纷解决的路径:党建路径以暖民心为前提,通过发挥基层党组织战斗堡垒作用,实现非诉挺前;预防路径以少发生为目标,通过群团等各单位开展源头预防,实现标本兼治;解决路径以能解决为原则,通过发挥多元调解力量,实现定纷止争;文化路径则以谋长远为标准,通过学校、普法队伍等开展理念宣传教育,固本培元文化育人。通过党建、预防、解决、文化四条路径,全方位开展非诉讼纠纷解决,加强了社会成员之间的

情感链接，增强了社会成员间的互动，夯实人人有责、人人尽责、人人享有的社会治理共同体。

2. 以点聚面，运用法治思维预防化解矛盾纠纷、修复社会关系

吕巷镇在非诉社区创建中探索提出了和解、调解、化解非诉"三解"工作法，和事佬"三劝"（即第一时间劝开、分别单独劝说、时机成熟劝和）和解在前、"老娘舅"出诊调解在前、"公道伯"联动化解在前，努力做到矛盾不上交、平安不出事、服务不缺位。联合区法院、区司法局等多部门力量，发挥镇巡回审判工作站、村居诉源工作室、公共法律服务站点作用，积极开展非诉讼服务，切实预防化解矛盾解纷，有效提升社会成员间的信任水平，修复社会关系。自2021年3月吕巷镇巡回审判工作站、村居诉源工作室成立至今，已成功调解了四起村民追索劳动报酬案，并通过诉调对接等方式，由法院出具民事调解书，赋予了调解协议强制执行力，减少了当事人的诉讼时间及成本，修复了社会关系。

3. 人民至上，坚持服务群众的民本观，打通服务群众"最后一公里"

在非诉社区创建过程中，吕巷镇坚持"人民至上"理念，通过非诉讼纠纷解决机制帮助群众解决了实际困难，达到案结事了、定纷止争的效果。太平村非诉讼服务站用法律、真心、真情促进各方达成赡养协议，夹漏村多措并举解决焚烧干稻草纠纷，干巷居委会抓住根源化解弄堂归属纠纷……一系列矛盾纠纷通过非诉讼方式被化解。同时，通过非诉服务，及时将不稳定因素消除在萌芽状态，主要成效体现为"三减"：主动通过工作减少矛盾发生量，矛盾发生后尽可能减少对抗性，控制范围减缩矛盾的波及面，形成"非诉和合、幸福吕巷"的乡村治理新格局。2021年以来，通过非诉解决矛盾纠纷2108起（劝和851起，人民调解267起，信访化解990起），同比上升32%；诉讼案件立案492起，同比下降8%。一升一降的背后，体现了非诉社区创建的实际成效，将矛盾纠纷化解在基层，将平安吕巷创建延伸到基层。

（四）创新启示

非诉社区创建，是基层社会治理的新模式，也是对诉源治理的积极探

索。推动市域社会治理现代化试点工作蹄疾步稳、勇毅笃行，为提升基层社会治理现代化水平、夯实基层社会治理根基打下了坚实基础。非诉社区创建，需要以最广大人民根本利益为根本坐标，让基层社会充分发挥情感治理的内在优势，将人民对美好生活的追求、参与基层社会治理的需求结合起来，进行本土化创新。非诉社区创建，构建"社会调解优先，法院诉讼断后"的递进式矛盾分层过滤与化解体系，从源头上减少诉讼增量，切实增强群众的获得感、幸福感和安全感，具有一定的推广价值。下一步，吕巷镇将继续坚持把非诉讼纠纷解决机制挺在前面，持之以恒推进非诉社区创建，唱响"非诉歌"，全力营造全社会共建共治共享的良好氛围，为实现"幸福吕巷"的目标不断努力。

五 高新区讲德治树新风培育社会治理新动力

（一）案例背景

高新区是上海市九大市级工业区之一，历经发展与创新，形成了高新技术产业集聚的企业园区与美丽宜居的产业社区"产城融合"一体化发展新局面。老百姓村民变居民，但思想意识、生活方式没有随着一起转变，社区环境"里与面"存在不和谐；企业职工助推了园区发展，但来沪人员的增多也为精细化社会治理增加了难度……面对诸多治理难题，高新区深化创新党建引领下"四治一体"工作，打造"德治园区"，大力倡导以德治身、以德治家，提升居民群众文明素质，培育社会治理新动力。

（二）主要做法

高新区积极挖掘培育富有地方特色和时代精神的新道德文化，深入开展先进典型选树宣传、思想教育建设、文明实践活动，引导群众传承传统美德，发挥德治在社会治理中以文化人、成风化俗的教化作用，以德治为根，做到德治固本、德润人心。

以学促德，强化典型引领。坚持把崇德向善作为引领，深入挖掘和培育先进典型，激发道德正能量，以学促德。将辖区内近几年培育的全国劳动模范、全国文明家庭、全国向上向善好青年、中国好人、金山好人等先进人物事迹写进《榜样的力量》一书，组建宣讲团走进社区、企业讲好身边榜样的感人故事，带动更多人学习榜样，践行社会主义核心价值观。通过"鑫社区"微信公众号平台、新闻专栏等推送"身边的榜样"系列文章，挖掘蕴藏在平凡人身上的道德力量，让群众学有榜样、行有示范，引领文明新风。

以文养德，深化实践培育。坚持文化引领厚培德治文化，深入开展群众性精神文明创建活动，发挥培育基地、宣传阵地作用，以文养德。充分利用上海市见义勇为纪念广场、朱行中学德治文化培育基地、党群之家、新时代文明实践分中心、市民文化礼堂、"官塘驿站"村史馆等主阵地的宣传教育优势，打通宣传群众、教育群众、关心群众、服务群众的"最后一公里"，广泛开展主题教育、巡回宣讲、文艺汇演、主题实践等各类文化活动，以文化活动来营造明德守礼的浓厚氛围，推动群众在潜移默化中受到道德教育，立德树人。

以评树德，提升全民素养。广泛推进社会公德、职业道德、家庭美德和个人品德建设，开展群众性模范选树、文明创建活动，以评树德。积极开展"最美家庭"、"最美党员志愿者"、"五个十佳"［十佳村（居）民、十佳新园区人、十佳员工、十佳志愿者、十佳组长］等评选表彰以及"文明村居""文明单位""文明家庭"创建等评先争优活动，把群众身边"看得见、摸得着、信得过、学得来"的模范典型推选出来，宣传他们的事迹，学习他们的精神品质。通过身边典型的影响力和感召力，以点带面辐射周边群众，提升德治覆盖面和引领力，推动形成文明乡风、良好家风、淳朴民风。

（三）工作成效

示范激励，凝聚正能量。近年来，高新区群众身边的榜样不断涌现，精神文明的榜样力量十分丰富，2020年新添3项国家级文明称号，上海市劳模、上海市见义勇为先进、金山好人的"好人效应"不断放大；"晓·慧"造血干细胞志愿服务团队、"朱行榜样"项目建设成果斐然，崇德尚善、见贤思齐在工业区大地上渐成风尚。"朱行榜样"特色项目自2019年底实施以来，通过组织开展征文比赛活动，挖掘和传递朱行居民区涌现出的一大批先进人物和事例，以"全国向上向善好青年"吴衡、"全国文明家庭获得者"马欢花为代表，挖掘14位居民区内的优秀人物典型，在居民区内已经形成一张张亮丽的名片。在"晓·慧"造血干细胞志愿服务团队马晓燕、朱慧、吴衡的宣传引领下，共有18名青年完成造血干细胞入库登记、961人参加无偿献血行动，"80后"张琦、顾峰新成功捐献造血干细胞，成为金山工业区第5例、第6例，金山区第47例、第49例造血干细胞捐献志愿者，播撒"奉献自己、帮助他人"的种子。

弘扬文化，筑牢"桥头堡"。上海市见义勇为纪念广场建成开放以来，共接待了61批2500余人参观。"我们的节日·清明"活动、朱行小学"缅怀先烈，不忘初心"暑期主题活动等在广场举行，让市民群众更好地了解英雄、记住英雄，继续发扬传统美德，弘扬见义勇为的崇高精神。朱行中学"德治园区——文化培育基地"围绕学校教育教学工作实际，从课程文化育人、家校合作协同育人、活动德育实践育人方面加大力度推进学校道德建设，分不同年级制定"三爱"育人目标，通过节日、纪念日、月主题教育、八守行规教育、仪式教育等开展德育专题教育课程、社会融合实践课程、德育研修展示课程，提升师生的学习品质和道德情操，帮助学生系好人生第一颗纽扣。高新区"百姓舞台"、新时代文明实践分中心围绕培育和践行社会主义核心价值观这一主线，变"送文化"为"种文化"，每月组织开展100余场学习教育、科普讲座、志愿服务、文艺演出等主题鲜明、内容丰富的学习文化实践活动，宣传和谐社会、表彰先进典型、颂扬身边榜样、传承传统文化，激励越来越多的居民群众参与社区治理。

培优树标，当好"领头雁"。深入推进文明单位、文明村居、示范性单位创建评选，目前累计获评市、区级文明单位47个，文明小区39个，文明

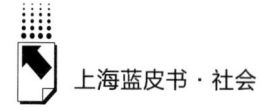

村17个。每年评选年度"五个十佳",培优树标,发扬高新区人文礼尚、互助参与共享的社区面貌。深化家庭文明建设活动,形成"寻找美、宣传美、学习美、践行美"的和谐社会氛围。2020年,葛莹家庭获评上海市文明家庭、马晓燕家庭获评上海最美家庭、卫或权等6户家庭获评金山区文明家庭、顾锦秋等21户家庭获评金山区最美家庭、查明森等12户家庭获评高新区最美抗疫家庭、保卫村金家埭获评金山区美丽埭示范埭。通过宣传"最美家庭"的感人故事,充分展现新时代好家训、好家风、好家教,传播向上向善家文化,以"小家"带动"大家"。

(四)创新启示

社会治理现代化既要塑形,也要铸魂,唤醒德治新气象就是现代化德治工作的魂。高新区坚持以学促德、以文养德、以评树德,形成一种人人尊重榜样、学习榜样、争当榜样、超越榜样的良好社会风气,推动德治长效化。下一阶段,将继续深入创新,探索"以规立德""村规民约+德治"等新形式,用红色历史基因和道德观念丰富居民群众的文化生活和提升人民群众的文明素养,孕育德治新风,提升市域社会治理现代化德治工作水平。

附 录

Appendixes

附录一 上海社会发展主要指标

B.12

表1 平均每天的社会、经济活动情况

指标	计量单位	1990年	2000年	2010年	2015年	2016年	2017年	2018年	2019年	2020年
上海市生产总值（GDP）	亿元	2.14	13.18	49.08	73.66	81.88	90.21	98.66	104.08	106.03
第一产业	亿元	0.09	0.20	0.31	0.34	0.31	0.30	0.29	0.29	0.28
第二产业	亿元	1.39	6.07	20.37	23.04	23.48	26.10	28.39	27.93	28.19
工业	亿元	1.29	5.54	19.02	21.61	22.04	24.60	26.75	26.21	26.40

续表

指标	计量单位	1990年	2000年	2010年	2015年	2016年	2017年	2018年	2019年	2020年
建筑业	亿元	0.10	0.57	1.87	2.26	2.35	2.41	1.88	1.96	1.97
第三产业	亿元	0.66	6.91	28.40	50.28	58.09	63.80	69.99	75.85	77.55
其中:交通运输、仓储和邮政业	—	—	—	2.29	3.10	3.18	3.68	4.43	4.52	4.04
批发和零售业	—	—	—	7.11	10.48	11.05	12.04	13.38	13.76	13.34
金融业	—	—	—	5.35	11.10	13.05	14.6	16.17	17.90	19.63
房地产业	—	—	—	2.75	4.65	5.82	4.69	8.73	9.04	9.30
一般公共预算收入	亿元	0.46	1.36	7.87	15.12	17.55	18.20	19.47	19.63	19.30
一般公共预算支出	亿元	0.21	1.71	9.05	16.96	18.96	20.68	22.88	22.41	22.20
最终消费	亿元	0.98	6.15	25.82	40.7	44.32	48.08	—	—	—
居民消费	亿元	0.78	4.81	19.95	30.38	32.86	35.53	—	—	—
农村居民消费	亿元	0.18	0.48	0.93	1.74	1.92	2.07	—	—	—
城镇居民消费	亿元	0.60	4.33	19.02	28.64	30.94	33.46	—	—	—
政府消费	亿元	0.20	1.34	5.87	10.31	11.46	12.55	—	—	—
能源终端消费量	万吨标准煤	8.49	14.32	29.59	31.64	32.50	32.50	31.45	32.51	30.54
生产消费量	万吨标准煤	7.81	13.06	26.84	28.30	28.86	28.98	27.93	28.99	26.93

附录一 上海社会发展主要指标

续表

指标	计量单位	1990年	2000年	2010年	2015年	2016年	2017年	2018年	2019年	2020年
生活消费量	万吨标准煤	0.68	1.26	2.76	3.08	3.64	3.76	3.51	3.52	3.61
社会消费品零售总额	亿元	0.91	5.11	16.63	31.80	34.49	37.53	40.75	43.42	43.65
出生人数(户籍统计)	人	359	190	275	290	358	322	270	250	216
死亡人数(户籍统计)	人	236	259	298	340	338	346	344	343	358
结婚对数	对	295	255	357	388	343	298	284	270	253
离婚人数	人	90	174	256	365	226	313	296	338	365
城市自来水售水量	万立方米	336	541	670	673	692	672	667	657	646
用电量	万千瓦时	7253	15327	35503	38508	40713	41829	42922	42975	43177
城市煤气供应量	万立方米	348	584	352	14.79	10.9	—	—	—	—
旅客发送量	万人次	10.51	18.88	36.80	50.88	53.60	57.14	57.56	60.93	32.80
出版图书,杂志	万册	129	120	128	132	114	116	132	146	136
出版报纸	万份	443	460	436	296	276	250	205	214	190
发生火灾事故	起	6	14	16	13	12	15	11	11	11

297

续表

指标	计量单位	1990年	2000年	2010年	2015年	2016年	2017年	2018年	2019年	2020年
发生交通事故	起	21	113	6	3	2	2	1295	1186	1196
市区清运垃圾	吨	10466	23507	17342	21850	27703	26716	25336	23907	21653
市区清运粪便	吨	6658	7014	5507	4740	4384	4329	3375	4137	3288

注：生产总值中三次产业按新行业分类标准统计；2004年新交通法实施后，交通事故认定标准有变化；2018年起，交通事故统计口径改变，包含按简易程序处理的事故，以前只包含按一般程序处理的事故。

表2 主要社会指标一览

指标	计量单位	1978年	1990年	2000年	2010年	2015年	2016年	2017年	2018年	2019年	2020年
全市常住人口	万人	1104	1334	1608.60	2302.66	2456.59	2467.37	2466.28	2475.39	2481.34	2488.36
全市户籍人口	万人	1098.28	1283.35	1321.63	1412.32	1442.97	1450.00	1455.13	1462.38	1469.30	1475.63
户籍人口迁入	万人	—	12.18	15.16	17.22	11.61	11.25	11.85	13.75	13.69	14.90
户籍人口迁出	万人	—	10.72	5.32	4.97	5.32	4.64	4.17	3.92	3.41	3.41
人口密度	人/公里^2	1785	2104	2537	3632	3876	3891	3890	3904	3913	3925
人口中男性比例	%	49.4	50.4	50.4	49.8	49.6	49.6	49.6	49.5	49.5	49.4

附录一 上海社会发展主要指标

续表

指标	计量单位	1978年	1990年	2000年	2010年	2015年	2016年	2017年	2018年	2019年	2020年
常住人口自然增长率	‰	—	—	0.27	2	—	4.4	-0.4	3.7	2.4	2.8
户籍人口自然增长率	‰	5.1	3.5	-1.9	-0.6	-1.27	0.50	-0.60	-1.90	-2.31	-3.52
婴儿死亡率	‰	15.49	10.95	5.05	5.97	4.58	3.76	3.71	3.52	3.06	2.66
平均期望寿命	岁	73.35	75.46	78.77	82.13	82.75	83.18	83.37	83.63	83.66	83.67
其中:男性		70.69	73.16	76.71	79.82	80.47	80.83	80.98	81.25	81.27	81.24
女性		74.78	77.74	80.81	84.44	85.09	85.61	85.85	86.08	86.14	86.20
老龄(60岁及以上)人口数量	万人	—	—	—	331.02	435.95	457.80	481.61	502.03	518.12	533.49
已婚育龄妇女人数	万人	—	—	—	—	—	417.04	411.95	411.53	407.95	432.9
城镇居民人均居住面积	平方米	4.5	6.6	11.8	16.7	18.1	36.1	36.7	37	37.2	37
出生人口数量	万人	—	13.12	6.95	10.02	10.59	13.07	11.77	9.84	9.14	7.88
城镇登记失业人数	万人	10	7.7	20.08	27.73	24.81	24.26	22.06	19.41	19.34	13.54
城镇登记失业率	%	2.3	1.5	3.5	4.2	4.05	4.1	3.9	3.57	3.6	3.67

299

续表

指标	计量单位	1978年	1990年	2000年	2010年	2015年	2016年	2017年	2018年	2019年	2020年
小学在校学生人数	万人	87.06	110.19	78.86	70.16	79.87	78.97	78.49	80.02	82.63	86.10
学龄儿童小学入学率	%	98.7	99.9	99.99	99.99	99.99	99.9	99.9	99.9	99.9	99.9
初中在校学生人数	万人	—	—	55.6	42.55	41.23	41.33	41.17	43.25	45.1	46.81
初中毕业生升学率	%	—	75.9	97.0	96.5	97.0	98.7	99.7	99.4	99.0	99.7
高中（含中专、技校）在校学生人数	万人	—	—	49.69	32.65	15.82	25.33	24.98	24.68	24.60	25.63
高等学校在校学生人数	万人	5.06	12.13	22.68	51.57	51.16	51.47	51.49	51.78	52.65	54.07
普通高校录取率	%	—	51.0	67.4	85.1	89.0	89.8	91.9	—	—	—
研究生在读人数	千人	1.25	9.57	30.61	111.72	138.3	145	151.5	176.9	194.1	171.4
成人高等教育在校学生人数	万人	1.08	6.09	11.49	19.86	15.8	14.39	13.45	12.86	12.81	13.38

附录一　上海社会发展主要指标

续表

指标	计量单位	1978年	1990年	2000年	2010年	2015年	2016年	2017年	2018年	2019年	2020年
每万人在校大学生	人	46	90	141	224	212	213	213	214	217	217
每万人拥有医生	人	30	44	31	22	26	27	28	31	32	33
每百人拥有报纸	份/天	16	33	28	19	12	11	10	9	9	8
人均公共图书馆藏量	册/件	0.96	1.19	3.42	2.96	3.13	2.9	3.2	3.3	3.3	3.3
人均生活用电量	千瓦时	48	108	331	734	768	900	946	984	988	1033
人均生活用水量	立方米	32.3	45.8	—	42.56	40.20	—	—	42.78	43.89	45.69
人均拥有道路面积	平方米	0.79	1.34	7.17	11.12	11.83	12.09	12.34	12.49	12.70	12.47
每万人拥有公共交通车辆	辆	2.7	4.7	12.08	12.46	12.36	12.70	13.94	14.53	15.37	16.33
每万人拥有出租车辆	辆	1.56	8.47	25.61	21.72	20.53	19.54	19.55	17.28	16.46	15.01

注:"每万人"和"人均"指标均按当年年末常住人口数计算;成人高等教育在校学生数中未包括网络教育在校学生。

表3 居民生活

指标	计量单位	1978年	1990年	2000年	2010年	2015年	2016年	2017年	2018年	2019年	2020年
城镇居民人均年可支配收入	元	406	2183	11718	31838	52962	57692	62596	68034	73615	76437
城镇居民人均年生活消费支出	元	357	1936	8868	23200	36946	37458	42304	46015	48272	44839
其中:食品消费支出		—	—	3947	7777	9691	10004	10456	11104	11273	11515
衣着消费支出		—	—	567	1794	1711	1993	1827	2139	2162	1763
居住消费支出		—	—	794	2166	12137	9566	14749	15376	16253	16465
医疗保健消费支出		—	—	501	1006	2362	2840	2735	3222	3332	3189
交通与通信消费支出		—	—	759	4076	4457	4384	4253	5108	5626	4677
娱乐、教育、文化消费支出		—	—	1287	3363	4046	4544	5087	5491	5966	3963

续表

指标	计量单位	1978年	1990年	2000年	2010年	2015年	2016年	2017年	2018年	2019年	2020年
每百户城镇家庭年末耐用消费品拥有量										
洗衣机	台	—	72	93	99	92	95	96	94	96	97
电冰箱	台	—	88	102	104	97	100	101	100	101	102
彩色电视机	台	—	77	147	188	177	185	188	175	178	178
家用汽车	辆	—	—	—	17	26	30	32	38	39	40
热水淋浴器	台	—	—	64	98	91	95	97	96	98	99
家用空调器	台	—	—	96	200	191	205	210	207	213	214
家用电脑	台	—	—	26	129	126	141	140	107	113	113
移动电话	台	—	—	29	230	221	230	233	223	227	228
农村居民人均可支配收入	元	281	1665	5565	13746	23205	25520	27825	30375	33195	34911
农村居民人均年生活消费支出	元	—	—	4138	10225	16152	17071	18090	19965	22449	22095
其中:食品消费支出		—	—	1823	3807	5660	5736	6114	7430	8175	8648
衣着消费支出		—	—	201	554	857	871	925	1136	1292	1078

续表

指标	计量单位	1978年	1990年	2000年	2010年	2015年	2016年	2017年	2018年	2019年	2020年
居住消费支出		—	—	724	2070	4161	4097	4723	3954	4567	4439
医疗保健消费支出		—	—	209	585	1464	1707	1457	1740	2104	1655
交通与通信消费支出		—	—	279	1459	2046	2390	2366	2892	3009	3495
教育、娱乐、文化消费支出		—	—	559	1012	893	1127	1220	1173	1402	1003
每百户农村家庭年末耐用消费品拥有量											
洗衣机	台	—	45	69	95	70	81	83	83	86	85
电冰箱	台	—	29	74	103	84	91	93	101	104	103
彩色电视机	台	—	25	97	198	148	166	169	162	170	161
家用汽车	台	—	—	—	6	14	21	24	28	32	35
热水淋浴器	台	—	—	44	96	66	76	79	85	90	82
家用空调器	台	—	—	14	147	101	129	136	142	156	152
家用电脑	台	—	—	5	60	47	51	53	37	40	41
移动电话	台	—	—	19	194	187	208	210	197	203	207

表 4 社会保障与就业情况

指标	计量单位	1978年	1990年	2000年	2010年	2015年	2016年	2017年	2018年	2019年	2020年
城镇基本养老保险参保人数	万人	—	—	675.32	777.1	—	—	—	1305.61	1311.87	1632.38
其中:城镇职工		—	—	431.27	522.04	961.05	957.91	1020.68	1032.08	1036.49	1051.96
领取养老金的离退休人员		—	—	234.23	234.23	234.23	234.23	234.23	234.23	234.23	234.23
职工基本养老保险年末基金累计结存	亿元	—	—	—	3.89	1103.87	1276.96	2029.34	2229.09	2276.26	1207.12
城镇基本医疗保险参保人数	万人	—	—	566.73	755.92	—	—	—	868.80	878.29	887.98
其中:城镇职工		—	—	364.59	364.59	364.59	364.59	364.59	364.59	364.59	364.59
当年享受城镇基本医疗保险人次数	万人次	—	—	—	11171.33	18120.08	19090.11	19533.02	19913.09	20160.18	16724.76
享受大病、重病患者或病疗减负人次	万人次	—	—	—	34.14	526.83	552.28	605.17	—	—	—
医疗保险年末基金累计结存	亿元	—	—	—	29.69	1107.31	1402.98	2079.63	2229.09	2825.49	3183.55

续表

指标	计量单位	1978年	1990年	2000年	2010年	2015年	2016年	2017年	2018年	2019年	2020年
城镇职工失业保险参保人数	万人	—	—	434.86	556.2	641.77	947.32	961.84	977.20	984.86	987.64
当年享受城镇职工失业保险人数	万人	—	—	—	24.37	9.54	10.54	11.13	10.79	10.60	31.54
失业保险年末基金累计结存	亿元	—	—	—	10.95	170.09	181.18	169.87	143.22	92.61	28.28
城镇职工生育保险参保人数	万人	—	—	—	657.3	735.41	956.09	972.04	984.92	989.63	1008.8
当年享受城镇职工生育保险人数	万人	—	—	—	7.71	11.95	14.81	19.08	17	17.15	—
生育保险年末基金结存	亿元	—	—	—	-1.26	17.19	31.63	42.06	66.06	94.87	—
城镇职工工伤保险参保人数	万人	—	—	—	556.12	932.87	943.55	958.06	972.89	1084.13	1082.23
当年享受城镇职工工伤保险人数	万人	—	—	—	1.66	7.02	6.53	6.40	6.49	6.36	5.73
工伤保险年末基金结存	亿元	—	—	—	7.75	57.19	60.18	68.23	65.31	61.84	43.78

附录一 上海社会发展主要指标

续表

指标	计量单位	1978年	1990年	2000年	2010年	2015年	2016年	2017年	2018年	2019年	2020年
全市从业人员	万人	698.32	787.72	828.35	1090.76	1361.51	1365.24	1372.65	1375.66	1376.20	1374
第一产业	万人	240.06	87.25	89.23	37.09	46.01	45.45	42.44	40.83	40.80	27
第二产业	万人	307.48	467.08	367.04	443.74	459.74	448.50	430.51	422.82	335.67	448
其中:工业	万人	—	—	330.02	347.65	351.03	342.14	331.73	322.55	234.38	—
建筑业	万人	—	—	37.02	96.09	108.33	106.36	98.9	99.96	101.90	—
第三产业	万人	150.78	233.39	372.08	609.93	855.76	871.29	899.7	912.01	999.73	899
其中:交通运输、仓储和邮政业	万人	—	—	—	54.97	88.20	89.73	89.39	89.52	93.76	—
批发和零售业	万人	—	—	—	180.69	238.31	239.06	240.39	243.92	245.68	—
金融业	万人	—	—	—	24.11	35.07	36.42	35.54	35.32	43.72	—
房地产业	万人	—	—	—	35.94	49.84	50.01	51.88	51.59	54.42	—
从业人员构成	%	100	100	100	100	100	100	100	100	100	100
其中:第一产业	%	34.38	11.08	10.77	3.40	3.38	3.33	3.09	2.97	2.96	1.97
第二产业	%	44.03	59.30	44.31	40.68	33.77	32.85	31.36	30.74	24.39	32.61
第三产业	%	21.59	29.63	44.92	55.92	62.85	63.82	65.54	66.30	72.64	65.43

注:①2005年以后按新行业分类标准统计,2000年没有新行业的分类统计。②根据《中华人民共和国保险法》,2011年对社会保险政策进行了调整。原参加"小城镇社会保险"和"来沪从业人员综合保险"的从业人员被纳入城镇职工保险范围内,并对养老、医疗、工伤、失业、生育保险的相关政策做出了调整。

B.13 附录二 全国直辖市主要社会发展指标

表1 直辖市主要经济指标

指标	计量单位	北京 2000年	北京 2019年	北京 2020年	天津 2000年	天津 2019年	天津 2020年
城市常住人口	万人	1364	2190	2189	1001	1385	1387
城市户籍人口	万人	1108	1397	1401	912	1108	1131
非农业人口	万人	761	1176	1185	533	785	811
农业人口	万人	347	221	216	379	323	319
常住人口自然增长率	‰	0.90	2.58	2.39	1.55	1.43	0.07
城镇居民人均年可支配收入	元	10350	73849	75602	8141	46119	47659
城镇居民人均年消费支出	元	8494	46358	41726	6121	34811	30895
其中:食品消费支出		3083	8951	8751	2455	8984	8516
衣着消费支出		755	2391	1924	544	2000	1712
居住消费支出		587	17235	17163	561	6946	7035
医疗保健消费支出		589	3974	3755	408	2992	2646
交通与通信消费支出		605	5229	3925	349	4236	3779
教育文化娱乐消费支出		1284	4738	3021	788	3584	2254
家庭设备用品及服务消费支出		1098	2569	2307	722	1957	1669

308

附录二 全国直辖市主要社会发展指标

续表

指标	计量单位	北京 2000年	北京 2019年	北京 2020年	天津 2000年	天津 2019年	天津 2020年
城镇居民恩格尔系数		36.3	19.3	21.0	40.1	25.8	27.6
每百户城镇家庭年末耐用消费品拥有量							
洗衣机	台	103	101	101	98	102	100
电冰箱	台	107	103	104	100	104	104
彩色电视机	台	146	125	125	132	112	111
移动电话	部	28	230	232	9	236	236
热水淋浴器	台	74	99	100	70	96	98
家用空调器	台	70	182	187	66	151	160
家用电脑	台	32	101	98	16	69	67
家用汽车	辆	3	53	54	—	48	53
农村居民人均年纯收入	元	4687	28928	30126	4370	24804	25691
农村居民人均年消费支出	元	3441	21881	20913	2393	17843	16844
其中:食品消费支出		1264	5542	5968	1020	5499	5622
衣着消费支出		262	1200	1036	223	1074	1002
居住消费支出		539	6298	6453	452	3367	3528
医疗保健消费支出		276	2247	1973	152	2104	1858
交通与通信消费支出		217	3385	2924	108	2532	2504
文教娱乐用品及服务消费支出		495	1587	1143	205	1322	932
家庭设备用品及服务消费支出		252	1230	1121	135	1510	1026
农村居民恩格尔系数		36.7	25.3	28.5	42.6	30.8	33.4

309

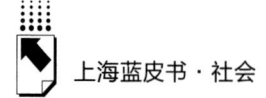

续表

每百户农村家庭年末耐用消费品拥有量

指标	计量单位	北京 2000年	北京 2019年	北京 2020年	天津 2000年	天津 2019年	天津 2020年
洗衣机	台	85	102	103	85	102	102
电冰箱	台	84	112	113	65	107	106
彩色电视机	台	107	136	137	98	120	120
家用汽车	辆	3	45	47	2	45	46
照相机	架	26	12	12	15	2.6	2.3
家用电脑	台	7	65	67	2	35.2	35.9
家用空调器	台	20	180	185	—	121	133
移动电话	部	14	249	251	11	232	233

指标	计量单位	上海 2000年	上海 2019年	上海 2020年	重庆 2000年	重庆 2019年	重庆 2020年
城市常住人口	万人	1608	2481	2488	2849	3188	3209
城市户籍人口	万人	1322	1469	1476	3091	3416	3413
非农业人口	万人	986	2144	—	661	1678	1681
农业人口	万人	335	284	—	2430	1739	1731
常住人口自然增长率	‰	0.27	2.4	2.8	3.06	2.8	-1.42
城镇居民人均年可支配收入	元	11718	73615	76437	6276	37939	40006
城镇居民人均年消费支出	元	8868	48272	44839	5475	25785	26464
其中:食品消费支出	元	3947	11273	11515	2214	8035	8619
衣着消费支出	元	567	2162	1763	551	2015	1918

附录二 全国直辖市主要社会发展指标

续表

指标	计量单位	上海 2000年	上海 2019年	上海 2020年	重庆 2000年	重庆 2019年	重庆 2020年
居住消费支出		794	16253	16465	494	4734	4971
医疗保健消费支出		501	3332	3189	293	2359	2445
交通与通信消费支出		759	5626	4677	406	3318	3291
教育文化娱乐服务消费支出		1287	5966	3963	786	2894	2648
家庭设备用品及服务消费支出		683	2215	2177	476	1746	1897
城镇居民恩格尔系数		44.5	23.4	25.7	42.2	31.2	32.6
每百户城镇家庭年末耐用消费品拥有量							
洗衣机	台	93	96	97	95	99	99
电冰箱	台	102	101	102	100	103	104
彩色电视机	台	147	178	178	132	130	129
移动电话	部	29	227	228	18	262	263
热水淋浴器	台	64	98	99	83	102	103
家用空调器	台	96	213	214	81	218	221
家用电脑	台	26	113	113	14	64	65
家用汽车	辆	—	39	40	0.3	34	36
农村居民人均年纯收入	元	5565	33195	34911	1892	15133	16361
农村居民人均年消费支出	元	4138	22449	22095	1396	13112	14140
其中:食品消费支出		1823	8175	8648	748	4575	5183
衣着消费支出		201	1292	1078	62	692	736
居住消费支出		724	4567	4439	199	2501	2631

311

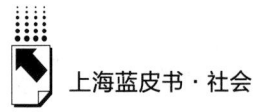

续表

指标	计量单位	上海 2000年	上海 2019年	上海 2020年	重庆 2000年	重庆 2019年	重庆 2020年
医疗保健消费支出		209	2104	1655	69	1262	1560
交通与通信消费支出		279	3009	3495	61	1586	1592
文教娱乐用品及服务消费支出		559	1402	1003	155	1423	1290
家庭设备用品及服务消费支出		225	1320	1325	67	852	919
农村居民恩格尔系数		44.1	36.4	39.1	53.634.9	36.7	
每百户农村家庭年末耐用消费品拥有量							
洗衣机	台	69	86	85	9	88	90
电冰箱	台	74	104	103	6	105	105
彩色电视机	台	97	170	161	31	117	117
家用汽车	辆	—	32	35	—	16	18
家用电脑	台	5	40	41	—	20	22
移动电话	部	19	203	207	0.89	269268	

表2 直辖市主要社会指标

1. 用水

指标	计量单位	北京 2000年	北京 2019年	北京 2020年	天津 2000年	天津 2019年	天津 2020年
自来水生产能力	万吨/日	367	673	688	347	414	430
供水管道长度	公里	7610	21515	22626	5049	20283	21598

续表

指标	计量单位	北京 2000年	北京 2019年	北京 2020年	天津 2000年	天津 2019年	天津 2020年
全年售水总量	亿吨	7.54	12.86	12.30	6.11	7.66	7.63
其中:生活用水	亿吨	5.89	11.09	10.74	2.57	4.33	4.61
人均日生活用水量	升	146	139	134	132	90.92	84
城市人口饮用自来水普及率	%	100	100	100	100	100	100
2. 燃气							
液化石油气销售量	万吨	19.06	39.50	29.24	4.42	5.30	5.99
家庭用量	万吨		11.4	10.7		3.35	3.91
家庭使用液化石油气用户	万户	124.5	173.3	186.6	31.91	30.88	33.06
天然气管道长度	公里	4232			4268	29356	46447
天然气销售量	亿立方米	95.9	182.3	177.9	23.5	53.7	58.9
家庭用量	亿立方米		14.6	15.8		7.4	9.3
家庭使用天然气用户	万户	135.4	699.9	715.6	104.97	520.35	575.48
城市燃气普及率	%	99.3	100	100	96.8	100	100
3. 城市交通							
营运的公共交通车辆数	辆	14191	29459	30727	5385	12746	12399
每万人拥有公共交通车辆	辆	10.41	13.68	14.95	—	9.2	8.9
公交车客运总数	亿人次	40.67	70.96	41.20	5.34	11.11	6.14
人均城市道路面积	平方米	3.61	4.78	4.87	8.7	12.98	14.91
营运的出租汽车年末数	辆	65127	71517	74875	31939	31940	31779
4. 环境卫生							

313

续表

指标	计量单位	北京 2000年	北京 2019年	北京 2020年	天津 2000年	天津 2019年	天津 2020年
城市下水道总长度	公里	4847	13188	14920	7032	22393	22338
污水处理厂能力	万吨/日	129	679	688	61	315.5	338.5
城市生活垃圾清运量	万吨/日	0.81	2.77	2.18	0.61	0.82	0.79
城市粪便清运量	万吨/日	0.75	0.54	0.55	0.05	0.08	0.06

5. 住房与环境

城镇居民人均住房使用面积	平方米	16.8	32.54	32.60	—	—	—
农村居民人均住房面积	平方米	28.9	47.19	47.08	23.6	—	—
人均公共绿地面积	平方米	9.7	16.4	16.6	5.4	9.2	10.3

6. 技术进步

专利申请数	件	10344	226113	257009	2787	198946	245540
专利授权数	件	5905	131716	162824	1611	57799	75434

7. 教育与卫生

		上海			重庆		
每万人拥有在校大学生	人	207	268	270	118	389	413
每万人拥有医生	人	38	54	54	30	34	35

指标	计量单位	2000年	2019年	2020年	2000年	2019年	2020年

1. 用水

自来水生产能力	万吨/日	1048	1250	1221	427	702	788

附录二　全国直辖市主要社会发展指标

续表

指标	计量单位	上海 2000年	上海 2019年	上海 2020年	重庆 2000年	重庆 2019年	重庆 2020年
供水管道长度	公里	15943	38869	39553	6367	22266	28839
全年售水总量	亿吨	19.75	23.99	23.59	7.07	17.13	18.01
其中:生活用水	亿吨	14.26	10.89	11.37	4.19	7.86	8.35
人均日生活用水量	升	114	123	125.3	160	126	132
城市人口饮用自来水普及率	%	99.97	99.99	99.99	70.31	97.79	95.06
2. 燃气						
液化石油气销售量	万吨	45.94	33.25	27.22	8.29	7.7	7.1
家庭使用液化石油气用户	万户	239.3	214.14	222.31	28	26.6	24.7
家庭用量	万吨	—	17.81	15.35	—	5.3	4.8
天然气管道长度	公里	1742	32095	32809	5264	23613	24557
天然气销售量	亿立方米	2.16	93.76	86.73	7.53	56.3	55.4
家庭使用天然气用户	万户	38.09	735.76	753.48	123.95	767.6	797.8
家庭用量	万户	—	16.71	17.38	—	24.14	24.83
城市燃气普及率	%	100	100	100	36.35	97.1	96.27
3. 城市交通						
营运的公共交通车辆数	辆	17939	17899	17668	4656	14276	14768
每万人拥有公共交通车辆	辆	11.15	15.37	16.33	1.63	4.57	4.60
公交车客运总数	亿人次	2.65	20.85	13.65	7.9	25.7	18.5
人均城市道路面积	平方米	7.17	12.70	12.47	—	13.83	14.13
营运的出租汽车年末数	辆	42943	39962	37322	16798	23756	24593

315

续表

指标	计量单位	上海 2000年	上海 2019年	上海 2020年	重庆 2000年	重庆 2019年	重庆 2020年
4. 环境卫生							
城市下水道总长度	公里	3920	28858	29064	2806	23492	26398
污水处理厂能力	万吨/日	463	834.3	840	14	—	450
城市生活垃圾清运量	万吨/日	1.76	2.39	2.17	—	1.65	2.39
城市粪便清运量	万吨/日	0.7	0.41	0.33	0.56	—	—
5. 住房与环境							
城镇居民人均住房使用面积	平方米	11.8	37.2	37.4	10.7	37.50	39.66
农村居民人均住房面积	平方米	53.6	—	—	29.6	54.29	53.70
人均公共绿地面积	平方米	4.6	8.4	8.5	1.0	16.16	16.16
6. 技术进步							
专利申请数	件	11337	173586	214601	1780	67271	—
专利授权数	件	4050	100587	139780	1158	43870	55377
7. 教育与卫生							
每万人拥有在校大学生	人	141	217	217	47	320	386
每万人拥有医生	人	31	32	33	16	27	28
8. 文化和体育							
电影放映单位	个	445	380	374	760	223	232
艺术表演场馆	个	44	50	61	—	49	51
艺术表演团体	个	29	311	315	35	1646	1265
艺术表演团体国内表演场次	万次	—	7.27	1.75	0.23	19.76	12.92

续表

9. 法律、公证

指标	计量单位	上海 2000年	上海 2019年	上海 2020年	重庆 2000年	重庆 2019年	重庆 2020年
主要年份公安机关立案的刑事案件情况	万起	10.5	15.4	10.2	6.13	13.1	14.6

注：①上海农村居民家庭人均年纯收入为当年农村居民家庭可支配收入替代；②重庆的煤气、液化石油气、天然气销售量均由当年城镇供应量替代，全年售水总量由当年供水总量替代；③"—"表示无资料来源。

317

附录B.14 小康生活标准综合评价值

表1 小康生活标准综合评价值

指标	单位	1978年	1990年	2000年	2010年	2015年	2016年	2017年	2018年	2019年	2020年	小康值
综合评价值												
经济水平												
人均国内生产总值	万元	0.25	0.59	3.03	7.94	10.92	12.14	13.35	14.58	15.33	15.58	2500
物质生活												
人均收入水平												
城市居民家庭人均可支配收入	元	406	2182	11718	31838	52962	57692	62596	68034	73651	76437	2400
农村居民家庭人均可支配收入	元	281	1665	5565	13746	23205	25520	27825	30375	48272	44839	1200
人均居住水平												
市区人均使用面积	平方米	4.5	6.6	11.8	16.7	18.1	—	—	—	—	—	12
农村人均(钢砖木结构)住房面积	平方米	—	37.1	53.6	59.7	—	—	—	—	—	—	15
人均蛋白质摄入量	克	—	70	>75	—	—	—	—	—	—	—	75
城乡交通状况												
城市人均拥有铺路面积	平方米	0.79	1.39	6.16	18.13	11.83	12.09	12.34	12.49	12.70	12.47	8
农村通公路行政村比重	%	—	100	100	100	100	100	100	100	100	100	85

318

附录三 小康生活标准综合评价值

续表

指 标	单位	1978年	1990年	2000年	2010年	2015年	2016年	2017年	2018年	2019年	2020年	小康值
恩格尔系数(城市居民)	%	—	52.5	44.5	33.5	26.23	26.71	24.72	24.13	23.35	25.68	50
人口素质
成人识字率(15岁及以上人口)	%	—	88.9	93.8	97	—	—	—	—	—	—	85
居民平均预期寿命	岁	73.35	75.46	78.77	82.13	82.75	83.18	83.37	83.63	83.66	83.67	70
婴儿死亡率	‰	15.5	10.95	5.05	5.97	4.58	3.76	3.71	3.52	3.06	2.66	31
精神生活
教育娱乐消费支出比重(城市居民)	%	—	11.9	14.5	14.5	11	12.1	12	11.9	12.4	8.8	11
电视机普及率	%	—	70.9	100	100	100	100	100	100	100	100	100
生活环境
森林覆盖率	%	—	5.5	9.2	10.7	14	14	14	14	14	14	15
农村初级卫生保健基本合格以上县百分比	%	—	100	100	100	100	100	100	100	100	100	100

注：①本表中小康值是根据2000年国家统计局《全国人民小康生活水平的基本标准》确定的。其中，人均国内生产总值按常住人口计算；②"恩格尔系数"和"教育娱乐消费支出比重"仅是城市居民家庭，不包括农村居民家庭；③"人均国内生产总值""市区人均使用面积"根据人口普查后调整的人口数重新计算，婴儿死亡率2008年开始改为常住人口口径；④"—"表示没有指标数据来源。

B.15 后　记

习近平总书记在《扎实推动共同富裕》一文中强调指出，共同富裕是社会主义的本质要求，是中国式现代化的重要特征，国民收入分配对于共同富裕而言具有重要意义。2021年8月19日召开的中央财经委员会第十次会议明确指出，要加大税收、社保、转移支付等调节力度并提高精准性，扩大中等收入群体比重，增加低收入群体收入，逐步形成中间大、两头小的橄榄型分配结构。我国在2020年实现了全面建成小康社会的重要成就基础上，正在积极推进收入分配制度改革，促进社会均衡发展。《上海蓝皮书：上海社会发展报告（2022）》以社会均衡发展为年度主题，总结上海收入分配改革的总体情况，分析存在的问题，并从教育、住房、养老、儿童福利等方面，探索了实现社会均衡发展问题。

本年度《上海社会发展报告》的撰写从2021年8月启动，由上海社会科学院城市与人口发展研究所副所长周海旺研究员、社会学研究所前所长杨雄研究员和所长李骏研究员、前所长卢汉龙研究员共同提出选题及研究框架设计，并组织实施。研究报告主要利用上海社会科学院人口发展与社会政策、社会服务与社会治理等领域的骨干研究人员，同时吸收对本报告相关论题富有经验的院外专家和部分政府部门的领导和专家共同参与。全部报告最后由周海旺统稿审定。除各章作者以外，本书附录部分2020年度以及此前各年的数据由周肖燕收集整理。

在这里，我们谨向参与本报告的研究和支持配合本研究的有关专家学者与有关部门领导表示诚挚的敬意，感谢你们为本报告的写作与发表所做出的努力。

本书编委会
2022年5月

Abstract

Common prosperity is the essential requirement of socialism and an important feature of Chinese modernization. The distribution of national income is of great significance to common prosperity. The 10th meeting of the Central Committee of Finance and economics held on August 19, 2021 clearly pointed out that "it is necessary to strengthen and improve the accuracy of tax, social security, transfer payment and other adjustments, expand the proportion of middle-income groups, increase the income of low-income groups, reasonably adjust high income, ban illegal income, and form an olive shaped distribution structure with a large middle and small two ends."

In recent years, Shanghai has taken the lead in the country in proposing to accelerate the formation of an "olive shaped income distribution pattern", solve the problem of excessive gap between the rich and the poor in development, and achieve balanced social development. The 2022 Shanghai social development report takes "social balanced development" as the annual theme. Through the analysis of data from all aspects of Shanghai's distribution system, it studies the problems existing in the three levels of income distribution in Shanghai, and puts forward a series of countermeasures and suggestions on how to improve the city's national income distribution pattern, solidly promote common prosperity and promote social balanced development in the new round of reform to promote common prosperity. This annual report also studies some important issues of balanced social development, including the balanced development of education, the balanced development of elderly care services, and the balanced development of children in distress. It also analyzes the urban population size and residents' health indicators that reflect the degree of balanced social development, as well as the improvement of basic social governance to promote balanced social development, and the promotion of social stability of demolition and resettlement of municipal infrastructure construction.

There are four parts in this book. The first part is the general report, which makes an in-depth and systematic analysis of the overall development of income distribution in Shanghai since 2000, the income distribution gap between urban and rural residents, the Gini coefficient of urban and rural income distribution, the development of the first, second and third distribution of national income, the main features and existing problems, and puts forward the reform of social income distribution, Countermeasures and suggestions to promote the "olive shaped" social income class structure. The second part is divided into seven reports. Based on the relevant statistical data from 2010 to 2020, the paper analyzes and evaluates the development of residents' income and expenditure, urban-rural gap, industrial wages, basic education and public health care in the process of promoting common prosperity in the Yangtze River Delta. From the change of the real estate market to see the implementation effect of the education balanced policy this paper puts forward some countermeasures and suggestions to solve the problem of education balanced development and curb the speculation of school district housing by studying the background of school district housing, the logic of policy regulation and the impact of different education balanced development policies in Shanghai on the real estate market. The change of life expectancy reflects an important indicator of balanced social development. The article "Analysis on the characteristics of health change and the growth potential of life expectancy of Shanghai residents" analyzes in detail the change trend of life expectancy of Shanghai residents in recent 20 years, and explores the potential growth space of life expectancy of Shanghai residents. Three articles, namely, the research on the precise connection between supply and demand of elderly care services in Shanghai, the research on the construction of nursing staff of Shanghai long-term care insurance, and the living conditions and service needs of children in distress in Shanghai, have respectively conducted in-depth discussions on the outstanding problems existing in the service and development of the two key vulnerable groups of "one old and one small" that affect the balanced development of Shanghai society, and put forward some

Abstract

improvement suggestions in line with the characteristics of Shanghai. Based on the multi factor study on the medium and long term population capacity of Shanghai, this paper makes an in-depth and systematic study on the balanced development of population and social economy, resources and environment and public services that affect the balanced development of Shanghai society, and puts forward some countermeasures and suggestions to realize the balanced development of Shanghai population. The third part is the case report, which consists of three articles. Based on the overall requirements of the aging transformation in Shanghai, the paper studies the current situation, needs and transformation modes of the aging transformation of Yu Garden street in Huangpu District of Shanghai, establishes an index system for the aging transformation of community residents' families by using household survey data, and puts forward a series of countermeasures and suggestions for the aging transformation of communities. Taking LK project as an example, this paper evaluates and analyzes the practices of promoting social harmony and stability in all links of relocation and resettlement of urban infrastructure construction. The article "Innovating the grass-roots social governance model in Jinshan District of Shanghai" introduces five aspects of experience in innovating the grass-roots social city in Jinshan District. The fourth part is the appendix, which records the social development process of Shanghai and several municipalities directly under the central government with statistical data.

Keywords: Shanghai Society; Income Distribution; Balanced Development

Contents

I General Report

B.1 Research on the Development of Shanghai's National Income

Distribution System　　　　　*Zhou Haiwang, Zheng Xinyi* / 001

Abstract: This report studies the distribution of national income in Shanghai from four aspects: first, the overall development of national income and distribution; Second, the structural changes of primary distribution, redistribution and third distribution; Third, the characteristics of the development of Shanghai's national income distribution system; Fourthly, it puts forward a series of policy recommendations for the development of Shanghai's national income distribution system. According to the report, Shanghai's pioneering exploration and demonstration of the "olive shaped income distribution pattern" will play a key leading role in continuously improving the national income distribution system throughout the country, promoting social equity and ultimately achieving common prosperity. This report combs and analyzes the overall development of Shanghai's national income distribution system, which has certain reference value for the road to common prosperit.

Keywords: Shanghai National Distribution System; Tertiary Distribution; Common Prosperity

Ⅱ Sub-reports

B.2 Development Evaluation in the Main Fields of Inclusive Affluence in the Yangtze River Delta　　　　*Liu Yubo* / 038

Abstract: Based on the statistical data from 2010 to 2020, the report evaluates the development of the Shanghai, Jiangsu, Zhejiang and Anhui in the process of promoting inclusive affluence in major fields including residents' income and expenditure, urban-rural gap, industry wages gap, basic education and public health care. On the whole speaking, the per capita disposable income and per capita consumption expenditure of residents have continued to increase, the average wages of employees in 19 industries have increased year by year, and the level of public services measured by per capita teaching resources and per capita medical resources has also increased significantly. Thus the "cake" of inclusive affluence is getting larger. Moreover, the gap between per capita disposable income of urban and rural residents has shown a downward trend year by year, as well as the per capita consumption expenditure of urban and rural residents. Meanwhile, the gap between regional per capita teaching resources has also narrowed, as well as the regional per capita medical resources, optimizing the "distribution of cake". However, there are still some problems. First, the gap between the provinces with the highest and the lowest residents' income is increasing year by year, as well as the gap between the provinces with the highest and the lowest residents' expenditure. Second, there are still large gaps in average wages between industies, especially in mining, finance, and information transmission, software and information technology services. In the future, Shanghai, Jiangsu, Zhejiang and Anhui should continuously improve the per capita income level of residents, narrow the gap between urban and rural areas, adjust industry wage rates, and promote the sharing of public services, as well as strengthen regional cooperation to achieve the development goal of inclusive affluence.

Keywords: Yangtze River Delta Inclusive Affluence; Regional Gap; Urban-Rural Gap; Industry Gap; Public Service

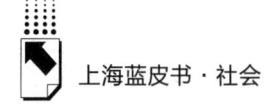

B.3 On the Implementation Effect of Educational Equilibrium Policy from the Change of Real Estate Market

Zhang Bo, Sheng Fujie / 072

Abstract: with the increasing attention to the housing problem in the school district, the topic of educational balance has also been widely concerned by the society. The housing problem in the school district has brought a series of livelihood problems, such as rising housing prices, educational alienation, social anxiety and so on. In order to solve the problems of school district housing and its derivatives, local governments have issued a series of policies in the past two years. What is the impact of these policies on real estate? By studying the background of school district housing, the logic of policy regulation and the impact of different education balanced development policies in Shanghai on the real estate market, this paper puts forward some policy suggestions, such as actively promoting multi school district zoning, increasing the promotion of teacher rotation mechanism, and accelerating the development of vocational education, in order to provide reference and basis for the government to solve the problem of balanced development of education and curb the speculation of school district housing.

Keywords: Education Balance Development; School District Real Estate; Real Estate Market

B.4 Characteristics of Health Change and Potential Growth of Life Expectancy in Shanghai Residents

Yu Huiting, Cai Renzhi, Chen Lei and Wang Chunfang / 101

Abstract: "The 14th Five-Year National Health Plan" continues to include "increasing life expectancy by one year" as the planning goal, which promotes people's livelihood and well-being to a new level. Taking this as the breakthrough point, this study analyzed the changing trend of life expectancy of Shanghai residents in recent 20 years. Combining with the aging characteristics of Shanghai, we deeply analyzed the changing characteristics of mortality rate and causes of death in different age groups during the 13th Five-Year Plan period and explored their influence on life expectancy. Through self-comparison and comparison with other longevity countries, the main population and major diseases whose mortality rate can be further reduced were explored. The potential growth space of Shanghai residents' life expectancy was explored, so as to provide evidence-based basis for further improving the health level and life expectancy of Shanghai residents during the 14th Five-Year Plan period.

Keywords: Life Expectancy; Mortality Rate; Causes of Death; Chronic Non-communicable Diseases; Probability of Early Death

B.5 Research on the Precise Connection between Supply and Demand of Elderly Care Services in Shanghai *Gao Hui* / 120

Abstract: the accurate development of elderly care services is an important measure to actively respond to the aging population and effectively meet the elderly care service needs. Under the comprehensive influence of various factors, the demand for elderly care services in Shanghai has shown a trend of total expansion, content diversification and specialization, regional differentiation and so on. However, the supply of elderly care services in Shanghai is facing prominent problems such as prominent structural contradictions, uneven distribution, lack of integration of medical care and health care, shortage of elderly care nurses, and insufficient social participation. The precise connection between supply and demand of elderly care services in Shanghai requires planning in advance, adjusting the structure, optimizing the layout, building teams and stimulating vitality.

Keywords: Elderly Care Services; Elderly Care Services Institution; Elderly Care Service Facilitiles

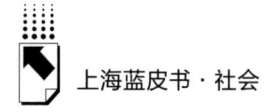

B.6 Study on the Construction of Nursing Staff in Shanghai Long Term Nursing Insurance *Shou Lili* / 149

Abstract: This report first analyzes the characteristics of Shanghai's aging population and aging population at different stages of development, as well as the relationship between aging population and the implementation of long-term care insurance in terms of time fit, quantity supply and demand, and puts forward a preliminary judgment of "window period, release period, high pressure period and urgent shortage period". Secondly, it summarizes the research process and the pilot process of the long-term care insurance system in the past 30 years, and focuses on the analysis of the "blowout" phenomenon and the accompanying new problems in the construction of nursing staff in recent years. Finally, in view of the coming high-pressure period of long-term care insurance from 2025 to 2040, that is, the urgent period of shortage of nursing staff, five operable countermeasures to strengthen the construction of long-term care insurance nursing staff were put forward from the multidimensional perspectives of eliminating vicious competition, expanding order based training, strengthening professional ethics education and professional skills construction, implementing process supervision and cross regional exchange supervision, and giving full play to the advantages of integrated mutual assistance in the Yangtze River Delta.

Keywords: Aging; Long-term Care Insurance; Nursing Staff

B.7 Living Conditions and Service Needs of Children in Distress in Shanghai *Cheng Fucai, He Fang* / 163

Abstract: Based on a questionnaire survey of children in distress in a certain district of Shanghai, this paper analyzes the basic situation, guardianship, learning and mental health of the children in distress and their parents. In view of some problems existing in the development of children in distress, it puts forward countermeasures and suggestions to improve the security system for children in distress, strengthen the construction of grass-roots child welfare workers, promote the involvement of professional social work, and support the participation of social forces.

Keywords: Children; Children in Difficult Circumstances; Social Worker

B.8 Study on the Medium and Long Term Population Capacity of Shanghai Based on Multi Factors

Zhou Haiwang, Wei Luxing / 181

Abstract: Urban population carrying capacity is related to urban development. Based on the analysis of permanent population in Shanghai in recent 10 years, this paper summarizes the problems existing in population development. In addition, this paper constructed a comprehensive evaluation system from five aspects, which includes environment, economy, public services, urban construction to measure population carrying capacity of Shanghai. The results showed that there is growth space for permanent population in Shanghai by 2035, the short slab of population carrying capacity focuses on water supply, electricity consumption, green space, housing area, road area and so on. Therefore, we can achieve a reasonable population capacity by adjusting population number, optimizing population structure, strengthening energy conservation and emission reduction, attaching importance to urban transportation and housing construction, expanding ecological space, developing suburban new cities and so on.

Keywords: Shanghai; Population Capacity; Population Carrying Capacity

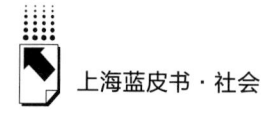

III Case Studies

B.9 Study on the Pilot Program of Aging Adaptation in
Yu Garden street, Huangpu District, Shanghai

Zhou Haiwang, Gao Hui, Gu Shuaiwen and Zhang Xi / 213

Abstract: Based on the general requirements of the aging transformation in Shanghai, this study conducted an in-depth study on the current situation, needs and transformation mode of the aging transformation of Yu Garden street, established the index system of the aging transformation of community residents' families by using the household survey data, and put forward a series of countermeasures and suggestions for the aging transformation of the community.

Keywords: Yu Garden Street; Elderly Living Environment; Elderly-oriented Reform

B.10 Evaluation on the Effect of Urban Land Requisition
Compensation and Resettlement: Taking LK as an Example

Zang Deshun, Wang Hui and Chen Bofeng / 243

Abstract: This report takes a case of land acquisition compensation for the construction of water supply facilities in a new city in Shanghai as the object, deeply studies the impact of land acquisition, as well as the implementation and existing problems of various compensation mechanisms, and puts forward some policy suggestions to improve the compensation and resettlement of immigrant families.

Keywords: Infrastructure; Land Requisition Compensation; Relocation and Resettlement

B.11 Shanghai Jinshan District Innovates the Grass-roots
Social Governance Model　　*Gan Yongfei, Chen Qian* / 274

Abstract: Jinshan District of Shanghai actively explores the new model of grass-roots social governance through innovation. Five towns were selected in the report to introduce their models and achievements in exploring the innovation of grass-roots social governance in different ways. Fengjing town has built a platform of "three meetings and six meetings" to realize the transformation of governance from "monologue" to "chorus"; Caojing town promotes "virtuous governance" with "three maps" to explore new breakthroughs in social governance; Shanyang town has thoroughly practiced the "rule of law" governance model to promote social governance by legalization; Lvxiang town promotes the establishment of "non litigation community" and creates the brand of "non litigation and harmony"; Jinshan Industrial Zone stresses "rule by virtue" to create a new atmosphere and foster a new driving force for social governance.

Keywords: Shanghai; Jinshan District; Social Governance; Fengjing Town; Caojing Town; Shanyang Town; LvXiang Town; Jinshan Industrial Zone

社会科学文献出版社

皮 书
智库成果出版与传播平台

❖ 皮书定义 ❖

皮书是对中国与世界发展状况和热点问题进行年度监测,以专业的角度、专家的视野和实证研究方法,针对某一领域或区域现状与发展态势展开分析和预测,具备前沿性、原创性、实证性、连续性、时效性等特点的公开出版物,由一系列权威研究报告组成。

❖ 皮书作者 ❖

皮书系列报告作者以国内外一流研究机构、知名高校等重点智库的研究人员为主,多为相关领域一流专家学者,他们的观点代表了当下学界对中国与世界的现实和未来最高水平的解读与分析。截至2021年底,皮书研创机构逾千家,报告作者累计超过10万人。

❖ 皮书荣誉 ❖

皮书作为中国社会科学院基础理论研究与应用对策研究融合发展的代表性成果,不仅是哲学社会科学工作者服务中国特色社会主义现代化建设的重要成果,更是助力中国特色新型智库建设、构建中国特色哲学社会科学"三大体系"的重要平台。皮书系列先后被列入"十二五""十三五""十四五"时期国家重点出版物出版专项规划项目;2013~2022年,重点皮书列入中国社会科学院国家哲学社会科学创新工程项目。

权威报告·连续出版·独家资源

皮书数据库
ANNUAL REPORT(YEARBOOK) DATABASE

分析解读当下中国发展变迁的高端智库平台

所获荣誉

- 2020年，入选全国新闻出版深度融合发展创新案例
- 2019年，入选国家新闻出版署数字出版精品遴选推荐计划
- 2016年，入选"十三五"国家重点电子出版物出版规划骨干工程
- 2013年，荣获"中国出版政府奖·网络出版物奖"提名奖
- 连续多年荣获中国数字出版博览会"数字出版·优秀品牌"奖

皮书数据库　　"社科数托邦"微信公众号

成为会员

登录网址www.pishu.com.cn访问皮书数据库网站或下载皮书数据库APP，通过手机号码验证或邮箱验证即可成为皮书数据库会员。

会员福利

- 已注册用户购书后可免费获赠100元皮书数据库充值卡。刮开充值卡涂层获取充值密码，登录并进入"会员中心"—"在线充值"—"充值卡充值"，充值成功即可购买和查看数据库内容。
- 会员福利最终解释权归社会科学文献出版社所有。

数据库服务热线：400-008-6695
数据库服务QQ：2475522410
数据库服务邮箱：database@ssap.cn
图书销售热线：010-59367070/7028
图书服务QQ：1265056568
图书服务邮箱：duzhe@ssap.cn

卡号：195944597332
密码：

S 基本子库
SUB DATABASE

中国社会发展数据库（下设 12 个专题子库）

紧扣人口、政治、外交、法律、教育、医疗卫生、资源环境等 12 个社会发展领域的前沿和热点，全面整合专业著作、智库报告、学术资讯、调研数据等类型资源，帮助用户追踪中国社会发展动态、研究社会发展战略与政策、了解社会热点问题、分析社会发展趋势。

中国经济发展数据库（下设 12 专题子库）

内容涵盖宏观经济、产业经济、工业经济、农业经济、财政金融、房地产经济、城市经济、商业贸易等 12 个重点经济领域，为把握经济运行态势、洞察经济发展规律、研判经济发展趋势、进行经济调控决策提供参考和依据。

中国行业发展数据库（下设 17 个专题子库）

以中国国民经济行业分类为依据，覆盖金融业、旅游业、交通运输业、能源矿产业、制造业等 100 多个行业，跟踪分析国民经济相关行业市场运行状况和政策导向，汇集行业发展前沿资讯，为投资、从业及各种经济决策提供理论支撑和实践指导。

中国区域发展数据库（下设 4 个专题子库）

对中国特定区域内的经济、社会、文化等领域现状与发展情况进行深度分析和预测，涉及省级行政区、城市群、城市、农村等不同维度，研究层级至县及县以下行政区，为学者研究地方经济社会宏观态势、经验模式、发展案例提供支撑，为地方政府决策提供参考。

中国文化传媒数据库（下设 18 个专题子库）

内容覆盖文化产业、新闻传播、电影娱乐、文学艺术、群众文化、图书情报等 18 个重点研究领域，聚焦文化传媒领域发展前沿、热点话题、行业实践，服务用户的教学科研、文化投资、企业规划等需要。

世界经济与国际关系数据库（下设 6 个专题子库）

整合世界经济、国际政治、世界文化与科技、全球性问题、国际组织与国际法、区域研究 6 大领域研究成果，对世界经济形势、国际形势进行连续性深度分析，对年度热点问题进行专题解读，为研判全球发展趋势提供事实和数据支持。

法律声明

"皮书系列"（含蓝皮书、绿皮书、黄皮书）之品牌由社会科学文献出版社最早使用并持续至今，现已被中国图书行业所熟知。"皮书系列"的相关商标已在国家商标管理部门商标局注册，包括但不限于LOGO（ ）、皮书、Pishu、经济蓝皮书、社会蓝皮书等。"皮书系列"图书的注册商标专用权及封面设计、版式设计的著作权均为社会科学文献出版社所有。未经社会科学文献出版社书面授权许可，任何使用与"皮书系列"图书注册商标、封面设计、版式设计相同或者近似的文字、图形或其组合的行为均系侵权行为。

经作者授权，本书的专有出版权及信息网络传播权等为社会科学文献出版社享有。未经社会科学文献出版社书面授权许可，任何就本书内容的复制、发行或以数字形式进行网络传播的行为均系侵权行为。

社会科学文献出版社将通过法律途径追究上述侵权行为的法律责任，维护自身合法权益。

欢迎社会各界人士对侵犯社会科学文献出版社上述权利的侵权行为进行举报。电话：010-59367121，电子邮箱：fawubu@ssap.cn。

社会科学文献出版社